KB103177

동양철학 이야기
-전통사상과 근대
(제1권)

동양철학 이야기

-전통사상과 근대
(제1권)

이경환

칸트(I. Kant, 1724-1804)는 『논리학』(Logik, 1800)에서 네 가지 철학적 물음을 제시하였다. (1) 나는 무엇을 알 수 있는가? (형이상학) (2) 나는 무엇을 해야만 하는가? (도덕) (3) 나는 무엇을 희망해도 좋은가? (종교) (4) 인간이란 무엇인가? (인간학) 칸트가 제시한 이 네 가지 물음은 우리가 삶을 살아가면서 묻게 되는 궁극적 질문들이다. 철학은 이러한 물음에 답을 찾아가는 학문이다.

지금 세계는 '팍스 아메리카나'로 표현하는 것처럼, '미국에 의한 세계 질서'가 지배하는 시대이다. 그런데 이것은 여전히 서구에 의한 세계 지배의 연장에 불과하다. 학자들은 또 지금의 세계 질서를 '포스트-식민' 시대라고 부르기도 한다.

19세기 이후 비서구 사회는 서양에 의해 철저하게 파괴되는 과정을 밟아왔다. 오늘날 우리의 모습은 그 결과의 투영물이다. 그 결과 이제 자신의 본래 모습이 무엇이었는지도 모르게 되었다. 그뿐만 아니라 심지어 자신의 모습을 경멸하고 비난하기까지 한다.

우리나라에서 전통에 대해 말하고 고민하게 된 것이 보편적으로 나타난 때는 주로 70년대 이후이다. 특히 80년대 이후 우리 자신의 모습을 되돌아보는 상황이 나타났다고 할 수 있다. 이것은 무엇보다도 먼저 경제적 성장에 그 원인이 있을 것이다. 그러나 경제적 성장 이후 우리는 우리 자신의 정체성에 대해 고민하지 않을 수 없게 되었다.

우리의 서양문화에 대한 태도는 기본적으로 세 가지가 있다. 첫째, 서양문화를 절대적으로 받아들이는 것이다. 이것은 중국 자유주의자들이 주장하였던 전반서화론(全般西化論)이다. 둘째, 국수주의, 즉 서양문화의 배격이다. 셋째, 자국의 문화를 중심으로 서양문화를 받아들이는 태도다. 그러나 첫 번째와 두 번째 입장은 이미 실패/불가능하다고 판정되었다. 우리에게 현실적으로 주어진 길은 세 번째 입장뿐이다.

이전에 자국의 문화를 중심으로 서양문화를 수입하는 태도를 중국에서는 중체서용(中體西用), 한국에서는 동도서기(東道西器), 일본에서는 화혼양재(和魂洋才)라 불렀다. 그러나 이 입장은 동양과 서양의 대립을 전제로 한 한계가 있다. 오늘날에는 이미 통용되지 않는 태도다. 따라서 이런 방식으로는 문제를 해결할 수 없다. 지금 우리가 취할 방법은 자국의 문화와 서양문화의 체와 용, 도와 기, 혼과 재를 융합하는 방법-즉 우리나라로 말하면 한국문화와 서양문화를 융합하는 방법만이 있다. 달리 말하면 이것은 전통과 현대의 만남이라고 말할 수 있다. 이 문제를 약간 추상적으로 표현하면 음양(陰陽) 관계를 형성해야 한다. 음양은 대대(對待) 관계이다. 어느 하나가 우월할 수 없다. 평등한 관계이다. 그런데 문제는 이렇다. 무엇을 우리의 전통 혹은 문화로 삼아 서양문화를 융합할 것인가?

우리는 우리의 전통/문화를 고민하지 않을 수 없다. 서양문화(모든 외래문화)가 우리 문화는 아니지 않는가! 서양문화를 우리 문화로 소화하여 융합하지 않는 한에는 말이다. 따라서 철학적으로 한국문화와 서양문화를 융합하여 새롭게 우리 문화를 만들어가는 것이 현대 한국의 동양철학이 짊어진 과제이다. 이것이 우리의 운명이다.

2023. 1. 20.

‖ 목차 ‖

|머리말|

제1장 동양과 서양
서양 근대와 그 극복

제1장 동양과 서양
서양 근대와 그 극복

오늘날 동양철학은 '철학'이라 부르는 '철학과'의 한 분과 학문으로 설립되어 있다. 이 '철학'이라는 용어는 서양의 언어 'Philosophy'를 일본 학자가 번역한 한자어이다. 20세기 초반 중국 학계에서는 '현학'(玄學)이라는 개념을 사용하기도 하였다. 그런데 이 용어가 만들어진 상황과 같이 현대 동양철학은 어떤 면에서 '서양'철학에 어정쩡하게 기생하고 있는 상태에 있다.

우리는 흔히 동양과 서양이라는 말을 한다. 그렇다면 여기에서 동양과 서양이라는 개념의 정확한 함의가 무엇인가?

제1절 동양과 서양의 개념

　동양과 서양이라는 개념은 '지역'적, '문화'적으로 다르게 이해될 수
있다. 동양과 서양을 지역적으로 이해한다면 유럽과 미국을 포함한 서
양과 중국·인도를 중심으로 한 아시아와 중동 지역을 포괄하는 개념이
될 것이다. 그런데 사실 이전에 동양을 의미하는 '오리엔탈'이란 주로
중동 지역을 가리키는 말이었다. 그것은 서양에 의해 정의된 동양을
의미할 뿐이다. 문화적으로 이해한다면 동양이란 서양을 제외한 모든
문화를 포괄한다고 할 수 있다. 서양에 의해 아시아는 물론 아프리카,
남미 등 여러 지역의 문화가 모두 '타자화'되었기 때문이다.

　그렇지만 사이드는 1993년에 펴낸 『문화와 제국주의』에서 이슬람권 보다
는 확대된 입장에서 접근한다. 즉 근대 세계의 중심부와 그 중심부 주변의
모든 주변 지역을 포함하는 총체적 관계의 도식을 전개시킨다. 오리엔트의
개념을 이슬람에 국한하지 않고, 아프리카, 인도, 극동아시아, 호주, 카리브
해의 섬나라까지 살피고 있다.[1]

　오늘날 세계는 여전히 서양에 의한 지배 질서가 유지되는 사회이다.
이것을 '포스트-식민'이라 말한다. 현대 사회는 '팍스 아메리카나', 즉
'미국에 의한 질서'가 유지되고 있다. 서양에 의한 세계 지배라는 기
본 틀은 변화가 없다.

제2절 동양과 서양의 세계관

---

1) 박창호, 「스펜서의 사회진화론과 오리엔탈리즘」, 한국사회역사학회, 『담론』
　 201 Vol. 6 No. 2, 2004, 147쪽.

동양과 서양은 여전히 서로 다른 세계관을 가지고 세상을 바라보고 이해한다.

1. 동양의 세계관과 서양의 세계관

세계관이란 간단히 말해서 인간과 자연에 대한 이해방식이라고 할 수 있다.

서양문화의 중심은 그리스·로마 문명이라 부르는 헬레니즘과 기독교 문화에 해당하는 헤브라이즘이다. 동양문화(여기에서는 주로 유교 문화권을 지칭한다)는 유·불·도의 문화이다. 이 두 문화권의 차이는 다음과 같다.[2]

첫째, <u>자연에 대한 이해방식의 차이이다.</u> 서양은 자연을 극복/이용 대상으로 삼았다. 동양은 자연과 합일을 강조한다. 서양은 '자연'을 '다듬어지지 않은 미개' 또는 '원시'라는 의미로 이해한다. 동양은 '자연'을 '스스로 그러한 것'으로 이해한다. 따라서 '자연'은 그대로 완전한 존재이다. 그러므로 '자연' 밖에 따로 다른 세계(신의 존재)를 설정할 필요가 없었다.

서양과 동양의 자연관에 나타나는 이러한 차이는 고대 그리스 철학과 고대 중국철학에서 이미 나타나고 있다. 고대 중국철학의 자연관이 순응주의적 태도라면, 고대 그리스의 자연관은 "자연을 연구하고 변형

---

2) 김교빈 외 5, 『함께 읽는 동양철학』, 지식의 날개, 2007, 8-14쪽 참조 요약.

해서 새로운 기술과 편리한 도구를 만들어내는 일에 인간을 적극 나서게 만들었다." 그 결과 현대 첨단 과학의 발전이다.[3] 중국문화의 특색은 유가와 도가 모두 인간과 자연의 관계 문제를 '인간과 자연은 하나'라는 변증법적 통일에서 해소하려고 한다는 점이다.[4]

동양에서 이 세계를 이해하는 방식은 두 가지이다. 하나는 '자연에 대한 법칙적 이해'이고, 다른 하나는 '자연에 대한 도덕적 이해'이다. 전자는 도가적 이해이고 후자는 유가적 이해이다. 그러나 이 둘의 이해방식은 모두 '자연'으로부터 삶의 원리를 파악하고, 그것에 따라 살아갈 것을 주장한다.[5]

전통 철학에서 인간의 최고단계인 유가의 성인과 도가의 신선과 같은 존재는 죽은 뒤에 이루어지는 것이 아니라 살아서 되는 존재이다. 동양철학의 특징은 현실주의적 사고에 있다. 동양사상에 종교적 요소가 많지만, 종교가 아니라고 말하는 까닭이다.

둘째, 가족/사회에 대한 이해방식의 차이이다. 중국의 전통사회는 농경사회로 대가족제가 자리 잡았다. 그러므로 가부장 중심의 종교 윤리가 두드러진다. 중국의 고대사회는 모계사회에서 부계사회로 변화해 왔다. 특히 주나라 문화는 부계 가장제 문화로 적장자를 중심으로 한 것이다. 도가는 모계사회의 전통을 이어받았다.

양재혁은 아래와 같이 설명하였다.

중국 대륙은 광막한 황무지나 접근할 수 없는 험준한 산악들로 인해 다른 지역과의 교류는 거의 차단되었다. ……고립된 대륙의 거대한 영역을 활

---

3) 양재혁, 『동양철학-서양철학과 어떻게 다른가』, 소나무, 1998, 14쪽.
4) 같은 책, 20쪽.
5) 같은 책, 19쪽.

동의 중심으로 삼은 사회는 **공동체적 농업 생산을 토대로** 하였다. 농업에
필요한 거대한 수로(水路) 사업은 대륙적 상업 형태와 결합하여 각 지역에
커다란 정치·경제 중심권을 형성하였다.6) (강조는 인용자)

**셋째, 동양의 인간과 자연을 하나로 보는 유기체적 사고와 서양의
기계론적 이해방식의 차이다.** 유기체적 사고는 전체론적 사고, 상관론
적 사고, 관계론적 사고이고, 기계론적 사고는 국부론적 사고, 환원론
적 사고, 요소론적 사고이다. 유기체적 세계관은 내적·유기적 연관을
바탕으로 대상 전체를 한 덩어리로 놓고 파악하려는 상관적 사고이다.

양재혁은 서구 문화의 세계관(자연관)과 고대 중국인의 세계관(자연
관)을 이렇게 설명하였다.

[서양] 지중해 문화권에서 자란 사람은 ……그들 가운데 인간을 자연과
같은 차원에서 생각하는 사람은 없다. 그들이 인간도 신과 같은 유(類)이니
만큼, 신이 자연을 창조하였듯이 인간들도 자연을 변형하고, 그것을 인간의
뜻대로 사용할 수 있다고 생각하는 것은 너무도 당연한 것이다. ……서구의
이러한 인간 중심적 이념들이, 인간을 위해서라면 자연은 마음대로 그리고
끝없이 착취할 수 있다는 논리로 발전하게 되는 것은 당연하다 하겠다.7)

[중국] 공자는 그의 윤리관에서 행동 혹은 실천을 일차적으로 강조함에
따라 정신 사유가 이차적인 것으로 설명된다. 반면, 노자는 내성(內省)이나
무위(無爲)를 통한 고요한 마음[禪]의 추구를 강조하는 원리로서 자연 질서
에 순응하고자 노력하는 점에서 실천적 행위가 부차적으로 남아 있게 된다.

도교적 전통 및 유교적 전통은 이와 같은 도의 전통에 따라 천(天)—지

---

6) 같은 책, 43-44쪽.
7) 같은 책, 15-16쪽.

(地)—인(人)의 구조를 세대의 형성, 가족 관계의 모습 속에서 찾았다. 그 때문에 인간은 각각의 전통에서 영향받아 '무위'를 통해 '수동적으로' 자연에 순응하거나, 아니면 특정한 형태의 '주관적인 도덕적 행위'를 통해 자연 질서가 유지되는 데 기여할 의무를 짊어지게 된다.8)

이처럼 서양과 동양의 이러한 세계관의 차이는 세계와 인간에 대한 이해에서 큰 차이를 나타냈다. 우리는 여기에서 특히 '과학'의 발전과 관련한 문제를 고찰할 필요가 있다. 이 '과학'의 발전은 두 세계관의 차이를 극명하게 보여주고, 그 차이가 오늘날 서양과 동양의 정치·경제적 차이를 보여주는 기준이 된다고 생각하기 때문이다.

아래에서 우리는 서양문화와 동양문화의 차이를 '세계', '과학'', '자본'이라는 세 가지 열쇳말을 중심으로 살펴보고자 한다.

(1) 세계

여기에서 '세계'는 인간이 이 '세계'를 이해하는 방식을 말한다. 즉 '세계관'을 의미한다. 서양과 동양은 이 세계관에서 큰 차이를 나타낸다. 아래에서 동양은 주로 중국의 상황을 논의하기로 한다.

우리가 잘 알고 있는 것처럼, 서양 문명의 정신적 뿌리는 고대 그리스의 헬레니즘 철학과 헤브라이즘 종교 문화이다.

고대 그리스 철학의 특징은 자연철학이 주도적 역할을 하였지만, 소크라테스 시대에 인간에 관한 탐구가 주된 내용으로 전환하였다. 고대

---

8) 같은 책, 19쪽.

그리스의 자연철학은 천지 만물의 근원을 물질에서 탐구하였다. 이들 자연 철학자의 특징은 천지 만물의 근원을 어떤 한 가지 또는 몇 가지의 근본적 물질이라고 생각하였다. 그들은 "자연이란 물체의 세계"라고 생각하였다. 그러나 그들이 말하는 '자연'은 "정신과 전체로서의 존재"를 의미하는 것이기 때문에 그들은 "자연학자"가 아니라 "형이상학자"였다. 왜냐하면 "근원과 원소"에 관한 "존재 전체의 원리에 관해 말하는 것"이었기 때문이다.9)

소크라테스(약 기원전 470년-기원전 399년) 철학의 중심 문제는 "인간"이었다. 그는 자기반성을 통해 성찰을 얻도록 하였다.10) 소크라테스 자신은 이렇게 말하였다.

　　나는 내가 아무것도 모른다는 사실을 알고 있다.11)

소크라테스의 위대함은 이처럼 자신의 무지를 자각한 것에 있다. 우리는 고대 그리스 철학의 기본 형식을 플라톤과 아리스토텔레스 두 사람의 철학을 통해 이해할 수 있다.

플라톤(platon, 기원전 427년-기원전 347년)은 '이데아'(Idea)의 세계를 절대화한다. 그는 이 '이데아'론을 통해 진리에 관해 탐구하였다. 그는 '이데아'를 이렇게 말하였다.

　　서로 비슷한 것들은 '원래적인' 뜻으로 존재를 형성하는 유일하고 동일한

---

9) 요한네스 힐쉬베르거, 『서양철학사』(상권·고대와 중세』, 강성위 옮김, 以文出版社, 1988, 49, 54쪽.
10) 같은 책, 101쪽.
11) 같은 책, 102쪽.

것이 있기 때문에 비슷하게 되는데, 이렇게 해주는 것이 바로 이데아이다.12)

아리스토텔레스(Aristoteles, 기원전 384년-기원전 322년)의 철학은 진리에 관해 이렇게 정의하였다.

있는 것은 있다고 말하고, 없는 것은 있지 않다고 말하는 데 진리는 있다. (『형이상학』, 4권 7장: 1001b 27)13)

서양 중세철학은 종교철학이 핵심이다. 이것은 고대 그리스 철학과 가톨릭이라는 종교가 결합한 것이다. 이 중세철학은 '세계'·'인간'·'신'에 관한 철학으로 철학은 종교적 신앙과 결합하였고, 종교적 신앙 역시 철학과 결합하였다.14) 서양 중세철학은 실체·인과관계·현실성·목적성·보편성과 개체성·감성과 현상계·오성과 이성·영혼과 정신·세계와 신 등을 논의하였다.15) 그러나 이러한 다양한 문제의 논의에서 핵심은 '신' 존재에 대한 증명이었다. 그러므로 철학은 종교의 시녀가 되었다고 비판하였다.

서양 근대철학은 17세기-19세기의 철학 사상이다. 중세 말기 스콜라철학에서 있었던 유명론과 실재론의 보편논쟁은 유명론이 승리하였다.16) 이 시기에는 개인을 중시하고, 인본주의가 나타났다. 또 이 시기에는 철학과 신학의 괴리, 이성과 신앙의 부조화 현상, 근대 자연과

---

12) 같은 책, 141쪽.
13) 같은 책, 133쪽.
14) 같은 책, 380쪽.
15) 같은 책, 383쪽.
16) 이석호, 『근세·현대 서양윤리사상사』, 철학과 현실사, 2010, 26, 32쪽.

학의 발생 등이 일어났다.17) 철학적으로는 존재론에서 인식론으로 문제의 초점이 옮겨갔다.

서양 근세/근대철학은 대륙합리론과 영국경험론 그리고 이 둘의 결합을 시도한 철학으로 구분된다. 이 근대철학은 "새로운 자연과학 속에 그 뿌리를 두고 있다."18) 근대철학의 이 두 경향에서 대륙합리론은 "보편적 필연적 진술들의 기능과 중요성을 강조"하고, 영국경험론은 "경험을 앎의 원천으로 인정하고 강조"한다.19)

서양 현대철학은 경험주의 전통이 매우 강하다. 그렇지만 현대철학은 다양한 방향으로 분화하였다.

19세기 말 경험주의자의 유아주의를 피하기 위한 노력으로 현상주의가 나왔다.20) 그런데 이 현상주의는 "물리적 대상의 의미를 이난의 경험적 사실들을 통해서 남김없이 이야기할 수 있다고 한다."21)

오늘날 미국의 실용주의 철학 역시 매우 큰 영향을 주고 있다. 이 실용주의 철학은 미국 철학자 퍼스(C. S. peirce, 1839-1914)에서 시작하여 제임스(W. James, 1842-1910)와 듀이(J. Dewey, 1859-1952)로 이어진다. 미국의 실용주의 철학은 '선험성'에 관한 실용주의자의 입장은 두 가지 중요한 단계가 있다.22) 첫째, 선험성을 해석하는 합리주의와 경험주의의 입장이 근본적으로 같다는 것이다. 둘

---

17) 같은 책, 33쪽.
18) 소피아 로비기, 『인식론의 역사』, 이재룡 옮김, 가톨릭대학교 출판부, 2004, 164쪽.
19) 위와 같음.
20) B. 오운, 『합리주의, 경험주의, 실용주의』, 서상복 옮김, 서광사, 1997, 120쪽.
21) 같은 책, 121쪽.
22) 같은 책, 160쪽.

째, 합리주의와 경험주의가 공통으로 취하는 견해가 옹호될 수 없다는 것이다.

이상의 논의를 종합하면, 오늘날 서양문화의 세계관은 이성과 합리성 그리고 경험을 강조하는 철학과 신의 존재에 관한 신앙으로 이루어진 신학 체계의 변주라고 말할 수 있다.

중국 유교 문화권의 철학은 크게 유·불·도라는 세 가지 갈래가 그 핵심이다. 여기에서 유가와 도가는 중국 고유의 철학이고, 불교는 인도에서 전래된 철학이다.

우리는 중국철학의 특징에 대해 『주역』을 통해 이해할 수 있다. 이 책의 핵심 내용은 세 가지이다. 첫째, 변(變). 변한다. 둘째, 불변(不變). 변하지 않는다. 셋째, 간이(簡易). 간단하고 쉽다. 중국철학은 이처럼 '변화'의 철학이다. 이러한 사유방식은 중국철학은 대표하는 유가와 도가에서도 마찬가지이다.

중국철학의 특징을 한마디로 말하면 '천인합일'(天人合一), '내성외왕'(內聖外王), 천도와 인사(天道與人事)라고 표현할 수 있다. 그런데 이러한 관계에서 중요한 것은 '천도', 즉 형이상학이 아니라 '인사', 즉 형이하학이라는 점이다. 다시 말해 중국철학에서 핵심 과제는 현실문제를 해결하는 것이다. 이 과정에서 형이상학은 어디까지나 이론적 근거일 뿐이다.

선진시대 유가철학의 핵심 인물은 공자(孔子, 기원전 551년-기원전 479년)이다. 공자 철학의 핵심은 '인'(仁)의 윤리학이다. 공자는 이 '인'의 실현을 통해 군자라는 도덕적 인간의 완성을 학문의 한 축으로 삼았다. 그리고 이러한 군자가 정치를 통해 천하의 안정을 도모할 수 있다고 생각하였다.

송명시대에 유학은 주희(朱熹, 1130-1200)의 리학(理學)과 왕양명 (王陽明)의 심학(心學)을 통해 형이상학 이론을 완성하였다.

선진시대 도가철학의 핵심 인물은 노자이다. 노자는 유가와 달리 '도'의 형이상학을 제시하였다. 노자를 중심으로 한 도가 학자는 이 '도' 개념을 핵심으로 당시 정치, 윤리를 비판하였다.

중국철학사에서 유가와 도가는 수레의 두 바퀴와 같다. 유학이 관방 철학의 역할을 했다면, 도가는 유학에서 부족한 종교와 그 밖의 다양 한 영역에서 큰 영향을 주었다. 유학이 공동체주의를 강조한다면, 도 가는 개인주의를 더 강조하였다.

동양은 19세기 초 서양 문명의 충격으로 크게 동요하였다. 이 과정 에서 중국·한국·일본 등은 모두 서양문화의 영향을 받게 되었다. 서양 문화의 충격을 극복하는 과정에서 그 방법론으로 각각 중체서용(中體 西用), 동도서기(東道西器), 화혼양재(和魂洋才) 등을 주장하였다. 이것 은 단순화하여 말하면, 전통과 현대의 융합이다. 이것은 지금도 여전 히 해결하지 못한, 그러나 반드시 해결해야만 하는 문제이다.

오늘날 중국철학은 크게 세 가지 형태로 나누어진다. 첫째, 중국 현 대 신유학이다. 둘째, 자유주의이다. 셋째, 마르크스주의이다. 오늘날 중국을 지배하는 주도적 철학은 서양에서 들어온 마르크스주의이다. 그러나 이것은 오래갈 수 없다.

중국·한국·일본 등 동양의 여러 문화권(비 서구사회 전체를 말한다) 은 자신의 전통문화를 수단으로 전통(동양)과 현대(서양)의 융합과 조 화의 실현이라는 매우 어려운 과제를 안고 있다.

이상의 논의를 종합하면서 우리가 한 가지 더 논의해야 할 문제는 다음과 같다. 동양과 서양의 문화를 이처럼 서로 다른 사유 체계를 만들어낸 그 근본 원인은 무엇인가? 이 문제와 관련하여 양재혁의 관점은 한 가지 중요한 힌트를 준다.

(고대 중국과 고대 그리스) 오히려 두 문화의 외적 조건이 결정적으로 창가 벌어지게 된 것은 철학적 사유가 발생하던 시기의 **사회적 삶의 형식**에서 비롯된 것이다. 그리스 철학 발생기의 **사회·정치적 체제의 특성**을 통해 그리스 철학의 본질적 특색이 규정되었다는 것은 일반적으로 널리 알려진 사실이다. **국민회의나 공개 재판 제도**와 같은 **민주적 계획과 장치들**은 '**논리적 방법**'이 두드러지게 발전될 수 있는 역사적 전제 조건이었다. 그밖에 또 다른 그리스 문화 형성의 발전적 요소는 이집트를 통해서 수준 높은 **동방 문화(고대 메소포타미아)의 충분한 경험**을 유산으로 받았다는 사실이다.23) (강조는 인용자)

그런데 고대 중국의 상황은 이와 달랐다.

중국은 그리스처럼 바람직한 고대 문화의 유산을 바탕으로 하여 성립된 것이 아니다. 처음부터 중국인의 사유 형식과 내용은 그들만의 고유한 지형적 조건과 역사적 사실을 토대로 하여 배타적이고 독점적인 방향으로 창조되었다. 중국철학이 형성되던 시기에, 중국의 봉건 국가 체제는 시종일관 철저한 절대주의(絶對主義)로 발전하였다. 따라서 정신생활의 초점은 당연히 절대 국가의 왕정(王廷)에 맞추어질 수밖에 없었다. 그리스와 마찬가지로 중국에서도 철학적 사유의 내용은 정치적 형태에 부합될 수 있는 사상으로부터 생겨났지만, 그러나 그 사회적 생활 양식이 다름에 따라 그 사상들은 각각 다르게 포착된 것이다.24)

---

23) 양재혁, 『동양철학-서양철학과 어떻게 다른가』, 40쪽.
24) 같은 책, 40-41쪽.

그는 이어서 이렇게 말하였다.

중국의 철학자들은 그리스의 철학자들처럼 정치 토론이 펼쳐지는 대중 집회에서 개개인이 동등한 자격으로 참가하여 발언할 권리를 행사하지는 못했다. 오직 그 나라의 왕이 자기의 의견을 인정하여 기용할 때에만 그들의 사상을 실현할 수가 있었다. 중국의 철학자는 절대 권력자인 왕과의 토론에서 그리스의 철학자들 같이 '민주적인 방법에 의한 논리적 논거'(Argumentation)를 제시할 수 없었기 때문에 그들은 그리스와는 완전히 다른 방법, 즉 '역사적 사실의 실례'를 제시하여 왕으로 하여금 그 이야기에 감명받도록 하는 수밖에 없었다. 이러한 이유로 중국 철학사에서는 아주 오래 전에 '논리적 논거'가 필요한 자리에 '역사적 실례'가 하나의 증거로서 대체되었다.25)

양재혁의 설명은 비교적 타당한 것으로 생각한다. 종합하면, "중국과 그리스는 서로 다른 사회·정치적 조건 속에 있었고, 자연스레 철학 방법도 서로 다른 특성을 가지게 되었다."26)

(2) 과학 기술

중국학자 김관도(金觀濤, 1947-)27)와 유청봉(劉靑峰)은 『중국문화의

---

25) 같은 책, 41쪽.
26) 같은 책, 42쪽.
27) 김관도는 「중국 봉건사회의 장기적 지속 원인에 대한 구조 분석」이라는 논문에서 이렇게 말하였다. "중국 봉건사회를 기본적으로 소농 중심의 지주 경제, 유생의 관료정치, 유가 이데올로기라는 경제·정치·의식의 세 하위

시스템론적 解釋』이라는 책에서 이렇게 개괄하여 말하였다.

　　인류 문명사에서 가장 특출한 현상의 하나는 아마도 근래 300~400년 동안 진행된 과학 기술의 혁명이 아닐까 생각한다. 오늘날 과학적 사고방식과 방법론은 이미 인류의 모든 활동영역 속에 깊이 파고들었다. 과학 기술은 자연과 사회에 대한 개조의 수단이자 연구 수단이며, 그와 동시에 과학 기술 자체를 인식하고 이해하는 사상적 역량이기도 하다.28)

　　중국에서 '과학'과 '기술'이 발전하지 못한 원인에 대한 고찰은 간단하지 않다. 이 문제를 고찰하려면 이 '과학'과 '기술'의 역사에 대한 시대적 구분이 필요하다. 근대 이전의 과학 기술과 근대 이후의 과학 기술이다.29) 왜냐하면 서양 역사에서 근대는 근본적으로 새로운 세계관을 바탕으로 새로운 형식의 과학이 발전했기 때문이다.

　　시스템의 결합이라고 본다. 농업을 중심으로 한 사회는 원래 지방분권화되고 귀족화되기 쉬우나, 중국의 경우에는 황제와 관료기구의 강력한 중앙통치 그리고 주기적인 농민봉기의 참혹한 대동란이 그것을 막아주었다고 한다. 더욱이 중국에서는 이데올로기의 정치, 바꿔 말해 문화구조와 정치구조가 불가분의 '일체화'를 이루고 있었다. 따라서 토지의 집중화나 관료기구의 부패로 인해 한 왕조가 무너지더라도 새로운 왕조가 반복해서 재건될 수 있었던 것은, 한편으로 가정[家]과 국가[國] 사이에 이른바 동형구조(同型構造)가 존재한 점과, 다른 한편 전국적인 통신망을 갖추고 있는 유생들의 역할 등 두 가지에 근거한다고 저자는 설명한다." (김관도·유청봉 엮음, 『중국문화의 시스템론적 解釋』, 김수중·박동헌·유원준 옮김, 天池, 1994, 9쪽.「역자 서문」을 참조하였다.
28) 김관도·번홍업·유청봉,「중국 전통과학은 왜 근대과학으로 발전하지 못하였는가」, 김관도·유청봉 엮음,『중국문화의 시스템론적 解釋』, 13쪽.
29) '근대'는 영어 'Modern'(근대) 'Modernity'(근대성)를 번역한 용어인데 '근대'와 '현대'를 모두 의미한다. 그러나 여기에서는 '근대'의 뜻으로 해석한다.

1) 근대 이전의 과학 기술

근대 이전 서양 문명의 과학 발전에서 중세는 '불모의 시대'라고 말할 수 있다.30) 이 시기에 널리 이용된 기계는 곡식을 빻는 수차(水車)이다. 고대에는 가축의 힘을 빌려 맷돌을 돌리는 방법을 사용하였지만, 중세에는 물방앗간을 이용하는 것이 일반적이었다.31) 10세기에는 풍차를 발명하였다. 이러한 여러 가지 도구의 발명은 고된 노동으로부터 해방하게 하였으며, 수공업과 상업의 발전, 그리고 그에 따른 도시의 성장으로 이어졌다.32)

서양의 과학과 기술 문명의 발전에는 당연히 다른 문명의 영향도 있었다. 중국에서 인쇄술이 전해졌다. 그 결과 12세기에는 목판(木版)이 만들어졌다. 14세기에는 구텐베르크(Gutenberg)에 의해 현대식 인쇄 방법이 완성되었다.33)

중국은 예전에 기술 교류와 무역과 문화 교류에서 오늘날 흔히들 생각하는 것보다 훨씬 다양하게 서방과 접촉했다. 사학자들과 과학사 연구가들은 오늘날에 이르러서야 중국이 서양에 기여한 몫을 인지하기 시작했다. 왜냐하면 주욱에 끼친 서양의 '새로운 과학'의 영향은 지난 세기부터 '과학 이전' 시대와는 반대 반향으로 급속히 ㅋ커졌기 때문이다.34)

---

30) S. F. 메이슨, 『과학의 역사』, 박성래 옮김, 부림출판사, 1984, 113쪽.
31) 같은 책, 115쪽.
32) 같은 책, 116쪽.
33) 같은 책, 119쪽.
34) 박상환, 「근대 서양의 중국 이해에 대한 문화사적 배경 고찰-비교철학자 라이프니츠를 중심으로(Ⅰ)-」, 동양철학연구회, 『동양철학연구』 제49집,

서양에서 중국에 전해진 기계와 기술은 다음과 같다.

[도표1-1] 서양에서 중국에 전해진 기계와 그 밖의 기술

기계와 기술	대략적인 시간의 차이 (단위 世紀)
(a) 나사	14
(b) 압력(水壓) 펌프	18
(c) 클랭크 축	3
(d) 시계 장치	3

서양의 과학과 기술의 발전에서 중요한 점은 '과학 실험' 연구의 발전이었다. R. 베이컨(Roger Bacon, 1214-1294)은 "실험에 의한 자연과학"을 강조하였다. 중세가 끝나고 근대가 되면서 신이 아닌 인간의 이성과 합리성에 의한 자연의 이해 가능성을 주장하였다. 그리고 그 방법은 당연히 과학, 실험, 수학적인 것이 핵심이었다.

중국 사람들은 중국의 4대 발명품을 말하기 좋아한다. 중국의 4대 발명품은 종이, 나침반, 화약, 인쇄술이다. 종이는 1세기 때 채륜(蔡倫)이 발명하였고, 2세기 때 정완(丁緩)이 나침반의 수평 유지 장치를 발명하였으며, 3세기에 황보륭(皇甫隆)은 파종기를 발명하였다.[35] 화약은 『단경』(丹經)에 기록이 있다. 이것은 도교의 불로장생과 관련이 있다. 인쇄술은 당대 때 목판 인쇄가 시행되었다.

영국학자 J. 니담(Joseph Needham, 1900-1995)은 『중국의 과학

2007, 319-320쪽.

[35] 조셉 니담, 『중국의 과학과 문명 Ⅰ』, 이석호 외3 역, 을유문화사, 1989, 63쪽.

과 문명』에서 중국에서 서양에 전해진 기계와 기술에 관해 이렇게 서술하였다.

그러나 중국은 방대한 수에 이르는 기술 개발의 소산을 남기고 있으며, 그것들은 +1세기에서 +18세기에 걸쳐 유럽 및 다른 지역으로 전수한 것이다. 예를 들면, (a) 龍骨車(Square-pallet chain-pump), (b) 연자방아 및 그것의 수력 응용, (c) 수력식 야금용 품무, (d) 送風機와 풍구, (e) 피스톤식 풀무, (f) 날실이 수평인 직조기(印度 기원의 가능성을 포함)와 空引機(베틀), (g) 비단실을 감고, 엉키고, 꼬게 하는 기계, (h) (외바퀴) 손수레, (i) 帆走車, (j) 製粉車, (k) 수레를 끄는 동물용 효과적인 馬具 2종류—胸帶式 혹은 騎手長(postilion) 마구 및 頸帶式 마구, (l) 弩, (m) 연, (n) 대나무 잠자리와 활동 요지경(zoetrope), (o) 굴착 기술, (p) 鑄鐵法, (q) 카르단 현수장치, (r) 활 모양 아치 다리, (s) 쇠사슬식 매달린 다리(吊橋), (t) 운하용 수문(閘), (u) 防水 구획실, 氣體力學上 유효한 돛, 縱帆 장치를 포함한 항해용 장치의 발명, (v) 船尾舵, (w) 화약 및 이와 관계되는 여러 기술, (x) 나침반(中國人은 최초에는 점치는 데에 이용하였으나 후에는 항해하는 데 이용했다), (y) 종이, 목판 인쇄, 활판 인쇄, (z) 도자기. ……이 밖에도 중요한 발명을 포함한 더욱 많은 실례를 들 수 있을 것이다.[36]

이것을 도표로 정리하면 다음과 같다.[37]

[도표1-2] 중국에서 서양에 전해진 기계와 그 밖의 기술

기계와 기술	대략적인 시간의 차이 (단위 世紀)

---

36) 같은 책, 307쪽.
37) 같은 책, 308쪽.

(a) 龍骨車	15
(b) 연자방아	13
수력을 이용한 연자방아	9
(c) 水力式 冶金術 풀무	11
(d) 送風機와 풍구	14
(e) 피스톤식 풀무	거의 14
(f) 空引機(베틀)	4
(g) 비단 처리 기계류(실을 均等히 감게 배분하는 一種의 풀라이어는 +11世紀에 출현하고, +14世紀에는 水力이 紡績工場에서 이용됐다)	3~13
(h) (외바퀴) 손수레	9~10
(i) 帆走車	11
(j) 製粉車	12
(k) 車를 끄는 동물의 효과적 馬具: 胸帶式	
(postilion) 馬具	8
頸帶式 馬具	6
(l) 弩(개인용 무기로서)	13
(m) 연	거의 12
(n) 대나무 잠자리 (실로 回轉한다)	14
활동 요지경(走馬燈, 熱風의 上昇力을 이용해서 回轉)	거의 10
(o) 굴착 기술	11
(p) 鑄鐵法	10~12
(q) 카르단 현수 장치	8~9
(r) 활 모양 아치 다리	7
(s) 쇠사슬식 吊橋	10~13
(t) 運河用 水門(閘)	7~17
(u) 航海用 장치의 구조 원리	10 以上
(v) 船尾舵	거의 4
(w) 화약	5~6
전투 기술로 사용한 화약	4

(x) 자석(숟가락 모양 천연 磁石)	11
바늘 달린 나침반	4
항해용 나침반	2
(y) 종이	10
인쇄물(木版)	6
인쇄물(活版)	4
인쇄물(金屬製 活字)	1
(z) 도자기	11~13

이처럼 중국에서 발명한 다양한 과학 기술과 물건이 서양에 전파되어 큰 영향을 주었다. 그러나 이러한 상황은 근대 이후 역전되었다.

2) 근대 이후의 과학 기술

'근대'의 기점은 언제인가? 이것은 많은 논란이 있는 문제로 두 가지 원인이 있다.[38] 첫째, 각 문화권, 각 민족의 역사 발전과 전개가 다르다. 둘째, 기준점이 명확하지 않다.

서양 역사에서 근대는 종교의 굴레에서 벗어나 인간의 이성과 합리성을 중시하던 시대이다. 이 시대는 '이성', '합리성', '과학'이 '신앙', '선악의 가치관'(종교적 도덕 윤리) '신'을 대체하였다.[39]

인간의 정신문화는 신화, 종교, 철학, 과학의 단계로 발전하였다. 그런데 서양 역사에서 중세와 근대의 구별은 한 마디로 종교를 철학과

---

38) 오세영, 「근대성과 현대성」, 서울대학교 예술문화연구소, 『예술문화연구』
    Vol. 5, 1995, 212쪽.
39) 같은 논문, 217쪽.

과학이 대체한 시대라고 말할 수 있다. 서양 역사에서 근대 이전에 인간의 삶은 자신의 운명과 자연에 대한 대결 속에서 '신'에 대한 믿음, 즉 신앙을 통해 해결하려고 하였다. 그러나 근대가 되면서 이제는 신이 아닌 인간의 이성과 합리성에 근거한 철학, 그리고 자연에 관한 탐구에서 자연 그 자체의 법칙을 이해하려고 하였다.

중국의 과학과 기술은 근대 이후에도 여전히 정체된 상태였다. 그 결과 서양과 동양의 과학과 기술은 역전되었다. 특히 19세기 초 서양 문명의 침략은 중국 사회에 말 그대로 문화적 충격이었다.

그렇다면 근대 이전에는 다른 문명에 비해 비교적 발전된 과학과 기술을 갖고 있던 중국은 왜 근대 이후에는 좀 더 과학과 기술을 발전시키지 못하였는가?

S. F. 메이슨(Mason)은 먼저 이렇게 지적하였다.

고대 중국인은 ……**이론기하학(理論幾何學)**을 발전시키지 못하였으며, 또한 우주의 공간적 구조에 관한 그들의 이론을 **수량적인 천문관측**의 기초로 삼지도 않았다. ……고대 중국인은 **과학적 방법**을 발전시키지도 않았다. 그들의 **철학과 기술**은 근대에 이르기까지 거의 서로 **유리**된 상태로 존재해 왔다.40) (강조는 인용자)

메이슨의 견해 의하면 중국의 과학과 기술이 발전하지 못한 이유는 다음과 같다. 첫째, 이론기하학이 발전하지 못하였다. 둘째, 우주의 구조에 관한 수량적(즉 계량적) 천문관측이 없었다. 셋째, 철학과 과학이 유리되었다.

---

40) S. F. 메이슨, 『과학의 역사』, 77쪽.

그는 중국에서 과학과 기술이 발전하지 못한 원인은 **이론적 연구와 경험적 연구의 분리, 원자론 철학**이 없었기 때문이라고 하였다.41)

인도가 근대과학의 발전에 공헌한 것은 현대의 계산법과 일반화된 대수운산(代數運算)이다.42) 서구 문명이 비서구 문명보다 발전 또는 역전할 수 있었던 원인 가운데 하나는 끊임없이 과학과 기술을 흡수하여 새로운 차원으로 발전시킨 점이다. 그 가운데 중요한 것은 항해술, 배의 설계기술 등이 있다. 예를 들어 "15세기 초 유럽인들은 설계나 기술면에서 동양보다 훨씬 뒤떨어진 배로 해상무역을 하고 있었다. 그러나 16세기 말이 되면 유럽에서 제일 좋은 배가 세계에서도 가장 우수한 배가 되었다. ……또한 유럽의 배들은 16세기 이래로 그와 같은 우월성을 계속해서 견지해 왔다."43) 이처럼 유럽인이 성능이 뛰어난 배의 제작은 "유럽인들이 해외로 팽창하는 데 중요한 역할을 하였다." 그들이 "배를 설계하는 것에서도 유럽의 항해자들은 처음에는 외래 기술을 단순히 차용하거나 모방하는 것에 그쳤지만", 그것에 만족하지 않고 "차용한 기술을 발전시키고 개선하였다."44) 범선의 돛을 설계하는 문제 역시 마찬가지였다. "1400년경 유럽의 배들은 거의 대부분 사각돛(square-rigged)을 장착하고 있었다." 그런데 이 사각돛을 단 배들은 "역풍이 부는 날에는 여간해서 출항할 수 없었다."45) 그런데 포르투갈인은 아랍으로부터 삼각돛을 이용하는 것의 영향을 받아

---

41) 같은 책, 94-95쪽.
42) 같은 책, 101쪽.
43) J. H. 패리, 『약탈의 역사』, 김성준 옮김, 신서원, 1998, 33쪽.
44) 위와 같음.
45) 같은 책, 35쪽.

문제점을 보완할 수 있었다.46) "16세기 말이 되면서 포르투갈과 스페인의 선박 설계사들은 유럽의 사각돛과 동양의 삼각돛이 지닌 이점을 결합함으로써 해결책을 모색하였다."47)

조셉 니담의 『중국의 과학과 문명』을 요약하여 축약본을 만든 로버트 템플(Robert Temple)은 이 책의 서문에 해당하는 「서양이 중국에 진 빚」이라는 글에서 이렇게 말하였다. 약간 길게 인용할 수밖에 없다.

17세기 이후 중국인은 유럽의 전문적인 기술에 매혹되어 과거에 그들이 이룩한 업적을 잊고 말았다. 예수회 선교사가 기계시계를 보여주자 그들은 외경심을 품었다. 기계시계를 최초로 발명한 것이 그들 자신이라는 것을 중국인은 잊고 있었다!

'근대적' 농업, '근대적' 조선, '근대적' 석유산업, '근대적' 천문대, '근대적' 음악, 십진법, 지폐, 우산, 릴, 일륜차, 다단 로켓, 총, 수뢰, 독가스, 낙하산, 열기구, 사람을 태운 비행, 브랜디, 위스키, 장기, 인쇄술, 심지어는 증기기관의 기본 구조에 이르기까지 모든 것이 중국에서 유래했다.

배의 키, 나침반과 이중의 돛대가 있는 선박과 항해의 기술이 중국에서 전래되지 않았다면, 유럽인이 행한 위대한 발견의 대항해는 결코 이루어지지 못했을 것이다. 콜럼버스도 아메리카로 배를 출발시키지 못했을 것이고, 유럽인들도 식민지 제국을 세우지 못했을 것이다.

중국에서 등자(鐙子)가 전래되지 않았다면, 유럽인은 여전히 불안정하게 말을 타야 했을 것이고, 중세의 기사들도 위험에 빠진 귀부인을 구하기 위해 번쩍이는 갑옷을 걸치고 말에 오르지 못했을 것이다. 그리고 기사도 시대도 없었을 것이다. 또한 총포와 화약이 중국에서 전래되지 않았다면, 기

---

46) 같은 책, 37쪽.
47) 같은 책, 40-41쪽.

사들도 갑옷을 뚫고 들어오는 탄환에 맞아 말에서 떨어지지도 않았을 것이고, 기사도 시대는 계속되었을 것이다.

중국에서 종이와 인쇄술이 전래되지 않았다면, 유럽인은 오랫동안 책을 필사했을 것이다. 문자 해독 능력도 상당히 낮았을 것이다.

요하네스 구텐베르크는 활자를 발명하지 '않았다.' 활자는 중국에서 발명되었다. 윌리엄 하비는 인체 혈액 순환의 원리를 발견하지 '않았다.' 이 원리는 중국에서 발견되었다. 아이작 뉴턴은 운동의 제1법칙의 발견자가 '아니다'. 이 법칙은 중국에서 발견되었다.

우리가 알고 있는 당연시했던 많은 것들의 기원이 중국이라는 사실이 밝혀지자, 이러한 신화들은 산산조각이 나고 말았다. ……동양과 서양이 정신과 사실면에서 뗄 수 없는 관계에 있으며, 동양과 서양은 서로 강력하고 깊은 종합에 의해 '이미 일체'를 이루고 있다는 사실은 분명히 흥미롭다. …… 현대 세계는 동양과 서양의 요소들이 완전히 혼합되어 있는 결합체이다. 그런데 우리가 바로 이 점을 모른다는 사실은 아마도 인류의 역사에서 가장 큰 역사적 무지의 하나일 것이다.[48]

템플의 이러한 말이 얼마간 과장된 것이라고 하더라도 서구사회에 대한 비 서구사회의 영향은 결코 가볍게 볼 수 없다. 이것이 본래 문명 발전의 기본 패턴이다. 문명의 발전은 서로 교류하는 과정에 더욱 발전하게 된다.

김관도·유청봉은 『중국문화의 시스템론적 解釋』에서 "중국과 서양 과학 기술 발전의 총체적인 추세"를 네 단계로 나누어 설명하였다.[49] 첫째 단계, 기원전 4세기 무렵 중국의 전국시대와 서양의 고대 그리

---

48) 로버트 템플, 『그림으로 보는 중국의 과학과 문명』, 과학세대 옮김, 까치, 1993, 12-13쪽.
49) 김관도·유청봉 엮음, 『중국문화의 시스템론적 解釋』, 17-18쪽.

스 시대: 두 지역의 과학 기술은 서로 비슷한 수준을 유지하였다. 둘째 단계, 4~11세기: 중국은 완만한 상승 추세였고, 서양은 급속한 쇠퇴 현상이 나타났다. 셋째 단계, 12~15세기: 중국은 완만한 상세가 지속되었고, 서양은 르네상스의 영향으로 과학 기술의 혁명이 싹트면서 확연한 상승세를 나타냈는데, 15세기 말에 중국의 수준에 거의 근접하였다. 넷째 단계, 16~19세기: 중국은 완만한 발전을 계속하였지만, 서양은 과학 기술의 대혁명으로 신속하게 급상승하여 중국을 훨씬 능가하였다.

그렇다면 근대 이후 서양과 동양의 과학 기술의 발전에서 이토록 큰 차이가 발생하게 되었는가? 김관도·유청봉은 과학이론, 과학 실험, 기술이라는 세 분야를 분류 기준으로 하여 중국과 서양의 과학 기술의 차이를 설명하였다.

[중국] 중국 과학 기술의 성과를 이 세 분야로 나눠본다면, 기술 측면의 비중이 자그만치 80%로서 절대 우위를 나타내고 있고, 이론 부문이 13%, 실험 부문은 겨우 7%에 불과하다.

[서양] 고대 그리스 과학 이론의 수준은 실험이나 기술 수준을 훨씬 능가했으며, 이러한 이론 우위의 상황은 6~10세기에 걸친 커다란 침체기에도 불구하고 르네상스로 인해 다시 회복되었다. 13~14세기에 다시 일시적으로 기술 우위의 시대가 열리기도 했으나, 16세기 이후 실험 곡선이 급격히 상승하면서 이론·실험·기술 세 방면의 발전이 일치했고, 전체 과학 기술은 상호 자극과 협조하에서 상승 작용을 일으키면서 발전을 가속화시켰다.50)

그들은 또 16세기 이후 서양의 과학 기술이 비약적으로 발전한 원

---

50) 같은 책, 19쪽.

인을 "이론·실험·기술 3자 사이의 상호의존과 촉진의 순환 관계"로 파악하는데 다음과 같이 설명하였다.[51] 첫 번째 순환 가속 과정은 '이론 → 실험 → 이론'이었다. "근대 과학 이론은 새로운 실험의 구상과 설계를 가능하도록 해주었고, 실험은 역으로 이론에 대한 검증 작용을 해주었다." 두 번째 순환 가속 기제는 '기술 → (이론과 실험을 포함하는) 과학 → 기술'이다.

김관도·유청봉은 중국의 과학과 기술이 발전할 수 없었던 원인으로 중국인의 세계관을 제시하였다.

사회적·심리적 측면 등 여러 분야에서 볼 때, 유가 사상은 세계를 인식하는 일종의 사고방식이라고 생각된다. 이러한 사고방식은 자연과학 이론에도 직관과 사변(思辨)이라는 특성을 부여해 주었는데, 특히 유가의 윤리중심주의(倫理中心主義)는 과학 이론의 보수화와 분석 논리의 결여를 조장하였다. ……유가의 유기적(有機的) 자연관과 윤리중심주의는 오랫동안 과학 이론을 유치한 수준에 묶어 두었다.[52]

그들은 결론적으로 다음과 같이 말하였다.

6,000년에 걸친 인류의 문명사에서 이론·기술·실험이라는 과학 기술의 순환 가속 기제가 성립된 것은 불과 400년밖에 안 되지만, 일단 이 구조가 확립되면서부터 순환 작용은 더욱 강력해져 과학 기술을 극대화할 수 있었다.[53]

---

51) 같은 책, 20, 21, 24쪽.
52) 같은 책, 41쪽.
53) 같은 책, 34쪽.

(3) 자본

서양에서 자본주의의 발전은 ① 14·15세기 태동기, ② 16세기 성장기, ③ 19세기 성숙·완성기로 나누어진다.54) 그러므로 자본주의는 19세기에 완성되었다.

E. 만델(Ernst Mandel)은 『후기 자본주의』(1972)에서 서구 자본주의의 세 단계의 변화를 ① 1848-1890년대: 시장경제 자본주의, ② 1890-1940년대: 제국주의 자본주의, ③ 1940년-현재: 다국적 자본주의라고 구분하였다.55) 물론 이와 다른 구분/정의가 가능하다. 서양의 자본주의의 발생과 발전 과정은 상업 자본, 산업 자본, 금융 자본이라는 크게 세 단계의 발전 모형이 있다.

초기 자본주의는 민족주의와 제국주의를 낳았다. 이 민족주의는 시장경제 자본주의 원리인 개인의 창의성과 재능의 존중, 자아의 발견으로 민족의 정체성 확립으로 확장되면서 성립하였다. 그렇지만 또 제국주의를 지향하게 하였다.56)

우리는 자본주의와 관련하여 다음과 같은 몇 가지 질문을 할 수 있다. 첫째, 서양문명에서 자본주의가 발전한 원인은 무엇인가? 둘째, 비 서구사회에서는 왜 자본주의가 발전하지 못하였는가? 셋째, 자본주의는 인류의 경제 체제 발전에서 필연적인 과정인가?

---

54) 오세영, 「근대성과 현대성」, 213쪽.
55) 같은 논문, 215쪽.
56) 같은 논문, 217쪽.

첫째, 서양문명에서 자본주의가 발전한 원인은 무엇인가?

자본주의는 '네 가지의 제도적 및 인간 행위 조직'을 특징으로 한다.[57] 그것은 ①시장 지향적 상품생산, ②생산수단의 사적 소유, ③자신의 노동력을 시장에 판매하지 않으면 생존할 수 없는 많은 사람, ④경제 체제 내에서 여러 개인의 개인주의적이고 탐욕적이며, 또 극대화를 추구하는 행위 양식이다.

자본주의 발전에서 핵심 내용은 '생산양식'의 변화이다.

생산양식이란 생산의 기술적 수준(생산력)과, 이러한 생산력을 잉여를 포함한 모든 산출물을 생산하는 데 사용하는 하나의 계급과 그 잉여를 전유하는 다른 하나의 계급으로 구성된 사회조직(생산의 사회적 관계)의 총체이다.[58]

서양의 중세는 장원경제였다. 그런데 무역과 상업의 확산은 중세 봉건제를 해체하였다.[59] 농업과 수송업의 개선/발전으로 두 가지 큰 변화가 있었다. 첫째, 급속한 인구증가이다. 둘째, 도시의 인구 집중이다.[60] 그 결과 노동자 계급이 출현하였다. 이것뿐만 아니라 '지성의 각성'으로 과학 기술의 발전을 촉진하였다. 과학과 기술의 발전은 항해술의 발전으로 이어졌다. 이것은 한편으로 대량 생산을 가능하게 하였고, 다른 한편으로 식민지 무역을 잉태하였다.[61] 자본주의는 독점자본주의와 제국주의라는 폐단을 낳았다. 이러한 상황은 지금도 이어지

---

57) E. K. 헌트, 『經濟思想史 Ⅰ』, 金成九·金洋和 共譯, 풀빛, 1982, 29쪽.
58) 위와 같음.
59) 같은 책, 38쪽.
60) 같은 책, 37쪽.
61) 같은 책, 47쪽 참조 요약.

고 있다. 어떤 면에서 더 강화되었다. 특히 신자유주의 체제가 성립한 1970년대 말 이후 국제금융자본에 의한 세계 지배는 전 지구적 차원의 '노예화'로 이어졌다. 이 국제금융자본은 이제 한 국가의 독립성마저 무너뜨리고 있다.

둘째, 비 서구사회에서는 왜 자본주의가 발전하지 못하였는가?

비 서구사회는 자본주의로 발전하지 못하였다. 그 원인은 위에서 김관도와 유청봉의 관점을 중심으로 이미 논의하였다. 서양의 자본주의 발전에서 중요한 역할을 하였던 '이론·실험·기술'이 부족하였다. 또 유기적 세계관과 자연을 윤리 중심주의로 파악하는 철학 역시 과학과 기술 발전에 장애가 되었다. 다른 한편으로 물질적/경제적 '이익'[利]에 대한 태도 역시 중요한 요인 가운데 하나였다.

중국에서 자체적으로 자본주의가 발전할 수 있었는가에 관한 관점은 당연히 부정과 긍정이라는 두 가지 견해가 모두 있다. 그 핵심이되는 이론적 근거는 이른바 '유교자본주의론'이다. 이것은 M. 베버 (Max Weber, 1864-1920)의 이론 형식을 차용한 것이다. 베버는 서양의 자본주의와 프로테스탄티즘-캘빙주의 관계에 주목하였다. 여기에는 '적극적 친화력론'과 '소극적 친화력론'으로 나누어진다.62) '유교

---

62) 박용태, 「「유교자본주의론」의 베버 이론에 대한 오해-'프로테스탄티즘과 자본주의의 친화력' 문제를 중심으로」, 동양철학연구회, 『동양철학연구』 제 50집, 2007, 396-397쪽. 베버는 "서구 유럽의 종교인 프로테스탄티즘, 특히 칼뱅이즘의 윤리가 자본주의와 '선택적 친화력'이 있다는 주장을 내 놓았다." 그런데 이 관점에 대해서는 '적극적 친화력론'과 '소극적 친화력 론'으로 나누어진다. '적극적 친화력론'은 "칼뱅이즘을 자본주의적 경제행 위를 옹호하고 적극적으로 권장했다고 해석"하고, '소극적 친화론'은 "칼뱅 이즘이 물질소유욕을 억누르지 않았는데 바로 그러한 점에서 기존 가톨릭 의 물질적 소유욕을 죄악시했던 윤리관에서 탈피하여 경제적 행위를 제한 적이나마 방조했을 뿐이라고 해석된다."

자본주의'의 형식은 베버의 프로테스탄티즘과 서양의 자본주의처럼, 동양의 자본주의와 유교의 관계로 설명한다. 그렇지만 이러한 논의가 타당성을 가지려면 송명시대 신유학에서 정주학과 심학 그 자체로는 설명이 불가능하고, 분명히 철학적 전환이 필요하다. 적어도 '리'(理)를 중심으로 한 세계관이 '기'(氣)를 중심으로 한 세계관으로 전환할 필요가 있었다. 또 이것은 인간의 '욕망'[欲]에 대한 긍정, 즉 '이익'[利]에 대한 긍정의 이론적 근거가 필요한 것이다.63)

셋째, 자본주의는 인류의 경제 체제 발전에서 필연적인 과정인가? 이것은 서양의 자본주의 발전이 인류의 경제 체제 발전에서 필연적이지 않다는 문제의식을 함축한다. 만약 서양의 자본주의 경제 체제가 인류의 경제 발전에서 필연적인 과정이라면 아직 서구와 같은 자본주의로 발전하지 못한 비 서구사회는 당연히 서구사회를 경제 발전의 절대적 모델로 삼아 좋아가야만 한다는 것은 너무도 당연한 귀결이다. 그러나 오늘날 이와는 다른 문제의식을 느낀 논의도 있다. 다시 말해, 근대 이전의 중국 경제가 자본주의로 이행하지 못한 원인에 대해서는 다양한 시각이 존재한다. 그러므로 여기에서 먼저 주의할 점은 자본주의로 이행하는 것이 절대적 기준은 아니라는 점이다.

2. 오리엔탈리즘

현대 사회에서 인간과 세계를 이해하는 형식은 기본적으로 서양문

---

63) 이와 관련한 자세한 내용은 張炳漢의 「戴震과 沈大允의 理欲觀 문제」(한국 한문교육학회, 『한문교육연구』 21, 2003)를 참조하기 바란다.

화에서 기원한 사유방식이다. 이것은 주체와 객체를 나누어 고찰하는 방법이다. 이것은 주체의 입장을 절대화하고, 객체 즉 그 대상을 상대화하는 형식이다. 이러한 방식은 자연과 사람, 사회에 대해서도 마찬가지이다. 따라서 이 과정에서 객체는 '타자화'될 수밖에 없다. 그 객체 자신이 무엇이든, 그것은 어디까지나 주체에 의해 해석되고 재현되어야 할 대상일 뿐이다. 이 과정에서 객체는 아무런 권리도 주장할 수 없었다. 객체는 다만 주체에 의해 해석되고 평가되는 수동적 타자일 뿐이다. 그런 까닭에 서구의 역사에서 동양은 언제나 '야만', '비교도적 이단', '악마의 모습'으로 인식되었다.[64] 지난 19세기 이후 서양인에 의해 이해된 방식이 절대화되었다. 이러한 해석 방식이 동양, 즉 비 서구사회에 적용될 때 우리는 이것을 '오리엔탈리즘'이라고 말한다. 그런데 이 "오리엔탈리즘은 오리엔트 곧 동양애 관계하는 방식으로서 동양을 타자화하여 비하 또는 신비화하는 서구중심주의적인 인식이다."[65]

'오리엔탈리즘'(Orientalism)은 에드워드 S. 사이드(Edward S. Said, 1935-2003)가 제시한 개념이다. 그는 먼저 이 개념을 다음과 같이 정의한다.

오리엔탈리즘이란 오리엔트 곧 동양에 관계하는 방식으로서, 서양인의 경험 속에 동양이 차지하는 특별한 지위에 근거하는 것이다. 동양은 유럽에 단지 인접되어 있다는 것만이 아니라, 유럽의 식민지 중에서도 가장 광대하고 풍요하며 오래된 식민지였던 토지이고, 유럽의 문명과 언어의 연원이었

---

64) 박창호, 「스펜서의 사회진화론과 오리엔탈리즘」, 146쪽.
65) 임선애, 「옥시덴탈리즘의 역동성과 離散의 문제-〈압록강은 흐른다〉의 경우-」, 한국사상문화학회, 『한국사상과 문화』 제62집, 2012, 102쪽.

으며, 유럽문화의 호적수였고 또 유럽인의 마음속 가장 깊은 곳으로부터 반복되어 나타난 타인의 이미지 images of the Other이기도 했다.66)

결국 "오리엔탈리즘이란 서구의 시각으로 보는 동양을 뜻한다."67) 철학적으로 볼 때 동양철학은 "동양인이 주체적으로 본 동양철학이 아니라 서구인의 입장에서 바라본 동양철학인 것이다."68)

윌리엄 제임스는 『종교적 경험의 다양성』에서 T. 파커(Theodore Parker)라는 인물의 편지를 소개하고 있다. 이 편지에서 파커는 이교도에 대한 그의 편견을 드러냈다.

정통주의 학자들은 말한다. "이교도들의 고전에서 여러분은 어떤 죄의식도 발견할 수 없다." 그것은 정말 사실이다. 신은 그 때문에 감사를 받는다. 그들은 **분노**와 **잔인성**, **탐욕**, **술 취함**, **욕망**, **나태**, **비겁함**, 그리고 다른 실제적인 **악덕들**을 의식하고 있으며, 투쟁하고, 보기 흉한 것들을 제거한다. 그러나 그들은 '신에게로 향하는 적의'를 의식하지 못하며, 비실제적인 악에 대해서도 앉아서 흐느끼며 신음하지 않는다.69) (강조는 인용자)

그는 또 이렇게 말하였다.

(월터) 휘트먼은 종종 '이교도'로 언급된다. 그 단어는 때때로 죄에 대한 느낌이 없는 단순히 **자연적인 동물 같은 인간**을 의미한다.70) (강조는 인용

---

66) 에드워드 S. 사이드, 『오리엔탈리즘』, 박홍규 역, 교보문고, 1995, 13쪽.
67) 김교빈 외 5, 『함께 읽는 동양철학』, 3쪽.
68) 위와 같음.
69) 윌리엄 제임스 『종교적 경험의 다양성』, 김재영 옮김, 한길사, 2021, 145쪽.

자)

서구사회에서 그들이 말하는 '타자'에 대한 견해는 '이교도'를 '동물'로 취급한다. 이것은 결코 파커라는 인물 한 사람의 견해가 아니다. 오늘날에도 서구사회의 비 서구사회에 대한 이러한 시각은 변하지 않았다. 이와 관련된 내용은 아래에서 자세히 논의하기로 한다.

제3절 서양의 동양관과 동양에 대한 그 비판

오늘날 일반적으로 철학을 말할 때, 마치 하나의 분과 학문처럼 이해하는 경향이 있다. 그러나 엄밀하게 말해서 철학을 한다는 것은 매우 정치적인 행위이다. 왜냐하면 철학은 '세계관'을 의미하는 것으로, 이 '세계관'은 '세계'에 대한 인식이고, 해석이기 때문이다. 우리는 누구나 각자의 '세계관'을 통해 이 '세계'를 이해하고, 또 해석한다. 철학을 좁게 보면 전문적인 철학자의 연구라는 분과 학문의 한 전문적인 영역을 의미하겠지만, 넓게 보면 이처럼 누구나 하는 행위, 즉 '세계'를 인식하고 해석하는 그 모든 행위가 '세계관'이기 때문에 철학이라고 말할 수 있다. 그리고 우리는 자신의 이러한 '세계관'으로부터 절대적인 영향을 받는다.

오늘날 동양 사회는 서양 근대 문화의 절대적 영향력 아래에 놓여 있다. 우리의 정신마저도 서양화의 길을 걷고 있다. 그런 의미에서 오늘날 한국은 서양문화 이론의 '쓰레기통'이라고 말한다. 서구 학계의

---

70) 같은 책, 150쪽.

온갖 다양한 이론들이 한국 학계에 들어와 마치 첨단의, 절대적 이론인 것처럼 행세한다. 그러다가 유행이 지나면 쓰레기통에 버린다. 그러나 이론이란 자연과학과 같은 '과학'이 아닌 이상 절대적 가치를 가질 수는 없다. 자연과학과 같은 '과학' 역시 새로운 연구 성과가 나오면, 새로운 이론이 지배적 담론이 된다.

특히 인문과학의 이론은 각자의 역사적 배경, 시대적 상황이 다르기에 어느 한쪽의 이론을 절대화하는 것은 거의 불가능하다. 더 중요한 문제는 서구이론의 이식으로는 우리의 문제를 근본적으로 해결할 수 없다는 점이다. 설령 서양문화의 이론을 들여와 우리 문제를 해결하려 한다고 하더라도 어디까지나 한국적 변화가 필요하다.

1. 서양의 동양관

서양의 동양관은 '서구중심주의'(West-centrism)/유럽중심주의(Eurocentrism)라는 동양과 서양이라는 '본질적 구도' 속에서 동양을 '타자'로 하면서 서양의 우월성을 강조하는 세계관이다.[71] 그러므로 "세계적 차원에서 보면, 서구와 비서구는 결코 동등하지 않았다."[72]

강정인은 '서구중심주의' 개념을 세 가지로 요약하였다. 첫째, **서구 우월주의**: 근대 서구 문명-지리적으로 서유럽을 중심으로 출현했지만,

---

71) 全洪奭, 「근대 유럽 계몽주의에 대한 宋儒 理學의 영향과 그 문화 철학적 의미-프랑스 데카르트 학파의 좌파 베일과 우파 말브랑슈를 중심으로」, 동양철학연구회, 『동양철학연구』 제57집, 2009, 305쪽.
72) 박정심, 『한국 근대지식인의 '근대성' 인식 I』, 동양철학연구회, 『동양철학연구』 제52집, 2007, 115쪽.

그 문화를 이식한 미국, 캐나다 등도 당연히 포함된다-은 인류 역사의 발전 단계 중 최고의 단계에 도달했다. **둘째, 서구보편주의·역사주의**: 서구 문명의 역사 발전 경로는 서양뿐만 아니라 동양을 포함 전 인류사에 보편적으로 타당하다. **셋째, 문명화·근대화·지구화**: 역사 발전의 저급한 단계에 머물러 있는 비서구 사회는 문명화(식민지 제국주의 시대) 또는 근대화(탈식민지 시대)를 통해 오직 서구 문명을 모방·수용함으로써만 발전할 수 있다.73)

강정인의 관점에 의하면 '서구중심주의'의 핵심 내용은 ①'서구우월주의', ②'서구보편주의·역사주의', ③'문명화·근대화·지구화'이다. 그러므로 서구 문명이 비서구 사회가 이 세 가지를 실현하려면 '서구'를 표준모델로 삼아야 한다고 주장하는 것은 너무도 당연한 논리적 귀결이다. 그러나 이것은 매우 '폭력적'인 시각일 뿐이다. 그렇지만 오늘날에도 이러한 시각은 여전히 변함없이 존재한다.

우리는 서구 문명의 발전에서 그들의 무력, 야만적 침략 행위를 중시해야 한다. 16세기 '서구의 기적', 영국의 18세기 '인도 점령', 19세기 중영전쟁(中英戰爭, 阿片戰爭)의 내재적 원동력은 '문명화'가 아니라 '야만적 침략 행위'였다.74) 피터 차일즈 패트릭 윌리엄스의 『탈식민주의 이론』에 의하면 "1800년경 서구 열강은 지구 표면의 35%를 차지했지만, 매년 증가하여 1878년에는 그 비율이 67%에 달했으며, 1914년경 유럽은 지구의 85%를 식민지 보호령 자치령 연방으로 차지했다."75) 지난 3~4세기에 걸쳐 서구 문명은 전 지구를 자기의 식민지

---

73) 강정인, 『서구중심주의를 넘어서』, 아카넷, 2004, 47-48쪽. (全洪奭, 「근대 유럽 계몽주의에 대한 宋儒 理學의 영향과 그 문화 철학적 의미-프랑스 데카르트 학파의 좌파 베일과 우파 말브랑슈를 중심으로」, 305쪽 재인용.)
74) 박정심, 『한국 근대지식인의 '근대성' 인식 I』, 115쪽.

화한 것이다.

서구 문명은 비서구 국가를 침략하고 식민화하면서 그 핵심 주장 또는 근거를 '문명화'(civilization)라고 하였다. 그들이 말하는 이 '문명'(civils)은 "생활의 모든 영역 즉 국가와 사회, 경제와 기술, 법률, 종교와 도덕 등을 포괄하는 또는 개인과 공동체 모두와 관련을 맺는 총체적 개념"이었다. 이것은 산업자본주의, 제국주의의 발전, 의회민주주의, 과학 기술, 학문과 교육의 발전 등을 포함한다.76)

서구 근대 문명 담론은 유럽 문명이 진보의 가장 높은 단계에 서 있다는 유럽 중심주의와 유럽인으로서의 자부심어린 집단정체성을 확대재생산하는 데 핵심적인 역할을 수행하였다. 학살과 약탈이 절정에 달했던 19세기에 이르면 이들은 보편문명론, 백인우월주의와 적자생존의 사회진화론을 제국주의 침략을 합리화하는 이데올로기로 체계화하였다. 당시 유럽인들은 군사적인 우수성을 지적인, 심지어는 생물학적 우수성으로 해석하였다.77)

그러므로 서구인에게 비서구 사회는 그저 '야만'에 불과하였다. 이러한 맥락에서 서구인의 '인종주의' 이론이 발전해 나오게 되었다.

서구인의 '인종주의'는 18세기 후반과 19세기에 '민족'과 동시에 나타났다. 이것은 서구인의 '인종차별 정책', '노예제', '집단학살'과 밀접한 관계가 있다.78) 따라서 이 '인종주의'는 "세계 인류에게 큰 해악을 끼친 이데올로기"이고, "지난 500년간 유럽 국가들이 힘을 전 세

---

75) 위와 같음.
76) 같은 논문, 116쪽.
77) 같은 논문, 116-117쪽.
78) 같은 논문, 117쪽.

계로 확대해 나가며 다른 대륙들의 사람들을 살육, 노예화, 착취하는 데 가장 중요한 역할을 한 이념"이다.79)

강철구는 인종주의의 문제점을 이렇게 지적하였다.

> 인종주의가 ……인간 사이의 우열을 가정함으로써 인간의 인간에 대한 지배를 합리화하고 열등하다고 생각되는 인간을 도구화하기 때문이다. 그런 의미에서 인종주의만큼 반인륜적이고 비도덕적인 이데올로기도 달리 없을 것이다.80)

서양의 이 '인종주의'는 세 가지 기본 생각에 기초한다.81) 첫째, 인간은 자연적으로 다른 신체적 타입으로 구분된다. 둘째, 그런 신체적 특징은 본질적으로 그 문화, 개성, 지능과 관계된다. 셋째, 이런 유전적 유산의 기초 위에 어떤 집단들은 다른 집단에 비해 내적으로 우월하다.

강철구는 유럽의 인종주의에서 "생물학적 인종주의는 근대의 산물, 그것도 특히 18세기 후반 이래의 산물"이라고 하는데, 그는 서양의 인종주의를 "중세의 반유대주의" "근대 초의 신대륙의 소위 야만인들

---

79) 강철구, 「서양문명과 인종주의-이론적 접근-」, 한국서양사학회, 『서양사론』 Vol. 70 No. 1, 2001, 7쪽. "북아메리카와 오스트레일리아에서의 원주민 절멸, 남아메리카, 아시아, 아프리카에서의 원주민들의 학살, 노예화, 식민주의적 착취가 그 결과이다. 2차대전 시기에는 독일인들이 유럽에서 600만에 달하는 유태인들을 조직적으로 학살했는데 그것을 가능하게 한 반유태주의도 역시 인종주의에 속한다고 할 수 있다."

80) 같은 논문, 8쪽.

81) Martin N. Marger, *Race and Ethnic Relations: American and Global Perspective*, 3rd. ed. (Belmont: Wadsworth, 1994), p.27. (강철구, 「서양문명과 인종주의-이론적 접근-」, 10-11쪽. 재인용.)

에 대한 문화적 인종주의", "19세기 말 이후의 근대적 반유대주의",
"현재 유럽의 문화적 인종주의" 등으로 설명하였다.82) 그는 이어서 이
렇게 결론지었다.

　　이런 관점에서 본다면 유럽 문명 전체의 성격을 인종주의라는 하나의 범
　　주로 설명하는 것도 가능하다.83)

2. 서양의 동양에 대한 비판

　서양 사회는 근대에 인간의 이성과 합리성에 기초한 '진보' 관념을
제시하였다. 그런데 "19세기에 유럽의 제국주의가 급팽창하면서 진보
는 오로지 유럽의 역사에만 해당되는 것으로 국한되었고, 여타의 문명
권에 대해서는 제국주의의 정당화 이론으로 변모하였다." 그 결과 서
양은 동양에 대해 '동양 사회 정체론'이라는 이론을 만들었다.84)
　박치완의 「아직도 보편을 말하는가-서양인들에 비친 동양 그리고
불교」라는 글의 내용을 요약한다.85) 중국에서 한때 프랑스 문정관을
지내기도 해 동양문화를 제법 안다는 앙드레 말로는 "아시아는 우리
서양인에게 뭔가 교훈적인 것을 줄 수 있을 것인가? 나는 추호도 그
러리라고 생각하지 않는다. 아시아에서 교훈적인 것을 찾기보다는 차

---

82) 강철구, 「서양문명과 인종주의-이론적 접근-」, 37-38쪽.
83) 같은 논문, 39쪽.
84) 김시천, 「동양학과 진보론」, 한국철학사상연구회, 『시대와 철학』 제7집 1
　　호, 1996, 73쪽.
85) 박치완, 「아직도 보편을 말하는가-서양인들에 비친 동양 그리고 불교」,
　　예문동양사상연구원, 『오늘의 동양사상』, 제7호 2002년 가을·겨울,

라리 우리가 우리에게 있을 것으로 생각되는 독특한 것을 찾는 것이 훨씬 더 현명한 일일 것이다"고 하였다.86)

13-14세기 이후 서양인이 동양을 찾아오면서 동양은 ①"이국적이다", "신비하다", "이해가 잘 안 되는 부분이 많다", "환상적이다"라는 등의 피상적 기술이 이루어졌다. 17-18세기 "예수회 교도들이 동양에 그 수를 헤아릴 수 없을 정도로 파견되면서부터" 두드러지기 시작한 호도된 동양관이 발견된다.87)

2001년 『비교문학지』 봄호에 실린 논문들에서 보면 서양인들이 얼마나 "자신들이 잘 알지 못하거나 좋아하지 않는 것"에 대해 호도하고 있는지 알 수 있다. 이것을 간추려 소개하면, 동양(세계)은 ②"봉건적이다", "전체주의적이다", "폐쇄적이다", ③"비도덕적이다", "잘 복종하지 않고 반항한다", "맹목적이다", "야만적이다", "마귀 같다", "교활하다", "수다스럽다", "짐승 같다", "일반적으로 지저분하고 더럽다", "추하고 못 생겼다", "짐승처럼 많이 먹고 날뛴다", ④"문화를 모른다", "지적 능력이 부족한 것 같다", "신의 존재를 인정하지 않으며 죽음에 대한 공포가 없다" 등등이다.88)

지난 19, 20세기에 "유럽의 보편주의가 지배적이었으며, 한결같이 서양으로부터만 불교를 보아왔었다. 그 결과, 불교는 어느 정도 왜곡되게 받아들여졌다고 할 수 있다."89) 두 가지 핵심 내용이다. 첫째, 불교는 무신론이다. 둘째, 불교는 철학이지 종교가 아니다.90)

---

86) 같은 논문, 58쪽.
87) 같은 논문, 61-62쪽.
88) 같은 논문, 62쪽.
89) 미네시다 히데오(峰島旭雄), 『서양철학과 불교(佛教)』, 김승철 옮김, 황금두뇌, 2000, 26쪽.
90) 위와 같음.

유럽 보편주의의 입장은 신을 세우는 기독교를 진정한 종교로 보기 때문에 신을 부정하는 무신론, 신을 부정하기에 이르는 범신론은 종교가 아니다. 불교는 신을 세우지 않는 무신론이다. 따라서 종교가 아닌 것이다.[91]

헤겔은 『역사 속의 이성』에서 중국을 '지속의 제국', '역사의 유년기', '비역사적 역사' 등으로 특징지었다. 헤겔은 중국 제국은 "스스로 변화할 수 없"으며, 왕조의 교체라는 "모든 쉴 새 없는 변화를 통해서도 아무런 진보가 이루어지지 않"고 "몰락해 간다"고 말한다.[92]

철학은 원래 서양에서 시작된 것이다. 그 이유는 동양에는 서양과 달리 '자의식의 자유'가 없기 때문이다.[93]

헤겔은 중국 역사와 중국의 국가 이념에 대해 세 가지 핵심 가정을 제시하였다.[94] 첫째, 아시아 문명은 변화할 수 없다. 둘째, 지배 구조의 특성이 전체주의이다. 셋째, 중국인은 과학적 사고를 할 수 없다.

K. 마르크스(Karl Marx, 1818-1883)는 '동양의 보편적 노예상태'에 대해서 언급하면서 이런 동양 사회를 '아시아적 생산양식'이라고

---

91) 같은 책, 29쪽.
92) 김시천, 「동양학과 진보론」, 73쪽.
93) Vorlesung ueber die Geschichte der Philosophie, Bd. 1 S. 96(verlag das europaeische buch, westberlin, 1984) (박상환, 「근대 서양의 중국 이해에 대한 문화사적 배경 고찰-비교철학자 라이프니츠를 중심으로(Ⅰ)-」, 319쪽. 재인용.)
94) T. Spengler, Die Entdeckung der chinesischen Wissenschaft und Technikgeschichte, S. 13, in; Needham(1979) (박상환, 「근대 서양의 중국 이해에 대한 문화사적 배경 고찰-비교철학자 라이프니츠를 중심으로(Ⅰ)-」, 319쪽. 재인용.)

규정한다.95) 그는 『공산당 선언』(1848)에서 이렇게 말하였다.

부르주아지는 모든 생산도구의 급속한 개선과 한없이 편리해진 교통을 통해 모든 민족을, **가장 미개한 민족**까지도 문명 속으로 잡아당긴다. 부르주아지 상품의 싼 가격은 부르주아지가 모든 만리장성을 쏘아 무너뜨리고 외국인에 대한 야만인들의 완고하기 그지없는 증오를 강제로 항복시키는 중포(重砲)다. ······부르주아지는 농촌을 도시에 의존하게 만든 것과 마찬가지로 야만적 나라들과 반(半) 야만적 나라들을 문명국들에, 농업 민족들을 부르주아 민족들에, 동양을 서양에 의존하게 만들었다.96) (강조는 인용자)

여기에서 '가장 미개한 민족'은 중국을 가리킨다. 그의 이론에 의하면 "서양이 능동적 주체로서 세계를 유일무이하게 발전시켰으며, 동양에는 아무런 발전적 역사가 없다"는 것이다.97) 그 결과 이 이론은 "궁극적으로 제국주의적 팽창을 정당화하는 논거를 제공해왔다."98) 그는 서양과 아시아의 차이를 '사적 소유의 결여', '중간 계급의 미성숙', '도시의 미발달', '부르주아적 제도들의 결여' 등으로 설명하였다.99)

(정통) 마르크스주의적 편견, 혹은 유럽 중심주의에서 출발하는 편견은 일반적으로 헤겔의 역사 도식을 그대로 수용하여, 중국 사회에 이른바 '아시아적 생산양식'을 부여하였다. 이 정체성 테제는 전통적인 중국에서 토지

---

95) 김시천, 「동양학과 진보론」, 73-74쪽.
96) 칼 마르크스·프리드리히 엥겔스, 『공산주의 선언』, 김태호 옮김, 박종철출판사, 2017, 13-14쪽.
97) 양해림, 「동양과 서양의 생산양식 구성은 어떻게 이루어졌나」, 한국동서철학회, 『동서철학연구』 제90호, 2018, 380쪽.
98) 같은 논문, 380-381쪽.
99) 같은 논문, 381-382쪽.

가 사유재산으로 존재하지 않았다는 주장을 근거로 삼고 있다.100)

마르크스의 이러한 이론은 "아시아 사회는 휴머니즘에 전면 배치되는 것이며, 문명화된 자본주의가 이런 아시아 사회에 난폭하게 침투하여 혁명적 변화를 초래하는 것은 정당하다는 것이다."101) 이것은 서양의 비 서구사회에 대한 식민지적 침탈을 정당화하는 이론이다.

칼 A. 비트포겔(K. A. Wittfogel, 1896-1988)은 『동양 전제주의: 총 권력에 대한 비교 연구』(예일대학 출판부, 1957)에서 동양 사회는 "외부적 힘(서양을 말함)의 충격 아래서가 아니고서는 그 기본적 구조를 포기하지 않"는다. 막스 베버는 "유교는 현세와의 긴장을 최소화시켰으며……유교 윤리에는 윤리적 요구와 인간이 가진 결합 사이에 어떠한 긴장도 절대적으로 부재하다"고 결론지었다.

이처럼 헤겔과 마르크스, 비트포겔 등의 '동양적 전체주의'라는 관점과 베버의 '유교적 합리주의'는 모두 "유럽 사회를 그 내적인 동력에 의하여 '보편적' 인류 역사의 전형으로 간주한 반면……동양적 사회는……반(半)문명, 반야만적 사회 또는 '정체된 사회'"102)로 보았다는 점에서 공통적이다.103) 마르크스와 엥겔스는 "토지의 사적 소유를 창출함으로써 영국이 정체된 아시아적 생산양식을 해체시키고, 인도 사회를 혁명적으로 변혁시켰다고 주장했다."104) 마르크스와 엥겔스의

---

100) 박상환, 「근대 서양의 중국 이해에 대한 문화사적 배경 고찰-비교철학자 라이프니츠를 중심으로(Ⅰ)-」, 319쪽.
101) 양해림, 「동양과 서양의 생산양식 구성은 어떻게 이루어졌나」, 382-383쪽.
102) 송영배, 『유교적 전통과 중국 혁명: 유교 사상, 유교적 사회와 마르크스주의의 중국화』, 철학과 현실사, 1992, 126쪽.
103) 김시천, 「동양학과 진보론」, 73쪽.

이러한 시각은 철저하게 제국주의적이라는 것을 보여준다.

제4절 동양 지식인의 동양 비판

이제 동양문화에 대한 비판은 서양문화만이 아니다. 동양인 내부에서도 동양문화에 대한 비판과 비하가 자생적으로 이루어지고 있다.

1. 한국의 지식인 사회

오늘날 한국에서 서양철학을 전공한 학자들 사이에서는 동양철학에 대한 비난이 대세이다.

김진석은 "동양철학이라는 실체"는 "과거에도 그랬지만 지금도 거의 없다"고 할 수 있으며, "동양적 전통의 현재성"은 "개념적으로 명확한 내용을 가지기는커녕 요란한 소리만 내는 깡통"이라고 비판하였다. 그는 단적인 예는 "동양 사상을 빙자하면서 그것에 기생하는, 동시에 대중과 방송에 기생하는 문화 권력 복합체"인 "김용옥의 노자-공자 개그"라고 말한다.105)

김진석은 동양 철학자 한형조를 비판하는 논문에서 또 다음과 같이 비판하였다.

---

104) 양해림, 「동양과 서양의 생산양식 구성은 어떻게 이루어졌나」, 383쪽.
105) 박경일, 「동양 담론은 공허한가」(1), 예문동양사상연구원, 『오늘의 동양 사상』, 제7호 2002년 가을·겨울. 39쪽.

아무리 문명의 축이 현실적으로 바뀌었음을 인식하더라도, 인문학자는 경영학자나 마케팅 담당자처럼 '**현실적인, 너무도 현실적인**' 시대를 살지는 못하는 듯하다. 인문학적 담론의 '소심함'이라고나 할까. 아마도 한국의 유학이나 학문이 너무 인문적 지식인 중심으로 흘러온 데서 생기는 문제일 듯하다. 그들은 무사나 상인 혹은 정치가처럼 **현실적이지도 못하고 턱없이 비현실적이면서도, 지적으로는 너무 당당하고 명분을 말한다.**106) (강조는 인용자)

여기에서 그가 말하는 "인문학자는 경영학자나 마케팅 담당자처럼 '현실적인, 너무도 현실적인' 시대를 살지는 못하는 듯하다"고 비난한다. 그런데 그가 이렇게 강조하는 말의 의미, 의도가 무엇인지 알 수 없다. 이것은 철저하게 자신을 부정하는 태도이다. 어떤 면에서 그는 이미 서양인이 된 것이다. 그런 그 자신은 과연 '동양 사상'에 관해 얼마나 이해하고 있을까? 단순히 서양철학의 개념, 이론, 관념, 방법론을 가지고 동양철학을 재단할 뿐이다.

그리고 그는 이제 '철학' 자체를 비판의 대상으로 삼아 '비판'이 아닌 '비난'을 퍼붓는다.

대부분의 철학 교수는 그들이 사숙한 대가의 이름과 그의 주제를 평생 끼적끼적 베끼고 있는 판이 아닌가. 그것도 그냥 학문도 아니고 고귀한 '철학'의 이름으로! 그러나 그 고귀함은 공허하게 울린다. 사실 벌써 언제부터인가 어느 학문보다 왜소해진 것이 철학이다. 걸핏하면 공허한 추상적 개념

---

106) 김진석, 『한국 사상의 자리, 동양과 서양 사이에서』, 인하대학교 한국학연구소, 『한국학연구』 12권, 2003, 32쪽.

을 들먹이고 시도 때도 없이 도덕적 엄숙주의의 이름으로 설교하는 그것,
이미 공허해질 대로 공허한 그 이름을 철학하는 사람들은 아는지 모르는지,
알면서도 팔아먹고 사는 것인지.107)

그 자신은 어떤 관점일까? 다시 말해, 그 자신은 자신의 '철학함'에
관해 무어라고 말할까? 그 자신이 이 "공허해질 대로 공허한" 철학을
대학에서 "팔아먹고 사는" 사람은 아닌가?
그의 '비난'은 동양철학으로 시선을 돌린다.

더구나 현대 서양에서 온 철학과 달리 한국에서 동양철학은 얼마나 비참
한 몰골이었던가? 대중문화 수준에서 기껏해야 '인생철학'이나 점집으로 연
상되었던 꼴은 그만두고라도, 한자 주석(註釋)을 등골이 휘어지도록 다시 주
해하느라 공생이었던 학자들은 뛰고 나는 현실을 따라잡지 못했고 그래서
사람들의 관심밖에 있었다. 거의 고리타분함 그 자체였다. 또 학문 내부적
으로 동양철학은, 텍스트의 현실을 복원하는 관점에서 보자면, 언제나 역사
학과 고고학을 곁눈질하는 불쌍한 처지에 있었다. 또는 아무리 해도 역사학
에 못 미치는 듯했다.108)

이어서 그는 동양 철학자 김용옥을 비난한다.

이 와중에서 김용옥이란 스타가 동양철학을 대중에게 재미있고 인기 있
는 것으로 만들었으니, 동양철학을 하는 사람들도 앞에서 뒤에서 박수를 치
는 판이다. 김용옥이 말하고 쓰는 내용과 방식에 전적으로 동의하지는 않더

---

107) 김진석, 「철학의 광신적 대중화-김용옥의 경우」, 『사회비평』 제27권, 나
     남출판사, 2001, 10쪽.
108) 위와 같음.

라도, 최소한 동양철학을 재미있는 것으로 만들어낸 그의 공적 앞에는 박수를 치는 형국이다.

무슨 말인가? 김용옥이란 대중스타는 지적 개그맨이나 지적 엔터테이너이기도 하지만 거기에 그치지 않는다. 비루한 인문학이 있으며 매체의 권력이 있으며 대중의 욕망이 있다. ……그렇기 때문에 김용옥에 관한 흔한 태도, 곧 "개그맨이나 언터테이너에 지나지 않으니 내버려둬!"는 사회적으로 맞지 않는다. 그는 개그맨이나 엔터테이너 이상이다. 그는 철학과 동양고전이라는 지고의 가치를 표방하지 않는가? 그가 자신을 단순히 개그맨이나 엔터테이너라고 부르지는 않는다. 그렇다면 사실 별 문제가 없었을 것이다. 그랬다면 그는 더 괜찮은 사람이었을지 모른다. 철학이나 고정을 빙자하지 않은 채, 더 나아가 그것을 조롱하는 지적 엔터테이너로 존재할 수 있다면 그것은 대단한 일이다.[109)]

김성환은 「동양 논쟁의 허와 실」에서 김진석의 「철학의 광신적 대중화-김용옥의 경우」와 김상봉의 「동양철학 유감」에 대해 "비판 대상에 대한 정확한 이해 그리고 치밀하고 합리적인 논거"는 없는 비판이라 지적하였는데, "이처럼 함부로 논의를 전개하는 것은 그들의 뇌리에 '동양' 그리고 '동양철학'에 대한 편견과 멸시, 즉 제국주의시대 이래의 오리엔탈리즘이 깊이 뿌리내리고 있기 때문이 아닌지 의심하지 않을 수 없다"고 말하였다.[110)]

필자가 이해하는 한, 동양철학(자)은 현실주의(자)가 아니라 이상주의(자)이다. 물론 우리는 현실주의(자)라는 것을 부정할 수 없다. 그러나 그에 못지않게 이상주의(자)가 되어야 한다. 우리는 그러한 이상을

---

109) 같은 논문, 11쪽.
110) 김성환, 「동양 논쟁의 허와 실」, 예문동양사상연구원, 『오늘의 동양사상』 5, 2001, 35쪽.

현실 속에서 실현하려고 노력하는 것이 인문학(자)의 사명(일)이라고
생각한다.

가야트리 스피박(Gayatri Chakravorty Spivak 1942-)은 『포스트
식민 이성 비판』에서 이와 같은 사람들을 '토착 정보원'이라고 부른
다.

 "토착 정보원"으로 행세하면서 스스로를 주변화하거나 혹은 자기-주변화
의 몸짓으로 자신을 강화하려는 이주민 혹은 포스트 식민의 주체가 점증하
고 있다.111)

오늘날 서양문명을 절대화하여 동양문화를 비판하는 동양의 지식인
이 많다. 물론 비판은 필요하다. 정당한 근거를 갖고 비판한다면 문제
가 없다. 문제는 아무런 근거도 없는 우월의식에 사로잡혀 비판이 아
닌 비난을 한다는 점이다. 필자는 이것을 **'식민의 내면화'**라고 생각한
다.

프란츠 파농(Frantz Fanon, 1925-1961)은 서양의 식민지였던 지
역의 흑인들이 가지고 있는 '자기 정체성의 혼란' 혹은 '자기 정체성
의 부정'을 이렇게 말하였다.

 자신의 문화적 기원의 피살과 매장 때문에 열등 콤플렉스를 스스로 조장
해 왔던 식민지 민중들은 문명국의 언어, 즉 식민모국의 문화를 불현듯 직
면하게 된다. 식민지인은 식민모국의 문화적 수준을 자신이 어느 정도 전유
하고 있느냐에 따라 밀림의 신분을 초월하기도 하고 매몰되기도 한다. **식민**

---

111) 가야트리 스피박, 『포스트 식민 이성 비판』, 태혜숙 외1 옮김, 갈무리, 2005,
   42쪽.

<u>지인은 자신의 흑인성 혹은 자신의 원시성의 폐기를 통하여 백인화되어 가는 존재인 것이다.</u>[112] (밑줄과 강조는 인용자)

파농의 말처럼, '식민지인'의 '흑인성'(우리의 '황인성')을 폐기하고 '백인화되어 가는 존재'는 단순히 '흑인'에 한정된 문제는 아닐 것이다. 아마도 비서구 사회, 즉 '백인'이 아닌 사람들에게는 알게 모르게 남아 있는 내면의 '상처' 또는 '흔적'일 것이다.

소설가 최수철은 〈얼음의 도가니〉라는 단편소설에서 이렇게 말하였다.

그 유럽 여인은 동양인들의 편편하고 윤곽 없는 얼굴 속에 들어 있는 정신적인 것에 대해 집착을 한 것이고, 그 동양의 남자는 서양인들의 뚜렷한 윤곽 속에 현란하게 드러나는 물질적인 것에 끌린 것이었다.

......

지금 나와 그녀는 침대 위에 함께 누워 있다. 내가 프랑스에서 체류하는 동안에 얻은 몇 안 되는 성과들 중의 하나는 서양 사람들을 대할 때 느끼게 되는 **심리적인 부담감**이 많이 줄어들었다는 것이다.[113] (강조는 인용자)

이 소설의 주인공 '나'가 느끼는 '심리적인 부담감'이라는 감정은 아마도 소설가 최수철의 감정이 오버 랩 된 것이리라. 여기에서 말하는 이 '심리적인 부담감'은 비서구인이 서구인에게 느끼는 '콤플렉스'일 것이다. 그렇지만 소설의 주인공이든 소설가 최수철의 감정이든, 이것

---

112) 프랑츠 파농, 『검은 피부 하얀 가면』, 이석호 옮김, 인간사랑, 2003, 25쪽.

113) 최수철, 〈얼음의 도가니〉, 『1993년 이상문학상 수상 작품집』, 문학사상사, 1993, 23쪽.

은 그들만의 '콤플렉스'는 아닐 것이다.

파농은 또 다음과 같은 사례를 제시한다.

얼마 전에 에띠엥블르는 자신이 겪었던 환멸의 경험 하나를 소개했다. "지난번에 어안이 벙벙한 일이 제게 터졌어요. 평소에 가깝게 지내던 여학생이 하나 있었는데, 그 여학생이 제게 분에 겨워 대드는 거예요. 그건 별다른 저의 없이 적당한 단어가 떠오르지 않아 제가 무심코 그녀를 흑인 처자라고 불렀거든요." 그랬더니 그녀는 "뭐라구요? 흑인 처자라구요? 지금 나보고 흑인 처자라고 했어요? **피부는 검지만 실질적으론 내가 백인에 가깝다는 걸 당신은 모르세요? 나는 흑인들을 경멸한다구요. 진절머리나는 흑인들을요. 더럽고 게으른 흑인들!** 이제 제 앞에선 두 번 다시 흑인 얘기는 꺼내지도 마세요!"라며 한바탕 쏟아붓더라는 것이다.114) (밑줄과 강조는 인용자)

이 '흑인 처자'는 왜 자신을 '흑인 처자'라고 불렀을 때 화를 냈을까? 그녀는 자신에 대해 "피부는 검지만 실질적으론 내가 백인에 가깝다"고 말한다. 이 말속에는 이미 '흑인'에 대한 부정적인 판단이 내재하여 있다. 그리고 그녀는 '백인'의 우월성을 받아들이고 있다. 그녀는 또 흑인에 대해 "나는 흑인들을 경멸한다구요. 진절머리나는 흑인들을요. 더럽고 게으른 흑인들!"이라고 말한다. 우리는 이 흑인 여성의 생각을 단지 그 한 사람의 편견이라고 말할 수 있을까? 그렇지 않을 것이다. 아마도 많은 비 서구사회의 사람들은 서구사회를 절대화/이상화하고 있을 것이다.

우리가 이 문제와 관련하여 살펴볼 만한 것으로는 소설가 안정효의

---

114) 프랑츠 파농, 『검은 피부 하얀 가면』, 64-65쪽.

장편소설 『헐리우드 키드의 생애』(1992)와 영화감독 정지영의 〈헐리우드 키드의 생애〉(1994)이다. 소설과 영화라는 매체의 차이가 있기 때문에 한 가지로 논의하는 것은 문제가 있다. 그러나 여기에서는 그런 문제점은 제외하기로 한다.

고현철은 「〈헐리우드 키드의 생애〉의 탈식민주의적 해석」이라는 글에서 다음과 같이 말하였다.

……영화 〈헐리우드 키드의 생애〉에서, 임병석에게 헐리우드 영화는 영원한 동경과 모방의 대상인 것이다. ……영화 〈헐리우드 키드의 생애〉에서 임병석이 백인 여성을 동경하고 백인 여성의 이미지를 덮씌운 한에서만 현실의 한국 여성을 사랑하게 되는 것도 정신의 식민화와 연관되는 것으로 이해된다.115)

안정효는 '헐리우드 키드'라는 용어를 사용하였다. 이것은 두 개의 개념이 쌍으로 연결되어 있다. '헐리우드'와 '키드'이다. 여기에서 '헐리우드'는 미국의 화려한 문화를 대표하는 용어이다. '키드'는 아직 정신적으로 '미성숙'을 상징한다. 그러므로 '키드'는 "의존에 대한 필요를 경험한 자"로, 그 자신이 이미 "식민화되는 것"이기에 "무늬만 주체일 뿐 그 자리에는 타자의 흔적들만 가득 찬" '식민주체'인 것이다. 그러므로 임병석은 "식민주의 이데올로기의 완벽한 피조물로 드러나게 되는 것"이라고 말하였다.116) 이처럼 아직 '주체'가 되지 못한, 그리고 한 번도 참된 '주체'가 되어 본 적이 없는 '식민주체'의 모습이 현재

---

115) 고현철, 「『헐리우드 키드의 생애』의 탈식민주의적 해석」, 국제비교한국학회, 『비교한국학』 제13권 2호, 2005, 59-60쪽.
116) 같은 논문, 60쪽.

한국인의 현실이다.

한국 지식인 사회의 서구 문화의 내면화, '식민주체'의 심적 상태는 그 뿌리가 매우 깊다. 조선시대에는 중국을 '사대'의 대상으로 삼았는데 중국의 주자학을 절대 진리로 받아들였다. 그 결과는 당연히 주자학과 다른 세계관을 '사문난적'으로 몰아 철저하게 배제하였다. 일제 강점기 때는 일본이 모방의 대상이었지만, 더 중요한 대상은 역시 미국이었다. 김누리는 지금의 한국 사회는 '총체적 미국화', '사적 내면적 미국화'라고 진단하면서 "미국화된 대학에서 미국화된 교수가 미국화된 이론 틀을 통해 생산하는 지적 생산물이 미국적 패러다임을 따르는 것"이라고 말한다.117) 그는 다음과 같이 말하였다.

한국은 세계에서 가장 미국화된 나라 중 하나다. 정치, 경제, 문화, 교육, 종교 등 한국 사회의 거의 모든 영역에 정착된 제도들은 대부분 미국 사회의 그것을 모방한 것들이고, 한국인의 의식구조, 가치관, 생활방식, 사고방식, 욕망, 무의식까지도 미국인의 그것과 빼닮았다. 전체 구조로서의 한국 사회와 전 존재로서의 한국인이 총체적으로 미국화되어 있는 것이다. 그 결과 미국은 한국의 정치, 경제, 사회, 문화 등 제도적 영역에서 여전히 이상적 모델로 여겨질 뿐만 아니라, 한국인의 **정신과 영혼을 지배**하고 있다.118) (강조는 인용자)

1945년 해방 이후, 즉 남북분단시대에 들어서는 이제 미국이 절대적 숭배의 대상이 되었다. 임춘성은 "미국화(americanization)가 과

---

117) 김누리, 「총체적 미국화와 유럽적 가치」, 한국독일언어문학회, 『독일언어문학』 제58집, 2012, 423쪽.
118) 같은 논문, 417쪽.

잉되어 있는 현대 한국"이라고 진단한다.119) 이것은 한국인의 고질적인 '식민주체' 의식이다. 다시 말해 "미국 중심의 서양문화에 대한 학문적·문화적 종속이 심한 우리 현실"에 대한 깊은 성찰이 필요하다.120)

한국은 과거에 중국과 일본을 절대화하였는데, 지금은 또 미국을 절대화한다. 그리고 과거에 자신들이 절대화했던 대상을 이번에는 한없이 비하한다. "근현대 우리의 중국관은 전통 중국에 대한 관습적 존중과 근현대 중국에 대한 근거 없는 우월감으로 요약할 수 있는데, 특히 후자의 인식은 홍콩·타이완의 대중문화에 대한 편견과 매카시즘에 근거한 것"이다.121) 또 한국 사회의 중국 이미지를 '대국으로서의 중국'과 '천한 중국'으로 나눈다. 전자는 〈중-한-일〉의 전통적 계서(階序) 구도이고, 후자는 자본주의 세계 체제의 〈미-일-한-중〉의 계서 구도와 각각 연계하고 있다.122) 만약 미래에 미국의 패권이 몰락하면 이전에 중국과 일본에 했던 것처럼, 철저하게 미국을 비하할 것이다.

I. 윌러스틴(Wallerstein)은 "전후(戰後) 한국의 대학들이 미국 대학 체제와 저술들로부터 상당한 영향을 받은 요인"을 세 가지로 정리하였다.123) ①미국과 한국의 밀접한 지정학적 관계, ②1945년 이후 세계에서 미국대학들의 문화적 중요성이 커진 점, ③상당수의 한국인 학자

---

119) 임춘성, 「한국 대학의 미국화와 중국 인식」, 현대중국학회, 『현대중국연구』 Vol. 11 No. 1, 2009, 291쪽.
120) 강성호, 「유럽중심주의 세계사에 대한 비판과 반비판을 넘어」, 호남사학회, 『역사학연구』 39, 2010, 220쪽.
121) 홍석준·임춘성, 『동아시아의 문화와 문화적 정체성』, 한울, 2009, 154쪽. (임춘성, 「한국 대학의 미국화와 중국 인식」, 291쪽. 재인용.)
122) 임춘성, 「한국 대학의 미국화와 중국 인식」, 291쪽.
123) 같은 논문, 293쪽.

들이 미국의 교육 기관에서 대학원 과정을 밟은 점 등이다. 그는 "미국을 유학한 한국인 학자들이 미국 지배 세력의 수많은 전제(前提)와 시각을 공유하고 있는 미국 학문의 공시적 얼굴만 파악할 뿐, 그 이면의 구조적·지적 복잡성을 파악하지 못하고 주류파의 시각에 이의를 제기하는 날카로운 비평도 간파하지 못함"을 지적하였다.124) 간단히 말해, 그들은 철저하게 미국화된 '검은 머리 미국인'이라는 것이다.

헌팅턴은 이렇게 지적하였다.

서구의 식민지였던 중국이나 독립국이었던 일본 같은 나라의 '근대화' 세대나 '해방' 세대는 대개 외국(서구) 대학에서 서구어로 교육을 받았다. 감수성이 예민한 나이에 처음 외국에 나갔다는 이유도 부분적으로 작용하여 그들은 서구의 가치관과 생활 방식을 빠르게 흡수했다.125)

그러나 새로운 세대는 그들과 다르다.

반면에 2세대는 1세대가 만든 자기 나라의 대학에서 교육을 받으며 외국어가 아니라 자국어로 강의를 듣는다. 이 대학들은 세계적 본토 문화와 접촉할 수 있는 기회가 많지 않으며 지식은 대체로 범위가 제한되었거나 수준이 낮은 번역에 의해 토착화된다. 이 대학을 나온 학생들은 서구에서 교육받은 1세대의 지배에 반감을 느끼기 때문에 외세 배격 운동에도 쉽게 동조할 수 있다. 야심찬 젊은 지도자들은 서구의 영향력이 퇴조하면서 부국강병의 길을 더 이상 서구에서 찾을 수 없게 되었다. 이제 그들은 자기 사회의 가치관과 문화로 복귀한다.126)

---

124) 위와 같음.
125) 새뮤얼 헌팅턴, 『문명의 충돌』, 이희재 옮김, 김영사, 2016, 151쪽.
126) 위와 같음.

새로운 세대의 이러한 반응은 너무도 당연하다. 서구와 달리 비서구 사회는 역사적·문화적 '단절'을 겪은 지역의 세대이기 때문이다. 그러므로 그들이 "자기 사회의 가치관과 문화로 복귀"하는 것은 필요한 과정이다. 이제 "기생적 '꽃장수'"는 그만둘 때이다.127)

2. 옥시덴탈리즘

서양이 비 서구사회에 던졌던 시선을 이제 동양인에 의해 서양과 또 다른 비 서구사회에 보내지고 있다. 이것을 '옥시덴탈리즘'이라고 부른다. 이것은 "서양을 정형화·범주화하는 '서양/비서양'식의 이분법적 인식"이다. 그런데 이것은 또 "서양을 '악'으로 그리는 **부정적 옥시덴탈리즘**과 선망의 대상으로 보는 **긍정적 옥시덴탈리즘**"으로 나누어진다. 이 '옥시덴탈리즘'은 "동양이 성야과의 만남에서 발생한 서양에 대한 감정과 사유"인데, "서양의 부정적인 면을 부각시켜서 서양의 적대자들이 서양을 비인간적이라고 묘사하는 것"이다.128) 그런데 이것은 서양의 '오리엔탈리즘'의 '내면화' 또는 '변형'이라고 말할 수 있다. 이 '옥시덴탈리즘'은 '유럽중심주의', '미국 예외주의'에 대한 비판적 대안이라고 말할 수 있다. 그렇지만 이 '옥시덴탈리즘'에도 여전히 '오리엔

---

127) 박치완, 「아직도 보편을 말하는가-서양인들에 비친 동양 그리고 불교」, 68쪽.
128) 임선애, 「옥시덴탈리즘의 역동성과 離散의 문제-〈압록강은 흐른다〉의 경우-」, 102쪽; 임선애, 「옥시덴탈리즘과 복제된 오리엔탈리즘의 한국적 기원: '초당' 연구」, 한국사상문화학회, 『한국사상과 문화』 54, 2010, 146쪽.

탈리즘'의 위험한 그림자가 존재한다.

헌팅턴은 '옥시덴탈리즘'에 관해 다음과 같이 말하였다.

……서구의 오리엔탈리즘이 아시아를 묘사했던 방식처럼 획일적이며 부정적으로 서구를 묘사하는 아시아의 '옥시덴탈리즘'(occidentalism)이 나타나고 있다. 동아시아인에게 경제적 번영은 도덕적 우위를 의미한다. ……물질적 성공은 문화적 자기주장을 낳고, 단단한 힘은 부드러운 힘을 낳는다.129)

그런데 동아시아의 이 '옥시덴탈리즘'은 과거 서구의 '오리엔탈리즘'의 투영이다. 다시 말해, 만약 우리가 서구의 '오리엔탈리즘'에 대한 깊은 반성이 없이 단순히 헌팅턴이 말하는 것처럼 "물질적 성공"에 기대어 서구에 대한 비판으로 '옥시덴탈리즘'을 주장한다면, 이러한 동양의 '옥시덴탈리즘'은 서구의 '오리엔탈리즘'과 다를 것이 없다. 다시 말해, "오리엔탈리즘의 영향력이 지식고급주의 내지는 서구지식독점주의 등을 생산하며 동양 그 자체에까지 퍼져나가는 현상"이 문제인데, "오리엔탈리즘의 복제는 자신과 자신의 생활방식을 문명인의 눈, 즉 서구인의 눈으로 재평가하게 된다. 서양을 긍정하는 옥시덴탈리즘의 정도가 높을수록 서양의 시선을 복제하는 오리엔탈리스트가 되는 것으로 볼 때 옥시덴탈리즘과 오리엔탈리즘은 동전의 양면처럼 작동한다."130)

---

129) 임선애, 「옥시덴탈리즘의 역동성과 離散의 문제-〈압록강은 흐른다〉의 경우-」, 177쪽.
130) 임선애, 「옥시덴탈리즘과 복제된 오리엔탈리즘의 한국적 기원: '초당' 연구」, 154쪽.

그렇게 되면 동양의 '옥시덴탈리즘'은 서구와 또 다른 지역에 대해 '오리엔탈리즘'의 변형에 불과한 '옥시덴탈리즘'을 투영하게 될 것이고, 그렇게 되면 '옥시덴탈리즘'은 '오리엔탈리즘'과 다를 것 없는 폭력이 된다. 사실 이처럼 우려한 상황은 이미 우리 삶의 곳곳에서 나타나고 있다.

비 서구사회의 '옥시덴탈리즘' 역시 미국의 '예외주의', '유럽중심주의'를 그대로 닮아있다. 김택현은 에릭 홉스봄(Eric John Ernest Hobsbawm, 1917-2012)의 『역사론』에 대한 서평에서 홉스봄은 "엘리트주의와 유럽중심주의라는 한계", "유럽의 계몽사상의 진보적 역할을 강조한 것도 유럽중심주의적 성격"이 있다고 지적하면서 "유럽의 식민주의를 제대로 평가하지 못하고, 제3세계 민족주의를 과소평가"했으며, "계몽사상은 유럽인의 식민지 지배를 정당화하면서 '문명화 사명'이라는 이름하에 동원된 사상"이라고 비판하였다.131)

이 '옥시덴탈리즘' 가운데 하나가 안드레 군더 프랑크(Andre Gunder Frank)의 『리오리엔트』이다. 그는 이 책에서 "동아시아 중심의 새로운 세계사가 대안으로" 제시하고 있다. 다시 말해, 그는 "1800년 이전의 세계 체제에서 중국을 중심으로 한 동아시아가 중심부 역할"을 했으며, "15-19세기 세계 체제의 중심은 유럽이 아니라 아시아, 특히 중국"이라고 역설한다.132) 그렇지만 프랑크의 관점은 세 가지 문제점을 가지고 있다.133) 첫째, 세계 전체, 전체, 시기, 경제 분야를 지나치게 강조한다. 둘째, "지나치게 아시아를 강조함으로 새로

---

131) 강성호, 「유럽중심주의 세계사에 대한 비판과 반비판을 넘어」, 219쪽.
132) 같은 논문, 223쪽.
133) 같은 논문, 225-226쪽. 참조 요약.

운 형태의 '아시아 특수주의'"를 제기하는데, "중국 중심주의"가 나타
난다. 셋째, "현재의 신자유주의 자본 논리를 강화"하게 된다.

다음은 '중국의 예외주의'이다. 이것은 "중국의 발전 경로나 대외관
계가 서구 강대국들의 그것과는 상이하며 향후에도 그 독특성이 지속
될 것"이며, "중국은 20세기 초 강압적 패권을 추구한 독일이나 일본
의 행태를 답습할 가능성이 없으며, 그보다 '평화주의'(pacifism)에
기반한 조화롭고 포용적인 대외행태"를 취할 것이라고 말한다.[134] 그
렇지만 현재 중국이 보여준 대외정책은 서양 역사에 나타난 '유럽중심
주의', '미국 예외주의'와 별로 다르지 않다. 그러므로 강성호는 "역편
향, 옥시덴탈리즘에 대해서도 조심해야 한다"고 강조하였다.[135]

한국 철학계는 이러한 문제를 극복하기 위해서 먼저 동양철학과 서
양철학의 '만남'과 '교류'를 해야만 한다. 박경일은 이러한 추세를 다
음과 같이 보고하고 있다.

도올 김용옥 교수의 TV 동양고전 강의를 비롯하여, 포스트모더니즘의 선
구 보르헤스와 불교 간의 관계를 조명하는 데 도움이 되는 『보르헤스의 불
교강의』, 박이문 교수의 니체 철학의 동양적 조명, 김흥효 교수의 노장 사
상의 해체적 독법, 한국도가철학회의 도가 철학과 서양철학의 비교연구들,
한국유교학회가 펴낸 유교와 페미니즘 비교연구서, 이승종 교수의 비트겐슈
타인과 나가르주나 비교 및 데리다의 해체론과 장자(莊子)의 동아시아적 사
유 비교, 이영철 교수의 도가(道家) 및 비트겐슈타인의 언어관 비교, 인도철
학자 김호성 교수의 '저자 부재와 불교 해석학' 비교연구, 계간 『불교평론』

---

134) 박홍서, 「전반서화와 중국모델 사이: '중국 예외주의' 담론의 구조와 배
경」, 한국사회역사학회, 『담론 201』 제20권 1호, 2017, 8쪽.
135) 강성호, 「유럽중심주의 세계사에 대한 비판과 반비판을 넘어」, 236쪽.

의 '불교와 페미니즘' 특집 및 '불교와 서양철학' 특집, 동서의 철학과 문학의 만남을 시도한 『서양 문학에 나타난 동양사상』(한림대인문학연구소 편), 한국 T. S. 엘리엇 학자들의 글을 모은 『엘리엇과 동양사상』, 그리고 엘리엇, 불교, 해체 철학, 포스트모더니즘, 생태-여성주의 등에 관한 필자의 졸고들 등을 예로 들 수 있다.136)

그는 또 이러한 연구의 의미에 관해 이렇게 말하였다.

이 같은 시도들은 서구적인 것에 대한 무조건적인 비판과 두려움이 뒤섞인 **서양 콤플렉스도**, '우리 것'만을 절대선으로 고집하는 **동양 콤플렉스도** 모두 깨고 진정한 동서 간의 만남을 주선하는 밑거름이 될 것이다.137) (강조는 인용자)

우리는 이러한 작업을 통해 '진정한 동서 간의 만남'을 이룰 수 있을 것이다.

박경일은 한국 학계의 "학문적 빈곤함과 문화적 강대함의 차이"를 지적하면서 "진정한 '총체적 동양 담론'을 위한 인프라를 구축"해야 한다고 강조한다.138)

최재목은 이렇게 말하였다.

이처럼 동양철학 자체의 발전을 위해서도 동양 담론은 아직 더 세부적이며 구체적·실천적으로 활성화되어야 한다. 동양 담론에 대해 긍정·수용이든 부정·비판이든 간에 논의와 대화의 창구가 많이 열려야 한다. 하지만 현대

---

136) 박경일, 「동양 담론은 공허한가」(1), 41쪽.
137) 위와 같음.
138) 같은 논문, 51쪽.

우리의 동양 철학계에 담론다운 담론이 없었기에 논쟁다운 논쟁도 없었다. 이것은 동양철학에 비해 제도권 내에서 세력의 비교 우위에 있는 서양철학 도 마찬가지이다.139)

한국의 서양 철학계와 동양 철학계는 편견을 버리고 좀 더 대화해 야 할 필요가 있다. 우리의 현실에서 보면 동양철학이든 서양철학이든 상관없이 아무런 영향력이 없기는 마찬가지이기 때문이다. 세상은 철 학적 관점과 상관없이 흘러가고 있다.

김상봉은 이렇게 지적하였다.

모든 철학은 시대의 고민에 대한 응답이다. 그러므로 어떤 철학의 의미는 삶의 문맥이 달라짐에 따라 달라질 수밖에 없다. 그러므로 우리가 동양사상 의 의미와 가치를 물으려 한다면, 그것은 오늘 우리의 자리에서 **동양철학이 어떤 의미를 가지는가**를 묻지 않으면 안 된다. 그런데 많은 사람들이 오늘 날 우리 사회에서 동양사상을 말하면서도 그것이 왜 지금 이 시대에 다시 사유되어야 하는지에 대한 **치열한 반성 없이 그저 유행에 편승하여 동양사 상을 말할 뿐이다.**140) (강조는 인용자)

김상봉은 '동양사상'에 그러한 질문을 제기하지만, 사실 동양철학이 든 서양철학이든 상관없이 '치열한 반성'은 모두 필요하다. 그런데 그 는 "유행에 편승하여 동양사상을 말할 뿐이"라고 하는데 과연 그런가? 그는 지금 동양철학이 무엇을 어떻게 고민하고 있는지 이해하고 있는

---

139) 최재목, 「동서철학, 서투른 논쟁은 접자, 갈 길이 멀다」, 예문동양사상연 구원, 『오늘의 동양사상』 7, 2001, 65쪽.
140) 김상봉, 「동양철학 유감」, 철학아카데미, 『아카필로』 3, 2001, 13쪽.

가?

그는 동양철학을 '설교'하는 것이라고 지적한다.

도대체 왜 지금 동양철학인가? 만약 이 물음에 대해 **동양철학을 설교**하는
사람들이 설득력 있는 대답을 할 수 없다면, 동양철학에 대한 대중적 관심과
열광은 우리 역사에 도움이 아니라 해가 되는 **병적인 유행**일 수도 있다. 물론
동양철학을 설교하는 사람들은 동양철학의 의미와 가치를 나름대로 열심히 설
명한다.141)

김상봉에게 '동양철학'은 그저 '설교'일 뿐 '학문적 연구'가 아니란
다. 그는 또 서양철학의 배경으로 "서양철학이 태동한 그리스 사회가
평등한 자유인의 공동체"였다고 강조한다.

……서양철학이 태동한 그리스 사회가 평등한 자유인의 공동체였기 때문
이다. 오직 이 한 가지 이유가 서양철학과 동양철학을 나누는 넘을 수 없는
경계선을 만들었던 것이다. ……그런데 서양철학의 모태로서 그것의 근본
성격을 결정했던 **고대 그리스 사회란 그 이후의 어떤 사회 어떤 시대보다도
시민의 자유가 온전히 실현된 사회**였다.142) (강조는 인용자)

그는 '그리스적인 신념'을 강조하면서,143) 결론 부분에서 동양철학
에 대해 이렇게 요구한다.

---

141) 같은 논문, 13-14쪽.
142) 같은 논문, 16쪽.
143) 같은 논문, 17쪽.

동양철학의 심오함을 숭상하는 사람들에게 묻노니, 도대체 그것은 누구를 위한 심오함인가? 만약 진리가 참으로 모두를 위한 것이라면 그것이 어떻게 마냥 심오한 것일 수 있는가? 그리고 그대들이 말을 그토록 멸시한다면 그대들 스스로 침묵하는 것이 정직한 일이 아니겠는가? 그것이 아니라면 그대들은 말하고 다른 모든 이들은 침묵하라는 말인가?

말과 논리의 한계에 절망하고 그것을 저주하는 말과 논리가 지배하는 사회, 말과 논리를 갈고 닦기 위해 평생을 두고 사투를 벌인 사람의 입에서 나올 때에나 의미와 무게를 가질 수 있다. 그러나 **인간을 짐승과 구별해 주는 논리와 이성적 담론**이 아니라 **모호하고 비합리적인 감정과 야수적인 폭력**이 아직도 인간의 사회적 삶을 지배하는 이 나라에서 다른 사람들도 아닌 지식인들이 말과 논리를 스스로 멸시하고 비하하는 것을 본다는 것은 얼마나 참담한 일인가?144) (강조는 인용자)

그는 **"인간과 짐승을 구별해 주는 논리와 이성적 담론"**을 말하면서 **"모호하고 비합리적인 감정과 야수적인 폭력이 아직도 인간의 사회적 삶을 지배하는 이 나라"**를 대비하면서 은연중에 **"모호하고 비합리적인 감정과 야수적인 폭력"**을 동양철학에 배치하고 있다.

이연기 역시 「도올이 가야 할 길」에서 김용옥을 "지식 탤런트", "온갖 주변적 기술로 무장한 지식 탤런트"라 지적하면서, "우리 사회의 불가피한 배설(排泄)을 돕고 있다"고 비아냥거린다.145) 그는 또 이렇게 말하였다.

……도올은 짧지 않은 세월을 철학에 투자한 사람이므로, 자신이 어느새

---

144) 같은 논문, 19쪽.
145) 이연기, 「도올이 가야 할 길」, 철학아카데미, 『아카필로』 3, 2001, 26, 31, 28쪽.

학자로서의 **정도를 벗어난 지점**에 서 있게 **되었음**을 굳이 누가 지적하지 않아도 깊게 느끼고 있지 않겠는가. 노자, 공자를 강의하고 있으나 그 강의를 통해 진정한 노자, 공자를 만나기 어렵다는 것은 강의자 본인에게도, 또 그것을 경청하는 대중에게도 참으로 곤혹스러운 일이다.

......

무엇보다, 도올이 반드시 해야 할 중요한 일이 있다. 지금까지 도올 자신의 **부덕함과 부족함**으로 노자, 공자를 제대로 전달하지 못했을 뿐만 아니라, 대중들이 마음으로 느끼게 하는 데는 더욱 큰 어려움을 겪고 있다는 점을 솔직히 인정하는 것이다. 나아가, 오히려 대중들로 하여금 두 성인의 정신을 **곡해하게 하는 데 일조**하고 있다는 여러 비판자들의 충고를, 사실이 그러하므로, 겸허하게 수용하는 것이다.146) (강조는 인용자)

이제는 김용옥에게 자신의 "부덕함과 부족함", 그리고 노자와 공자의 학문을 "곡해하게 하는 데 일조"했다고 고백하라고 강요한다. 이처럼 한국의 일부 서양철학 전공자들은 동양철학은 철학으로, 학문으로 인정하지 않는다.

제5절 서양문화에 대한 동양문화의 영향

그렇다면 서양문화와 동양문화 사이에는 단순히 서양문화의 일방적인 동양문화에 대한 영향만이 있었는가? 전혀 그렇지 않다. 문명의 발전은 문화 '교류'에 의해 이루어진다. 서양문화가 동양문화에 영향을 준 것처럼, 동양문화의 서양문화에 대한 영향 역시 마찬가지이다. 본

---

146) 같은 논문, 30쪽.

래 문명이란 상호 영향을 주고받는 관계가 정상적이다. 어느 일방에 의해 전적으로 영향을 주고 다른 한편은 단순히 수동적으로 영향을 받는 것은 아니다.

정수일은 먼저 '문명교류'의 의미에 관해 이렇게 지적하였다.

> **문명교류란 서로를 알아가는 현장**이다. ……문명교류는 서로의 삶을 소통시키는 현장이기도 하다. 문명은 언제 어디서 창출되든 간에, 모방성이란 속성으로 인해 널리 퍼지고 받아들여져서 인간의 삶을 풍요롭게 해준다. 문명교류를 떠난 역사의 발전이나 인류의 생존은 상상할 수 없다.147) (강조는 인용자)

그는 이어서 다음과 같이 말하였다.

> 지난 두 세기 동안 인류의 문명사를 마음대로 요리하던 '서구문명중심주의'는 이제 설득력을 잃고 있으며, '문명화 사명'을 자처해오던 서구문명은 더 이상 고압적인 우월주의에 안주할 수가 없게 되었다. 대신 천시되던 '주변문명' '저급문명'들이 점차 위상을 되찾으면서 이 '문명타자관'이 대두되었다. 다행히도 이를 계기로 문명 담론이 활성화되고 문명 인식이 점차 균형을 잡아가고 있다. 여기서 중요한 것은 **배타적인 자기중심주의(국수주의)**와 공허한 **타중심주의(사대주의)**를 철저히 배격하는 것이다.148) (강조는 인용자)

박경일은 서양문화에 대한 동양문화의 영향을 「동양담론은 공허한

---

147) 정수일, 『한국 속의 세계』(상), 창비, 2005, 15쪽.
148) 같은 책, 19쪽.

가」(1)에서 이렇게 말하였다.

　　동양주의와 서양주의의 문제를 다룬 왕 닝(1997), 동양 사상 특히 불교
적 인식소가 푸코, 바르트, 크리스테바 등 프랑스 포스트구조주의자들의 철
학의 밑 텍스트(subtext)를 이루고 있다고 주장하는 우타 리프만 샤우프
(1989), 니체와 나가르주나에 대한 글렌 T. 마틴의 해체론적 읽기(1996),
장자와 니체에 나타난 관점의 문제를 다루고 있는 첸 구잉(1996), 포스트모
더니즘, 나가르주나의 중관 철학, 데리다의 해체 철학 등을 비교한 케네스
리버만(1991), 동양/도교의 로고센트리즘에 대한 데리다의 비판을 비판하는
장 롱시(1985), 장자와 선불교에 있어서 언어의 문제를 포스트모던적으로
읽으려고 시도한 왕 유루(1997), 데리다와 중관 불교를 언어적 해체로부터
존재론 비판에 이르기까지 검토한 카이 종키(1993), 하와이에서 발간되는
세계적 동양학 저널 『동서철학』(Phiosophy East and West)이 1975년
'화이트헤드와 불교' 특집호를 꾸밀 정도였던 수학자 출신의 (과학)철학자
A. N. 화이트헤드를 해체론 및 포스트모더니즘과 광범하게 비교연구하고
있는 페드라야(1999), 불교, 포스트모더니즘, 해체론 등과 관련된 다양한
논문들을 발표하고 있는 데이빗 로이의 불교적 데리다 해체, 데리다적 불교
해체, 그리고 불교적 니체 철학 비판들(1987, 1992, 1996), 나가르주나,
데리다, 해체론의 비교연구를 시도한 아이언 매빗(1995), 데리다와 나가르
주나의 비교연구를 비롯하여 데리다와 다양한 인도철학 사상과의 비교연구
서를 펴낸 해럴드 카워드(1990), 데리다의 해체 철학의 선구인 하이데거와
신(神) 없는 포스트모던 시대의 종교/신학에 관해서 강력한 목소리를 내고
있는 마크 테일러를 불교의 연기/공 사상에 비추어 읽고 있는 뉴먼 로버트
글라스(1995), 하이데거와 데리다를 노장사상과 불교 등 동양사상의 문맥에
서 읽고 있는 가톨릭 신부 출신의 로버트 매글리올라(1986) 등등이 얼른
손꼽을 수 있는 근래 서구의 동양 담론(생산자)들이다.[149]

그는 또 T. S. 엘리엇(Thomas Stearns Eliot, 1888-1965)은 일찍이 "인도철학의 오묘함은 대부분의 위대한 유럽 철학자들을 학동들(schoolboys)처럼 보이게" 만들며, "가장 전성기의 중국 문명은 유럽을 조악(crude)하게 보이게 만드는 우아함과 탁월함을 가지고 있다"고 평가하였다.150)

엘리엇에 의하면 인도철학을 이해하는 데 서양철학 공부는 거의 걸림돌 이상이 아니었다. "진정으로 그(인도철학의) 신비의 핵심까지 관통해 들어가는 유일한 희망은 미국인으로서, 유럽인으로서 생각하고 느끼는 것을 잊는 데 있다는 결론에 도달"했지만, "감상적이고 실제적인 이유들로 그러기를 원치 않았다"고 그는 술회했다.151)

서양문화에 대한 동양문화, 넓게 말해서 비서구 문명의 영향은 절대로 적지 않다.

J. H. 패리는 『약탈의 역사』에서 이렇게 말하였다.

8세기부터 아랍인과 베르베르인(Berbers: 무어인)은 북아프리카 전역과 스페인·포르투갈·시칠리아 등을 지배하고 있었다. 이와 같은 상황에서 유럽은 아랍권과 교류할 수 있는 기회를 가질 수 있었으며, 이는 거칠고 소박했던 유럽의 문화를 발전시키는 데 부분적으로 기여하기도 했다. 유럽의 미술과 산업은 아랍인들 덕분에 꽃피울 수 있었다. 그리스의 과학이나 학문은— 적어도 알려진 것에 한해서는—주로 아랍어로 번역된 책을 통해서 중세유럽으로 전해졌다. 중세 후기 기사도의 복잡한 관례도 어느 정도까지는 아랍의

---

149) 박경일, 「동양담론은 공허한가」(1), 40-41쪽.
150) 같은 논문, 36쪽.
151) 위와 같음.

관습과 로맨스를 모방한 것이기도 했다.[152]

G. W. 라이프니츠(Gottfried Wilhelm Leibniz, 1646-1716)의 철학에서 한 가지 특징은 "중국과 중국의 사상에 대한 그의 관심 그리고 유럽과 중국을 포괄하는 보편주의적 관점"이다.[153] 그는 "부베가 발견하고 연구한 중국의 고대 사상과 자신의 사상 양자에 관련된 철학적 논의를 적어도 10여 차례에 걸쳐 전개하고 있"는데,[154] "동서비교철학의 시조"[155]라고 할 수 있다. 그는 "평생 '중국'과 대면하는데" 말년에 중국에 관한 글 『중국철학논고』를 썼다.[156] "라이프니츠는 모든 민족에는 함께할 수 있는 보편적 근본철학사상(philosophia perennis)이 있다고 확신하였다."[157] 그런 까닭에 박상환은 "라이프니츠의 단자론적 사상 형성에 중국철학의 영향이 있고, 근대 유럽에 '전통적인' 중국철학을 소개하는데 라이프니츠 철학이 핵심적인 역할을 했다는 사실은 누구도 의심하지 않"는다고 지적한다.[158] 그는 라이프니츠의 유기체 철학이 중국철학과 유사함을 지적하였다.

---

152) J. H. 패리, 『약탈의 역사』, 12쪽.
153) 박배형, 「중국에 대한 라이프니츠의 이해와 중국철학에 대한 그의 해석-『최근 중국 소식』과 『중국인의 자연신학론』을 중심으로-」, 서울대학교 인문학연구원, 『인문논총』 제68집, 2012, 51쪽.
154) 같은 논문, 53쪽.
155) 박상환, 「근대 서양의 중국 이해에 대한 문화사적 배경 고찰-비교철학자 라이프니츠를 중심으로(I)-」, 301쪽.
156) 위와 같음.
157) 박상환, 「周易과 라이프니츠-대립물의 관계성에 대한 인식론적 분석 시도-」, 성균관대학교 대동문화연구원, 『대동문화연구』 28, 1993, 120쪽.
158) 박상환, 「근대 서양의 중국 이해에 대한 문화사적 배경 고찰-비교철학자 라이프니츠를 중심으로(I)-」, 301쪽.

존재자의 구조적 관계에서 자연의 모든 부분은 자기 모순적이고, 운동의 원인을 자기 내부에 갖고 있기에 존재자는 변화 속에서 관찰되어질 수밖에 없다. 이것이 라이프니츠의 변화 개념이고, 이 점에서 중국의 周易적 자연관과 유사하다고 할 수 있다.159)

특히 라이프니츠의 철학에서 중요한 개념인 '단자론'에 관해 J. 니담(Needham)과 젬플리너(Zempliner)는 "중국철학이 라이프니츠의 단자론 구상에 직접 영향을 주었다"고 주장하지만, 문겔로(Mungello), 쿡(Cook)/로즈몽트(Rosemont) 등 최근의 연구는 대부분 부정한다. 박상환 역시 부정적이다.160) 그렇지만 박상환은 또 이렇게 지적하였다.

자연과 우주를 조화롭게 이해하고 싶은 당대의 요구는 서양철학사에서 유기체적 철학이 발전하는 계기가 되었고, 그 정점에 라이프니츠가 위치한다. 그러나 그는 당시 서양철학계의 상반된 2대 사조 즉 原子論적 唯物論과 神學的 觀念論 모두에 대해 비판적 관점을 취하였다. 그 틈 사이에서 有機體 철학을 발전시켰고, 그러한 철학적 노력 속에서 중국철학과 만난다. 중국철학에서 그는 자기의 새로운 이론 즉 單子論사상의 보편성을 확인할 수 있다고 믿었다.161)

그런데 박상환은 「周易과 라이프니츠-대립물의 관계성에 대한 인식론적

---

159) 박상환, 「라이프니츠의 유기체철학과 중국철학-과학사적 분석을 중심으로(Ⅰ)-」, 한국유교학회, 『유교사상연구』 제20집, 2004, 454쪽.
160) 박상환, 「근대 서양의 중국 이해에 대한 문화사적 배경 고찰-비교철학자 라이프니츠를 중심으로(Ⅰ)-」, 305쪽. 각주 10 참조.
161) 박상환, 「라이프니츠의 유기체철학과 중국철학-과학사적 분석을 중심으로(Ⅰ)-」, 439쪽.

분석 시도-」에서 다음과 같이 말하였다.

라이프니츠가 접근하지 못했던 陰陽의 관계성을 상당한 정도 자유롭게 해석하였다. 양 이론체계 내의 대립물 간의 부정의 순간이 아직 명백히 구명되지 못하였다. 이 부분은 변증법의 역사적 前 사유 형태로써 라이프니츠의 모나드 이론, 그리고 陰陽論을 이해하고자 할 때 부각되는 중요한 인식의 고리이자 앞으로 남겨진 과제이기도 하겠다. 그러나 대립되는 두 힘이 한 쌍을 이루어 변화할 때, 변화의 동력이 외부에서가 아니라 내부에서 근거한다고 파악한다는 점에서 중요한 변증법적 사유의 공통점을 찾을 수 있다.162)

라이프니츠는 "자신의 철학 내지 신학과 유가 철학 사이에 있을 수 있는 실질적인 유사성"을 주장한다.163) 그는 "중국 고전에 나오는 상제(上帝)라는 개념과 理가 결국은 같은 것을 의미한다"고 보았다.164)

중국의 옛 현자들이 하늘을 다스리는 정신을 진정한 신으로 여겼을 때, 그리고 그 정신을 理 자체, 즉 질서 또는 최상의 이성이라고 생각했을 때, 그들은 자신이 의식하고 있던 것보다 훨씬 더 진리에 가까이 접근해 있었다.165)

그런 까닭에 라이프니츠는 『중국인의 자연신학론』에서 "理라고 하는

---

162) 박상환, 「周易과 라이프니츠-대립물의 관계성에 대한 인식론적 분석 시도-」, 133쪽.
163) 박배형, 「중국에 대한 라이프니츠의 이해와 중국철학에 대한 그의 해석-『최근 중국 소식』과 『중국인의 자연신학론』을 중심으로-」, 78쪽.
164) 같은 논문, 71쪽.
165) 위와 같음.

것이 존재하는 모든 것을 통제하고 지배하며 산출한다"고 하면서 "理는 곧 근본적인 질서이자 그러한 질서를 창조하는 존재, 또는 제일원인"이라고 해석하였다.166) 그러면서 이 '리'(理)를 "예정된 질서"라는 개념으로 설명하는데,167) 이것을 "최상의 실체", "제일원리", "보편적 정신" 등으로 지칭하였다. 여기에서 그는 '신'과 '리' 그리고 '모나드'를 등치시켰다.168)

박상환은 또 「라이프니츠의 공간개념과 '天'의 해석」이라는 논문에서 이렇게 말하였다.

　　라이프니츠의 신관이 그의 철학 사상과 결합되는 조건에서, 그의 공간개념과 중국철학의 天관념의 이해연관성은 오늘날 라이프니츠의 중국철학관을 재구성하는데 중요한 수단이 되기 때문이다.169)

라이프니츠는 『중국철학논고』 32장에서 아래와 같이 말하였다.

　　중국의 고대 현인들은 그들이 의식했던 것보다 훨씬 더 가까이 진리에 접근했다. 그 증거는 바로, 그들이 하늘을 지배하는 정신을 진정한 신으로 여기고, 그 정신을 理 자체, 그러니까 질서 혹은 최고이성으로 여겼다는 사실이다.170)

---

166) 같은 논문, 72쪽.
167) 같은 논문, 73쪽.
168) 같은 논문, 67쪽.
169) 박상환, 「라이프니츠의 공간개념과 '天'의 해석」, 동양철학연구회, 『동양철학연구』 26, 2001, 314쪽.
170) 같은 논문, 319쪽.

라이프니츠의 철학과 중국철학의 관계 또는 상호 영향에 대해서는 좀 더 깊은 연구가 필요하다.

M. 하이데거(Martin Heidegger, 1889-1976) 철학은 동양철학, 특히 노자철학과 비교적 밀접한 관계가 있다. 윤병렬에 의하면 "하이데거에게 동양의 사상, 특히 도가의 철학은 하나의 형이상학에 빠지지 않은 대안적 사유, 즉 '시원적 사유' 내지는 '다른 시원적 사유'(das andere anfängliche Denken)를 제공할 수 있"는 철학이었다.171) 그는 또 아래와 같이 말하였다.

> 하이데거와 도가 사이엔 다각도로 대화가 가능할 뿐만 아니라 필요한 것으로 보인다. 더욱이 하이데거의 도가 철학에의 접근과 동양인들의 하이데거 철학에로의 접근은 "세계화 시대"에서의 동서 융화철학을 위한 새로운 전형을 보여주고 있다. 하이데거와 도가는 각자가 결코 동서양을 대변하는 것이 아니라 인류의 미래를 위한 이정표를 탁월하게 보여준다.172)

A. N. 화이트헤드(Alfred North Whitehead, 1861-1947)의 철학은 "일즉다 다즉일"(一卽多, 多卽一)의 화엄(불교)적 사상을 보여준다.173) 그는 "세계를 구성하는 궁극적 요소를 '현실적 존재들'(actual entities) 혹은 '현실적 계기들'(actual occasions)라고 불렀다."174) 그런데 '현실적 존재'의 특징은 다음과 같다.175) 1) 우주 안에 실재한

---

171) 윤병렬, 『하이데거와 도가의 철학』, 서광사, 2021, 19-20쪽.
172) 같은 책, 20쪽.
173) 박경일, 「탈근대 담론들에 나타나는 관계론적 패러다임들과 불교의 공(空)」, 경희대학교 인문학연구소, 『인문학연구』 2, 1998, 211쪽.
174) 김경수, 『노장(老莊)의 생성론-동양의 빛으로 본 서양의 그림자』, 문사철, 2015, 477쪽.

다. 2) 생겨나고 소멸하는 생성 가운데 있다. 3) 모든 인식은 궁극적
으로 경험을 통해 이루어진다. 4) 각 현실적 존재들은 경험을 통해 상
호의존적으로 있다. 그러므로 김경수는 "화이트헤드의 사유는 분명히
생성중심주의의 동양적 사유, 특히 노장의 사유와 전적으로 일치한다"
고 평가하였다.176)

김용운은 「과학 속의 불교, 불교 속의 과학」에서 "제석천의 그물
망"(Indra's Net)의 비유로 화엄 사상을 다음과 같이 말하였다.

제석천의 궁전에 걸려 있는 장식용의 땅에는 각 망의 눈 하나하나에 한
개의 보석이 들어 있다. 그 보석에는 다른 망의 눈에 붙어 있는 모든 보석
의 영상이 비치고 있다. 또한 이들 낱낱의 영상에는 그것을 받아들이는 자
신의 영상도 담겨 있다. 그것이 또한 다른 보석에 비치고, 또 그 속에 자신
의 모습이 있고 중중무진의 영상이 다중구조를 형성하고 있는 것이다. 곧
일즉다, 다즉일의 세계이다. 무한개의 구성 요소로 이루어진 대상에서 이들
각 요소가 다른 요소와 끊임없이 상호작용을 할 때는 전체의 움직임이 각
요소(부분)의 단순한 힘으로는 설명되지 않는다. 중요한 것은 각 요소 간의
관계이다. 이와 같은 현상은 있는 그대로를 전체적으로 파악할 수밖에 없
다.177)

박경일은 서양의 "관계론적 사유"를 "세계에 대한 가장 급진적인 해
체 의식을 내포하는" 것으로 평가한다.178) 그는 이 관계론적 사유를

---

175) 같은 책, 479쪽.
176) 위와 같음.
177) 김용운, 『과학 속의 불교 불교 속의 과학』, 『현대불교』, 1998. (박경일,
    「탈근대 담론들에 나타나는 관계론적 패러다임들과 불교의 공(空)」, 211
    쪽. 재인용.)
178) 박경일, 「탈근대 담론들에 나타나는 관계론적 패러다임들과 불교의 공

불교와 관련하여 이렇게 말하였다.

관계론적인 사유는 존재를 관계적인 구축(relational construction)으로
간주하며, 이때 관계적인 구축물은 본래적인 실체성이나 의미를 소유하지 못
하고 여러 구성 요소들의 결합으로 발생하는 일시적인 성질만을 갖는다. 이
같은 인식 패러다임에 의하면, 하나의 구조물(construct)은 어느 순간 그 구
성 성분들로 분해 또는 탈구축(de-construct)되며, 이같은 구축과 탈구축/해
체의 과정이 현상 세계의 본질이다. 관계론적인 패러다임은 일체 존재의 불
변적인 본질, 불교적인 표현을 빌면 자성(自性, own-being, own-nature)을
부정한다. 일체는 부단한 관계짓기에 의해 끊임없이 생성/변화한다. 세계의
안정된 토대는 존재하지 않는다.179)

이상과 같은 다양한 논의는 동양철학이 서양철학의 발전에 어떤 영
향을 주었고, 또 어떤 영향을 주고 있는지 잘 보여준다.

(空)」, 204쪽.
179) 위와 같음.

제2장 중국철학 1
유학(1) 선진유학

제2장 중국철학 1
유학(1) 선진유학

중국의 전통문화에서 핵심적 위치를 차지하고 있었던 문화는 유교이다. 명청시대를 지나오면서 당시 중국의 유교는 성리학(性理學), 심학(心學), 고증학(考證學) 등을 포괄하는 광의의 유교적 전통을 구성하고 있었다.

제1절 역사적 배경

중국문화는 하·은·주 삼대 문화에 그 뿌리를 두고 있다. 특히 주대예악(禮樂) 문화는 전통 중국 사회를 이끌어온 정신이라 말할 수 있다. 주나라는 서주(西周) 시대와 동주(東周) 시대로 나누어지는데, 여기에서 동주시대를 춘추·전국(春秋戰國)시대라고 한다. 춘추·전국시대는 기원전 770년부터 기원전 221까지이다.[1)]

주나라 예악문화는 주공단(周公旦)에 의해 세워졌다고 한다. 주대 사회에서 주나라 천자와 제후의 관계는 혈연적 유대에 기초한 종법(宗法) 제도를 기초로 하였다. 종법 제도는 부계 씨족 사회의 가장제에서 변화하여 나온 것이다. 이 종법 제도는 가족제도와 밀접한 관계가 있다. 종법은 혈연관계를 기초로 하여 공동의 조상을 받드는 것으로, 친족의 감정[親情]을 유지하지만, 종족 내부에 존비장유(尊卑長幼)의 구분이 있고, 또 계승 질서를 규정하며, 서로 다른 지위를 갖는 종족 성원들이 서로 다른 권력과 의무를 갖는 법칙이다.[2)] 종법 제도는 주나라 왕실이 대종(大宗)이 되고 제후들이 소종(小宗)이 되는 것이다. 그 밖의 관계도 모두 이러한 종법 제도에 의해 운용되었다. 대종의 상속은 적장자에게 우선권이 주어졌고, 그 밖의 적출·서출은 모두 별자(別子)로 소종을 이룬다. 종법제에 기초한 혈연중심적 봉건제도에 의해 서주 초기에 제후로 봉해진 71국 가운데에서 희성의 제후국이 53개 나라로 70%이상을 차지하였다.[3)] 주나라 예악문화는 '친친존존'(親親尊尊)을 강조한다.

---

1) 춘추·전국시대에서 춘추시대와 전국시대에 대한 구분은 몇 가지 견해로 나누어진다. 그런데 "한(韓)·위(魏)·조(趙)의 3가(家)가 진(晉)을 삼분하여 사실상 독립했던 B.C.453년을 그 분기점으로 보는 견해가 가장 설득력이 있다."(中國史研究室 編譯, 『中國歷史』(상권), 신서원, 1993, 123-124쪽.); "역사적 사실로 양시대를 구분해 보면 周의 東遷에서 晉이 삼분되어 韓·魏·趙가 독립했던 기원전 453년까지를 춘추시대라 하고, 그 이후부터 秦이 중국을 통일했던 기원전 221년까지를 대체적으로 전국시대로 취급하고 있다."(李春植, 『中國 古代史의 展開』, 신서원, 1992, 99쪽.)
2) 陰法魯·許樹安 主編, 『中國古代文化史』(1), 北京大學出版社, 1996, 80쪽.
3) 中國史研究室 編譯, 『中國歷史』(상권), 102-103쪽 참조 요약.

주나라는 춘추·전국시대로 진입하면서 분열의 시대를 맞이하게 되었다. 춘추·전국시대에 이르자 "예악이 무너지는"(禮崩樂壞) 문화위기가 출현하게 되었다. 이 문화위기의 출현은 지식인들에게 현실 문제의 해결에 필요한 해답을 요구하였다.

주나라 평왕(平王)이 동천(東遷)한 후 천하의 대종(大宗)이던 천자는 천자라는 명분만 있었다. 춘추시대 후기에 이르자 각 제후국 내부에서는 대부가 국정을 농단하고 배신(陪臣)이 정령을 장악한 상황이 흔히 나타났다. 즉 종법 등급이 이미 붕괴되기 시작한 것이다. 노(魯)나라는 『춘추』에 의하면 242년 동안 7번의 빙과 3번의 조만을 행하였다. 주 왕실의 권위가 무너지자 제후들이 그 지위/권위를 대체하게 되었다. 춘추시대에 등장한 춘추오패(春秋五覇)가 그 대표적인 인물들이다.[4] 그러나 춘추시대 오패의 등장이 비록 주왕실의 권위가 추락한 것을 의미하기는 하지만 주왕실의 존재 자체를 부정한 것은 아니었다. 그들은 다만 쇠락한 주왕실을 대신해 천하질서를 유지한다는 입장을 견지하였다. 물론 이것이 명실(名實)이 부합되지 않는 하극상의 상황이었지

---

4) 춘추오패에 대한 기록과 학자들의 관점이 다르다. "춘추시대에 활약했던 覇主를 열거해 보면 소위 春秋五覇라 하여 5인의 覇主를 열거할 수 있는데 『荀子』「王制」篇에 의하면 齊 桓公·晋 文公·楚 莊王·吳王 闔閭·越王 句踐을 들고 있고, 漢代의 『白虎通』은 齊 桓公·晋 文公·秦 穆公·宋 襄公·楚 莊王을 내세우고 있다. 또『漢書』에는 齊 桓公·晋 文公·秦 穆公·宋 襄公·吳王 夫差를 열거하고 있다."(李春植, 『中國 古代史의 展開』, 103쪽.); "구설(舊說)에 '춘추오패'(春秋五覇)라면 제 환공, 진 문공, 초 장왕, 송 양공, 진 목공을 지칭했다. 그러나 송 양공은 나타나자마자 곧바로 사라져 패업을 이루지 못한 채 죽었다. 또 진 목공은 서융(西戎)에 치우쳐 있으면서 춘추시대가 끝나기까지 동진(東進)의 목적을 달성하지 못했으므로 중원 지역에 대한 영향력은 크지 않았다. 그러므로 어떤 사람들은 오왕 합려와 월왕 구천을 집어넣기도 하는데 대체로 큰 무리는 없는 듯하다."(徐連達·吳浩坤·趙克堯, 『중국통사』, 중국사연구회 옮김, 청년사, 1989, 90쪽.)

만 어찌 되었든 주왕실의 존재 자체를 인정하는 것이었다.

춘추·전국시대가 되자 각 제후국은 살아남기 위해 부국강병을 도모하게 되었다. 이것이 각 제후국에서 변법을 추진한 배경이다. 변법의 핵심 내용은 군권을 확대하고 봉건국가의 중앙집권을 강화하는 것이다.5) 이것은 기본적으로 네 가지 문제를 해결해야 했다. 첫째, 혈연적 유대관계에 의해 대대로 세경세록(世卿世祿)이 되었던 귀족층을 제거하는 일이다. 둘째, 혈연적 유대관계에서 벗어난 새로운 인재의 발굴이다. 셋째, 국가의 부의 창출(부국)이다. 넷째, 강한 군대의 양성(강병)이다.

혈연적 유대관계에 의해 그 권력을 유지하던 귀족층을 제거하는 일은 중앙집권을 가능하게 하는 최선의 작업이었다. 그 결과 이전의 신분제도가 크게 변화하였다. 특히 곡록제(谷祿制)/봉록제(俸祿制)의 등장은 신분제도에서 중요한 의미를 갖는다. 다시 말해서 이것은 정치적/신분적으로 매우 큰 의미를 갖는 것이다. 그 의미는 크게 두 가지로 볼 수 있다. 첫째, 군주에 의한 관리의 통제가 가능하게 되었다. 둘째, 신분 변화가 가능하게 되었다. 여기에서 중요한 집단이 '사'(士)이다. 신분제도의 변화에서 큰 의미를 갖는 것은 사 계급이 역사의 전면에 등장한 것이다. 사 계급이 역사의 전면에 등장했다는 말은 전통적인 신분질서, 즉 혈연적 관계를 바탕을 한 신분 질서가 무너지고 능력에 따라 등용한다는 새로운 신분 질서가 세워졌음을 의미한다.

사 계급이 역사의 전면에 등장한 것은 인재를 필요로 하는 당시 시대적 상황의 요청이 있었기 때문이다. 주대 예악 제도에 기초한 전통적 질서가 무너지자 각 제후국은 주나라 왕실을 대신하여 천하의 질

---

5) 陰法魯·許樹安 主編, 『中國古代文化史』(1), 94쪽.

서를 유지할 수 있는 패자의 지위를 놓고 서로 다투게 되었다. 이처럼 천하가 다투게 되자 자신의 능력이 아니라 전통적인 혈연적 관계에 의해 높은 지위를 누리던 자들이 이제 당시의 현실 문제를 해결하는 데 아무런 도움이 되지 않았다. 이것은 매우 당연한 사실이다. 현실은 어떤 문제에 대한 전문적인 지식을 요구하는데 전통적 신분 질서에 의해 높은 지위를 차지한 자들로부터 이런 전문적 지식을 요구한다는 것은 불가능했기 때문이다. 이 문제의 핵심이 바로 '인재를 구하는 것'과 '인재를 양성하는 것'이다.

우리가 중국 유학을 공부할 때 먼저 주의할 점은 '이상'과 '역사'의 구별이다. 다시 말해서 '역사적 사실'과 '이상적 내용'의 구별이 필요하다는 점이다.

하·은·주 이전은 요의 당(唐) 왕조와 순의 우(虞) 왕조가 존재하였다고 한다(『書經』). 그런데 요·순은 선양제도(禪讓制度)의 형식으로 왕위를 계승하였다. 하(夏) 왕조는 우(禹)임금이 세운 나라로 왕위는 그 자손에게 계승되었다. 즉 우임금에 이르러 세습제가 되었다. 하 왕조는 17세(世) 439년간 이어진 후 걸(桀) 임금의 폭정으로 탕(湯)에 의하여 멸망하였다. 은(殷) 왕조는 28대 주(紂) 임금의 폭정으로 주(周)나라 무왕(武王)에 의하여 기원전 1122년에 멸망하였다. 『일주서』(逸周書) 「극은해」(克殷解)의 기록에 의하면 주나라 무왕은 여상(呂尙)의 힘을 빌려 은나라 주왕을 물리친다.

주나라 무왕의 아우인 주공단(周公旦)에 의하여 유학의 정통은 정립되었다. 주공은 주나라 초기 세 왕(文王·武王·成王)을 보좌한 인물로 무왕의 아우이고, 성왕의 숙부이다. 주공은 요·순·우·탕·문·무로 이어지는 유교 문화와 이상 정치를 집대성하여 새로운 체계를 세웠다. 따라서 하·은·주 3대 문화의 영향으로 유학은 정립되었다.

　공자께서는 요임금과 순임금을 으뜸으로 계승하시고 문왕과 무왕을 본받
아 그 법도를 밝히셨다." (『中庸』 제30장)
　심하도다. 나의 노쇠함이여! 내가 꿈속에 주공을 다시 보지 못한 지가 오
래되었구나. (『論語』 「述而」)

　주나라의 건국은 천명(天命)에 의한 것이라고 하여 그 건국의 정당
성을 천명에서 찾는다. 그런데 이러한 천명은 고정된 것이 아니다. 오
직 덕(德)이 있는 자에게 주어진다.

　천명은 덕이 있는 사람에게 간다. (『書經』 「皐陶謨」)
　천명은 일정하게 고정된 것이 아니다. (『詩經』 「文王」)

　그런 까닭에 인간은 "덕으로 하늘의 뜻을 따른다"(以德配天)한다고
생각하였다. 유가의 천관은 종교적 차원의 천관에서 정치적 차원으로
확대되었다. 또 민심의 향배를 통하여 천명을 살펴볼 수 있다고 한다.
천관의 변화에서 중요한 점은 인간의 주체적 노력을 강조한 점이다.
이 점을 통하여 유가의 인성론(인간관)을 이해할 수 있다.

　| 중국문화의 두 흐름 |

　첫째, 주공단의 노(魯)나라 문화 전통이다.
　둘째, 태상공 여망(太上公呂望), 즉 여상(呂尙)의 제(齊)나라 문화 전통이
다.

"여태공망(呂太公望)은 제나라의 임금으로 봉해졌고, 주공단(周公旦)은 노나라의 임금으로 봉해졌는데, 두 임금은 서로 사이가 좋았다. 그래서 서로 '어떻게 나라를 다스릴 것인가?'라고 물었다. 태공망은 '현명한 사람을 존중하고 공을 세운 사람을 숭상할 것입니다'라고 대답하였다. 주공단은 '육친을 가까이하고 은택 베푸는 일을 숭상할 것입니다'라고 대답하였다. 그러자 태공망이 '노나라는 이로부터 쇠약해질 것입니다'라고 말하였다. 주공단은 '노나라는 비록 쇠약해지겠지만 제나라를 소유하는 자도 역시 반드시 여(呂)씨를 비난할 것입니다'라고 대꾸하였다. 그 후 제나라는 날로 커져서 패자(覇者)가 되었지만 24대만에 전성자(田成子)가 제나라를 소유하게 되었고, 노나라는 날로 쇠약해져서 겨우 존재하는 형편에까지 이르렀다가 34대만에 멸망하였다." (『呂氏春秋』「十二紀」「仲冬紀」「長見」)

⇒ · 유가: "친친상은"(親親尙恩). 노(魯)나라의 "친친상은"은 뒤에 유가 학설을 잉태함.
   · 도가: "존현상공"(尊賢尙功). 제(齊)나라의 "존현상공"은 뒤에 도가와 법가 학설을 잉태함.

주공에 의해 세워진 주대 예악 문화는 공자에 의하여 중국 유학으로 계승되었다.

제2절 공자

공자 이전의 학문은 관(官, 王官說)에 있었다. 그런데 세상이 혼란스럽게 되면서 관에 있던 학문이 민간으로 내려오면서 사학(私學)이 흥성하게 되었다.

　유학은 공자(孔子, 기원전 551년[552년] 周나라 靈王 21년 魯나라
襄公 22년-기원전 479년)에 의하여 성립되었다. 공자는 이름이 구(丘)
이고 자(字)가 중니(仲尼)이다. 그는 노나라 창평향(昌平鄕) 추읍(鄹邑)
사람으로 지금의 산동성(山東省) 곡부현(曲阜縣)에서 태어났다. 세 살
때 아버지 숙량흘(叔梁紇)을 여의고, 어머니 안징재(顔徵在)의 슬하에서
자랐다. (『史記』「孔子世家」) 그런 까닭에 공자는 어려서 매우 가난하
였고, 그 자신 천한 일을 잘 알았다고 말한 것이다.

　　나는 젊어서 빈천했기 때문에 천한 일도 많이 할 줄 안다.6)

｜ 공자의 사상에 영향을 준 인물들 ｜
① 『사기』(史記) 「중니제자열전」(仲尼弟子列傳)의 기록:
"공자가 엄숙하게 모신 인물로는 주(周)나라의 노자(老子), 위(衛)나라의 거백옥(蘧伯玉), 제(齊)나라의 안평중(晏平仲), 초(楚)나라의 노래자(老萊子), 정(鄭)나라의 자산(子産), 노(魯)나라의 맹손작(孟孫綽)이다."(孔子之所嚴事: 于周則老子. 于衛, 蘧伯玉. 于齊, 晏平仲. 于楚, 老萊子. 于鄭, 子産. 于魯, 孟公綽. 數稱臧文仲·柳下惠·銅鞮伯華·介山子然."
② 『예기』(禮記) 「증자문」(曾子問)의 기록:
"내가 노담에게 들었다."(吾聞諸老聃.)

　공자는　육예(六藝)·(禮)·악(樂)·사(射)·어(御)·서(書)·수(數)를　교과목으로
삼았다. 그는 또 『시경』(詩經)·『서경』(書經)·『예기』를 손질하고, 『춘추』
를 정리하였다. 만년에는 『주역』 연구에도 심취하였다. 공자는 자신에

---

6) 『論語』「子罕」: "吾少也賤, 故多能鄙事."

대해 이렇게 말하였다.

"나는 태어나서부터 아는 사람이 아니다. 옛것을 좋아하고 그것을 구함에 민첩한 사람이다."[7]

공자가 말하기를 "나는 열다섯에 학문에 뜻을 두었고, 서른에 (학문에서) 얻은 바가 있었고, 사십에 의혹하지 않게 되었고, 오십에 천명을 알았고, 육십에 이순(다른 사람의 말을 들으면 그 깊은 뜻을 알았고), 칠십에는 마음이 하고자 하는 바를 하여도 법도에 어긋나지 않았다"라고 하였다.[8]

공자는 군자가 되는 것을 공부에 핵심에 두었다. 공자의 말을 후학이 정리하여 기록한 문헌이 『논어』(論語)이다. 『논어』의 구성은 배움에서 시작하여 '하늘의 뜻을 아는 것'[知命]을 통해 '사람을 아는 것'[知人]에서 끝난다.[9]

군자가 되는 과정에서 그 중심에 있는 것이 '인'(仁)이다.

1. 인

(1) 인의 의미

공자 철학에서 가장 중요한 개념은 인이다.

---

7) 같은 책, 「述而」: "子曰: 我非生而知之者, 好古, 敏以求之者也."
8) 같은 책, 「爲政」: "子曰: 吾十有五而志於學, 三十而立, 四十而不惑, 五十而知天命, 六十而耳順, 七十而從心所欲不逾矩."
9) 유학주임교수실 편저, 『유학사상』, 성균관대학교 출판부, 2002, 56쪽.

번지가 인을 물었다. 공자는 '**사람을 사랑하는 것**'이라고 말하였다.[10]

인이란 사람 마음의 상태로 인간의 내면에 확립되어 있는 태도의 특성을 표현한다. 간단히 말해 인은 사람다움을 의미한다. 즉 공자는 사람이 사람답다는 의미가 무엇인가를 인을 통해 표현하였다.

유학에서 인심(仁心)/선성(善性)이라는 도덕 심성은 내재적일 뿐만 아니라 동시에 초월적이다.[11]

공자 이전의 예(禮)는 단지 외재적 규범이요 외재적 표준이었다. 공자에 이르러서야 예가 인에 귀속되었고, 인을 예의 근본으로 삼게 되었다. 이 인으로 표현되는 내재적 인격 세계는 인간의 생명으로부터 나오는 세계이며, 이러한 세계는 반드시 고도의 반성과 자각을 통해서만 나타난다. 인은 외재적 객관 세계가 아니라 인간의 생명 속에 내재되어 있다. 인은 인간이 되는 내재적 본질로서 선천적으로 본래 가지고 있는 것이며 반성과 자각을 통해 드러난다.[12]

(2) 인의 실천 방법

그렇다면 인을 어떻게 실천할 것인가? 공자에게 있어서 도덕 실천은 주관적 실천과 객관적 실천으로 나누어진다. 주관적 실천은 덕성과

---

10) 『論語』「顔淵」: "樊遲問仁. 孔子曰: '愛人.'"
11) 채인후, 『공자의 철학』, 천병돈 옮김, 예문서원, 2002, 28쪽.
12) 같은 책, 67-68쪽 참조 요약.

인격의 완성을 목표로 한다. 객관적 실천은 국가와 백성을 구하고 만물을 완성하는 것에 목표를 둔다. 그 중요한 사례로 공자는 먼저 극기복례(克己復禮)를 제시하였다.

> 안연이 인을 물었다. 공자는 '자기의 사사로운 욕심을 극복하여 예로 돌아가는 것'이 인이다.[13]

"자기의 사사로운 욕심을 극복하여 예로 돌아간다"는 것은 두 가지로 나누어 생각해볼 수 있다. "자기의 사사로운 욕심을 극복하는 것" (克己)과 "예로 돌아가는 것"(復禮)이다. 먼저 '극기'는 내적인 것이다. 이것은 앞에서 말한 주관적 실천에 해당한다. 내면적 수신인데 자신의 사사로운 욕구와 욕심으로부터 자유로워지는 것이다. 자아에 대한 끊임없는 성찰과 조율이다. '복례'는 내면적 수신을 통하여 극기한 자신의 행위가 외면적으로 예에 맞는 것이다. 이것은 앞에서 말한 객관적 실천이다. 내면적 수신이 외면적으로 표출되는 행위를 말한다. 타인과 관계를 맺고 타인 앞에 나가 자신을 드러내는 방식이다.

그렇다면 인을 실천하는 방법에서 그 기준 또는 출발점은 무엇인가? 이 문제는 가정과 사회의 관계 문제이다. 유학은 기본적으로 가정윤리에서 사회윤리로 확장해간다. 가정윤리의 핵심은 바로 효제(孝悌)이다. 이것은 가족 내에서 인을 실천하는 것이다. 따라서 가족 윤리에 해당한다고 말할 수 있다. 효는 부모님을 편안하게 모시는 것이다. 이것은 신체적/물질적 보살핌과 부모의 뜻을 잘 받들고 거스르지 않는 것이다. 제는 형제간에 우애가 있는 것이다.

---

13) 『論語』「顏淵」: "顏淵問仁. 孔子曰:'克己復禮爲仁.'"

효제를 실천하고 그것이 사회적 관계로 확장되는 과정에서 또 중심이 되는 것은 '충서'(忠恕)이다. '충'은 남에게 진실한 마음을 다하는 것이고, '서'는 남이 원하고 원하지 않는 바를 잘 알고 행하는 것이다.

자기가 원하지 않는 바를 남에게 하지 말라."14)
자기가 서고자 하면 남도 세우고, 자기가 이루고자 하면 남도 이루게 하라.15)

이상의 내용은 이론적으로 볼 때 이해하기 쉬운 말이다. 그러나 실천하기는 매우 어려운 말이다. 그러나 인을 실천하는 일은 삶에서 매우 중요한 일이다.

인을 실천함에는 스승에게도 사양하지 말라.16)

2. 군자

거칠게 말해 고대 중국 사회는 성인의 시대, 군자의 시대, 개인(인간)의 시대를 지나왔다. 서주 시대를 성인의 시대라고 한다면, 동주 시대에서 공자가 살았던 춘추시대는 군자의 시대에 해당하고, 전국시대는 개인(인간)의 시대였다고 말할 수 있다.

공자는 인간의 수양 문제에서 군자를 강조하였다. 그는 "정치 계급

---

14) 같은 책, 「衛靈公」: "己所不欲, 勿施於人."
15) 같은 책, 「雍也」: "己欲立而立人, 己欲達而達人."
16) 같은 책, 「衛靈公」: "子曰: '當仁不讓於師.'"

상의 군자와 소인의 차별을 도덕상의 군자와 소인의 구분으로 바꾸었
다."17) 인을 실천하는 군자의 모습에 대해 이렇게 말하였다.

> 강직하고 과감하고 소박하고 말이 서툰 듯한 모습이 인에 가깝다.18)
>
> 인(仁)하지 못한 사람은 곤궁 속에서 오래 견디지 못하고, 즐거움 속에서
> 도 오래 즐기지 못한다.19)

이것과 대비되는 인물이 소인(小人)이다. 소인은 사이비 군자를 의미
하는데, 향원(鄕愿)이라 칭한다. 향원은 겉으로는 덕이 있는 것처럼 보
이지만 내적으로 진실함이 결여된 위선자이다.

> 향원은 덕의 도둑이다.20)

이러한 소인의 모습은 이렇다.

> 아첨하는 듯한 말투와 억지로 꾸민 얼굴을 한 사람의 모습에서는 인이
> 드물다.21)

그러한 자들의 삶에는 타락이 있을 뿐이다.

> 군자는 날마다 위로 나아가고, 소인은 날마다 아래로 향하여 떨어진다.22)

---

17) 채인후, 『공자의 철학』, 70쪽.
18) 『論語』「子路」: "剛毅木訥近仁."
19) 같은 책, 「里仁」: "子曰: 不可以久處約, 不可以長處樂."
20) 같은 책, 「陽貨」: "鄕愿, 德之賊也."
21) 같은 책, 「學而」: "子曰: '巧言令色, 鮮矣仁.'"

사람이 삶을 살아가면서 일시적으로는 자기를 속이고 남을 속일 수 있다. 그러나 영원히 속일 수는 없다. 소인의 삶은 영원한 타락일 뿐이다.

그렇다면 군자의 삶의 모습은 어떠한가? 군자의 삶은 '안빈락도'(安貧樂道)로 설명할 수 있다. 공자는 이렇게 말하였다.

거친 음식을 먹고 물을 마시며 팔을 베고 누워 있으니 즐거움이 또한 그 가운데 있네. 의롭지 못한 재물이나 명예는 나에게 뜬구름과 같다.23)

그렇다고 해서 무조건 가난하게 살아야 한다는 의미가 아니다. 공자의 부귀(富貴)에 대한 태도는 부정적이지 않았다.

부유함(富)을 구하여 얻을 수 있는 것이라면 비록 말을 모는 사람이라도 하겠지만 만약 구하여 얻을 수 없는 것이라면 내가 좋아하는 바를 하겠다.24)

공자는 정당한 부귀에 대해 긍정하였다. 문제는 부귀를 얻음에 있어 그 방법의 정당성 여부이다.

부유함과 귀함[富貴]는 사람이 바라는 것이지만 그 도로써 얻은 것이 아

---

22) 같은 책, 「憲問」: "子曰: 君子上達, 小人下達."
23) 같은 책, 「述而」: "飯疏食飲水, 曲肱而枕之, 樂亦在其中矣. 不義而富且貴, 於我如浮雲."
24) 같은 책, 「述而」: "富而可求也, 雖執鞭之士, 吾亦爲之; 如不可求, 從吾所好."

니면 처하지 않는다. 가난함과 천함[貧賤]은 사람이 싫어하는 바이지만 그 도로써 얻은 것이 아니면 (억지로) 버리려고 하지 않는다.25)

공자가 말한 '안빈락도'에서 더 중요한 핵심적 문제는 인생의 목표/ 의미를 어떻게 설정할 것인가이다. 공자는 자신이 강조하였던 인을 가 장 잘 실천한 인물로 제자 안연(顏淵)을 말하였다.

어질도다 안회여! 한 그릇의 밥과 한 바가지의 물을 먹으면서 누추한 집 에 살게 된다면 다른 사람들은 그 불편함을 견디지 못하겠지만, 안회는 그 렇게 살면서도 그 생활의 즐거움이 변하지 않으니 참으로 어질도다. 안회 여!26)
안회는 그 마음이 석 달 동안 인을 어기지 않을 수 있고, 그 밖의 제자 들은 하루나 한 달에 이를 따름이다.27)

사람이 평소 마음가짐을 바르게 하지 못하면 궁박한 상황에 처하게 될 때 곧 잘못된 판단을 하게 된다.

군자는 의로움에 밝고, 소인은 이익에 밝다.28)

공자는 사람에게 인이라는 판단 기준이 세워졌을 때에 정당한/공평

---

25) 같은 책, 「里仁」: "富與貴, 是人之所欲也, 不以其道得之, 不處也. 貧與賤, 是 人之所惡也, 不以其道得之, 不去也."
26) 같은 책, 「雍也」: "子曰: '賢哉, 回也! 一簞食, 一瓢飮, 在陋巷, 人不堪其憂. 回也不改其樂. 賢哉, 回也!"
27) 위와 같음: "子曰: 回也, 其心三月不違仁, 其餘則日月至焉而已矣."
28) 같은 책, 「里仁」: "君子喩於義, 小人喩於利."

한 판단을 할 수 있다고 말한다.

> 오직 어진 사람만이 사람을 좋아할 수 있으며 사람을 미워할 수 있다.29)

유학은 도덕 형이상학을 강조한다. 그러므로 군자의 사회적 책무 역시 매우 강조하였는데, 그 나갈 길이 매우 어려움을 아래와 같이 강조하였다.

> 선비의 마음은 넓고 굳세야 하는데, 그가 짊어진 책무가 무겁고 가야할 길이 멀기 때문이다. 그가 짊어진 책무가 바로 인(仁)이니 어찌 무겁지 않겠는가? 그가 인을 짊어지고 가야할 길을 죽어서나 끝나지 갈 길이 또한 멀지 않는가?30)

이상의 기록처럼 군자의 삶, 인생의 목적은 죽을 때 끝난다. 그러므로 "짊어진 책무는 무겁고, 가야 할 길은 멀다"(任重而道遠)고 한 것이다.

3. 정치

우리는 유학이 추구하는 궁극적 목표를 내성외왕(內聖外王)으로 정의할 수 있다. 이 용어는 『장자』(莊子) 「천하」(天下)편에 보인다. 내성

---

29) 위와 같음:: "子曰: '惟仁者, 能好人, 能惡人.'"
30) 같은 책, 「泰伯」: "曾子曰: 士不可以不弘毅, 任重而道遠. 仁以爲己任, 不亦重乎? 死而後已, 不亦遠乎?"

은 자기의 완성이고, 외왕은 사회적 실천이다. 즉 내성외왕은 자기완
성을 출발점으로 하여 사회적 실천으로 나아가는 것이다. 내성외왕이
송명(宋明) 성리학(性理學)에서는 『대학』(大學)에서 말하는 수신(修身),
제가(齊家), 치국(治國), 평천하(平天下)로 나타난다.

(1) 정명

공자는 유학의 목표를 실현함에 그 출발점으로 정명(正名) 사상을
제시하였다.

> 자로(子路)가 말하였다. "위(衛)나라 군주가 선생님을 기다려 정사를 하려
> 고 하십니다. 선생님께서는 장차 무엇을 우선하시렵니까?" 공자가 대답하였
> 다. "반드시 명분을 바로 잡겠다."31)

그렇다면 왜 정치에서 정명이 중요한가?

> 명분이 바르지 않으면 말이 순하지 않고, 말이 순하지 않으면 일이 이루
> 어지지 않는다. 일이 이루어지지 않으면 예악이 일어나지 않게 되고, 예악
> 이 일어나지 않으면 형벌이 알맞지 않게 된다. 형벌이 알맞지 않으면 백성
> 들은 손발을 둘 곳이 없어진다.32)

---

31) 같은 책, 「子路」: "子路曰: 衛君待子而爲政, 子將奚先? 子曰: 必也正名乎."
32) 위와 같음: "名不正, 則言不順, 言不順, 則事不成, 事不成, 則禮樂不興, 禮樂
不興, 則刑罰不中, 刑罰不中, 則民無所措手足."

정명의 구체적인 의미는 무엇인가?

제나라 경공이 공자에게 정치를 물었다. 공자가 대답하였다. "임금이 임금답고, 신하가 신하답고, 아비가 아비답고, 자식이 자식다워야 합니다.33)

정명이란 "모든 사람이 각자의 사회적 직분과 역할을 자각하고 이에 적합하게 권리행사와 의무수행을 해야 한다는 행위원칙이다."34)

(2) 인정

공자에 의하면 정치란 인정(仁政)의 실천이다.

군자는 그 백성을 기르는데 은혜롭고, 그 백성을 부리는 데 공정하다.35)

공자는 '인'으로 정치를 해야만 백성들이 따른다고 생각하였다. 그런데 앞에서 말한 것처럼 '인'은 가족 윤리로 그것의 확대를 통하여 사회윤리를 세우고자 한 것이 유가의 기본입장이다. 그러므로 임금은 백성의 부모라고 한 것이다.

---

33) 같은 책, 「顏淵」: "齊景公問政於孔子. 孔子對曰: 君君, 臣臣, 父父, 子子."
34) 이승환, 『유가사상의 사회철학적 재조명』, 고려대학교 출판부, 2001, 56쪽.
35) 『論語』「公冶長」: "其養民也惠, 其使民也義."

(3) 덕치

인정은 덕을 중시하는 덕치주의이다.

정치는 덕으로 한다.[36]

공자의 관점에 의하면, 만약 법에 의해 통치하게 되면 백성들은 자신의 잘못을 감추고 부끄러움도 없게 된다.

법령으로 이끌고 형벌로 규제한다면 백성들은 형벌을 면할 수 있는 것이라면 어떤 짓을 하던 부끄러워하지 않는다. 덕(德)으로 이끌고 예(禮)로써 규제한다면 부끄러워하고 고칠 것이다."[37]

법가는 법령과 형벌로 백성을 다스리는 것을 주장한다. 그런데 유가는 법령과 형벌로 백성을 다스린다면 백성들은 자신의 잘못을 잘못이라고 생각하지 않는다고 비판하였다. 그 원인은 법이라는 타율적 도덕에 의한 것이기 때문이다. 그러나 덕과 예로써 백성들을 다스린다면 백성들은 스스로 자신의 잘못을 깨달아 부끄러워하고 고칠 것이다. 이것은 자율적 도덕을 강조한 것이다.

그렇다면 이 도덕 정치를 어떻게 실천할 것인가? 무엇보다도 먼저 정치가 자신이 실천해야 한다.

---

36) 같은 책, 「爲政」: "爲政以德."
37) 위와 같음: 道之以政, 齊之以刑, 民免而無恥; 道之以德, 齊之以禮, 有恥且格.

위정자 자신이 스스로 정도(正道)를 지키면 명령을 하지 않아도 백성은
따라 행하고, 그 스스로 부정(不正)하면 아무리 명령을 하여도 백성은 따르
지 않는다.38)

4. 대동

유학의 이상이 실현된 사회를 대동(大同)라고 말한다. 대동 사회가
실현되기 그 전 단계로 소강(小康) 사회가 있다. 그에 관한 내용이
『예기』(禮記) 「예운」(禮運)편에 보인다.

대도(大道)가 없어지자 천하가 사사롭게 되었다. 사람들은 각각 자기의
어버이만을 친애하고 자기 자식만을 사랑한다. 재물과 힘을 자기만을 위해
사용하고, 천자나 제후의 지위는 자식이나 형제에게 세습하는 것이 예(禮)가
되며, 성곽과 해자를 굳건히 하고, 예의를 사회의 기강으로 삼는다. 그럼으
로써 임금과 신하를 바르게 하고, 아버지와 아들을 돈독하게 하며, 형제를
화목하게 하고, 부부를 화합하게 하며, 제도가 만들어지고, 촌락이 생겨나게
되며, 용기와 지모를 현명한 것으로 여기고, 공을 자기의 것으로 삼는다. 그
러므로 간사한 모의가 일어나게 되고, 이로 말미암아 전쟁이 일어나게 되었
다. 우(禹)·탕(湯)·문(文)·무(武)·성왕(成王)·주공(周公)이 이로 말미암아 일어나니
이 여섯 군자는 예를 삼가지 않음이 없었다. 그래서 그 의(義)를 드러내고,
그 믿음(信)을 상고하며, 죄과가 있어서 나타나면 인(仁)을 본받고 겸양[謙]
을 강(講)하게 하여 백성들에게 불변의 법칙이 있음을 보였다. 만일 이 법을
지키지 않는 자가 있을 때에는 그 사람이 비록 세력가라고 하더라도 내쫓아

---

38) 같은 책, 「子路」: "其身正, 不令而行, 其身不正, 雖令不從."

버렸으며, 백성들은 그를 재앙으로 여겼다. 이것을 소강(小康)이라 한다.39)

소강의 강(康)이란 '편안함'[安]을 뜻한다. 그러므로 소강은 '조금 편안함', 또는 '겨우 편안한' 상태를 말한다.40) 간단히 말해서, 소강 사회는 백성의 삶이 '최소한의 편안함'을 얻은 사회를 말한다. 따라서 오늘날의 기초 생활 보장 정도의 의미가 있다.

다음은 대동 사회이다. 대동 사회에 대한 기록 『장자』(莊子), 『여씨춘추』(呂氏春秋), 『예기』 등에 보인다. 아래의 내용은 『예기』 「예운」편의 기록이다.

대도가 행해지면 천하는 공적(公的)인 것이 된다. 어진 덕이 있는 자나 재능이 있는 자를 뽑고, 믿음을 가르치고 화목함을 닦는다. 그러므로 사람들은 자기의 어버이만을 친애하거나 자기의 자식만을 친애하지 않게 된다. 노인은 안락하게 삶을 마칠 수 있고, 젊은이는 충분히 자기의 힘을 사용할 수 있으며, 어린이는 안전하게 자랄 수 있고, 홀아비·과부·부모 없는 고아·자식 없는 외로운 사람과 그리고 병든 사람들이 모두 보살핌을 받을 수 있게 된다. 남자에게는 일정한 직분이 있고, 여자에게는 시집을 갈 곳이 있다. 재물을 땅에 버리지는 않지만, 그렇다고 반드시 자기가 가지려고 하지 않으며, 힘이 있어도 자기만을 위하지 않는다. 그러므로 간사한 모의는 폐하여 생겨나지 않고, 도절난적(盜竊亂賊)은 일어나지 않는다. 그래서 바깥문을 닫

---

39) 『禮記』「禮運」: "今大道旣隱, 天下爲家, 各親其親, 各子其子, 貨力爲己, 大人世及以爲禮, 城郭溝池以爲固, 禮義以爲紀, 以正君臣, 以篤父子, 以睦兄弟, 以和夫婦, 以設制度, 以立田里, 以賢勇知, 以功爲己. 故謀用是作, 而兵由此起. 禹·湯·文·武·成王·周公, 由此其選也. 此六君子者, 未有不謹於禮者也. 以著其義, 以考其信, 若有過, 刑仁講讓, 示民有常. 如有不由此者, 在執者去, 衆以爲殃. 是謂小康."

40) 유학주임교수실 편저, 『유학사상』, 164쪽.

지 않고 안심하고 생활한다. 이것을 대동(大同)이라고 한다.[41]

대동 사회의 구체적인 내용을 요약하면 다음과 같다. 첫째, 천하를 사유화하지 않고 공공의 공유물로 한다. 둘째, 사람들은 모두 전체의 이익을 위해 노동하며 노동의 산물인 재화는 모든 사람이 공동으로 향유한다. 셋째, 노동능력이 있는 자에게 노동에 종사할 수 있게 하며, 노동할 능력이 없는 노인이나 어린이는 일종의 사회 보장제에 의해 잘 부양한다. 넷째, 통치자는 어질거나 능력 있는 자를 선택하여 신의와 화목을 구현한다. 다섯째, 자기 부모나 자식뿐만 아니라 모든 사람에게 널리 사랑을 베푼다. 여섯째, 악의적인 음모나 모략을 배제한다. 일곱째, 도둑질·횡령·착복 등 질서 문란자가 발생하지 않는다. 여덟째, 전쟁이 일어나지 않는다.[42] 따라서 대동 사회는 "만민의 신분적 평등, 재화의 공평한 분배, 그리고 인륜(人倫)의 구현을 특징으로 하는 유교의 이상사회"이다.[43] 그러나 사실 대동 사회는 현실의 유학과 거리가 멀다. 『장자』와 『여씨춘추』에 기록된 것처럼 도가철학의 이상에 더 가깝다. 『장자』 도가철학이고, 『여씨춘추』 역시 도가의 한 부류에 해당하는 황로학 계열이다. 이것은 『여씨춘추』와 『예기』 「공자한거」(孔子閒居)에 보이는 '천하위공'(天下爲公)의 사상에 기초한 것이다. 「공자한거」의 내용이다.

---

41) 『禮記』「禮運」: "大道之行也, 天下爲公, 選賢與能, 講信脩睦. 故人不獨親其親, 不獨子其子, 使老有所終, 壯有所用, 幼有所長, 矜寡孤獨廢疾者, 皆有所養. 男女分, 女有歸. 貨惡其棄於地也, 不必藏於己, 力惡其不出於身也, 不必爲己. 是故謀廢而不興, 盜竊亂賊而不作. 故外戶而不廢, 是謂大同."
42) 유학주임교수실 편저, 『유학사상』, 164쪽.
43) 같은 책, 165쪽.

하늘은 사사로이 만물을 덮지 않고 땅은 사사로이 만물을 싣지 않으며, 해와 달은 사사로이 만물을 비추지 않으니, 이를 일러 세 가지 사사로움이 없다(三無私)고 한다.

채인후 역시 공자는 "천하는 공공의 것이다"(天下爲公)라는 '대동세계'(大同世界)를 주장하였다고 말한다.44)

류근성은 공자 이후 유학은 두 가지 갈래 발전했다고 말하였다.

공자 이후 유학의 발전은 두 갈래로 발전하였다. 하나는 안회, 증자, 맹자 등이 전한 공자 사상의 **종교적 도덕**이며, 다른 하나는 **사회적 도덕** 부분이다. 전자는 맹자의 성선설과 사단을 중심으로 한 **내재적 심성 방면**을 중시했고, 이는 송명시대를 거치면서 크게 발전하여 공자, 맹자, 주자, 육상산, 왕양명으로 이어지는 도통을 형성했다. 이들은 개인의 **내재적 성찰과 심성 수양을 통해 성인이 되는 것을 궁극적 이상**으로 삼는다. 후자는 자공과 자장에게서 시작하여 순자와 동중서를 거쳐 후세의 많은 사회 정치 사상가들이 여기에 속한다. 그들은 심리적 측면보다는 사회적 제도를 우선하였기 때문에 **예악형정의 정치와 법률의 영역**을 강조한다. 따라서 법과 공공의 이익, 역사와 경험을 중시하여 밖으로 왕도를 실천하는 학문을 추구했다.45) (강조는 인용자)

이것은 리쩌허우[李澤厚]의 관점을 받아들인 것이다. 리쩌허우는 이렇게 말하였다.

---

44) 채인후, 『공자의 철학』, 70쪽.
45) 류근성, 「관계 중심적 유가 윤리와 개인」, 서강대학교 철학연구소, 『철학논집』 제42집, 2015, 378-379쪽.

공자 이후의 공자학을 보면, 맹자는 '성선설'(性善說)로 '사단'(四端)을 설명하여 내재적 심리방면을 발전시켰고, 순자는 '예·악·형刑·정政이 실제로는 한 가지'라고 주장하여 심리 방면을 버리고 제도적 규범을 세우는 쪽을 중시하였다. 한 갈래는 **종교적 도덕**을 발전시켜 신비적 경험으로 회귀한 것이고, 한 갈래는 **사회적 도덕**을 발전시켜 정치와 법률의 영역으로 들어간 것이다.46) (강조는 인용자. 아래도 같다.)

공자 이후에 유가는 여덟 분파로 나뉘었다고 하는데(《한비자》), 그 정황은 상세하지 않다. 그러나 최소한 두 종류의 경향은 알 수 있다. 하나는 안회·증삼을 대표로 하고 송·명시대의 이학에서 최고봉에 도달하는, **심성을 수양하여 '안으로 성인이 되는'** 학문이다. 다른 하나는 자공과 자장을 대표 삼아 순자와 동중서를 거쳐 후세의 허다한 정치가, 사상가들이 예법과 공공의 이익과 '춘추대의春秋大義(예를 들어 '통삼통通三統' '장삼세張三世' 등등)'를 설명한, **'밖으로 왕도를 실천하는'** 학문이다. 전자는 비역사적, 심지어 **혹은 반역사적 도덕형이상학**이고, **후자는 역사를 중시하고 경험을 중시하는 사회·정치사상**이다. 전자는 불학·선종을 흡수했고, 후자는 도가·법가·음양가를 흡수했다. 그러나 양쪽 모두가 유교학파의 공자학을 위주로 하였다. 이것이 유학이 전개된 전면적인 밑그림이다. 현대 신유가가 공자·맹자·정자·주자·육상산·왕양명으로 유학의 '정수', '명맥'을 개괄하고자 하는 것으 실은 단편적인 생각이다.47)

아래에서는 공자 이후 선진시대 유가 철학을 맹자와 순자를 중심으로 고찰하기로 한다.

---

46) 리쩌허우[李澤厚], 『논어금독』, 임옥균 옮김, 북로드, 2006, 88쪽.
47) 같은 책, 128쪽.

제3절 맹자

맹자는 전국시대 중기의 인물이다. 그러나 맹자의 생졸 연대는 분명하지 않다. 대략 기원전 385년-기원전 304년 정도이다.[48] 그의 저작으로 『맹자』가 있다.

맹자는 자신이 살았던 시대를 이렇게 비판하였다.

땅을 빼앗기 위하여 전쟁을 하면 사람을 죽여 들판에 가득하고, 성을 빼앗기 위하여 전쟁을 하면 사람을 죽여 성안에 가득하다.[49]

맹자는 치자들이 사람을 죽여 땅을 빼앗고 성을 빼앗는 그 근본적인 원인으로 치자의 욕심을 말한다.

지금 세상에 사람을 기르는 자 가운데 사람 죽이는 것을 좋아하지 않는 자가 없다.[50]

1. 인성론

맹자 이전에 이미 다양한 인성론이 존재하였다. 맹자의 제자 공도자 (公都子)가 말하였다.

---

48) 중국 북경대 철학과 연구실, 『중국철학사1』(선진편), 박원재 옮김, 자작아카데미, 1994, 173쪽.
49) 『孟子』「離婁 上」: "爭地以戰, 殺人盈野; 爭城以戰, 殺人盈城."
50) 같은 책, 「梁惠王 上」: "今夫天下之人牧, 未有不嗜殺人者也."

공도자가 물었다. "고자(告子)는 ①'사람의 본성은 선함도 없고 선하지 않음도 없다'(性無善無不善)고 합니다. 어떤 사람은 ②'본성은 선하게도 만들 수 있고, 선하지 않게도 만들 수 있다'(性可以爲善 可以爲不善)고 합니다. ……또 어떤 사람은 ③'타고난 본성이 선한 사람도 있고 선하지 않은 사람도 있다'(有性善, 有性不善)고 합니다. ……이제 선생님께서는 ④'본성은 선하다'(性善)고 말씀하십니다. 그렇다면 저들이 모두 틀린 것입니까?"51)

공도자에 의하면 당시에 인성론은 네 가지 이론이 있다. ①고자의 성무선무불선(性無善無不善): 인간의 본성은 선하지도 악하지도 않다. ②성가이위선 가이위불선(性可以爲善, 可以爲不善): 인간의 본성은 선해질 수도 있고 악해질 수도 있다. ③유성선, 유성불선(有性善, 有性不善): 본성이 선한 사람도 있고 악한 사람도 있다. ④성선(性善): 인간의 본서은 선하다.52) 여기에서 ④는 맹자의 입장이다.

또 ⑤선악혼재설(善惡混在說, 有善有惡)이 있다. 왕충(王充, 27-100)은 『논형』(論衡)「본성」(本性)편에서 이렇게 말하였다.

주(周)나라 사람 세석(世碩)은 인간의 본성에 선이 있고 악이 있다고 생각하였다.53)

---

51) 같은 책, 「告子 上」: "告子曰: '性, 無善無不善也.' 或曰: '性, 可以爲善, 可以爲不善. ……' 或曰: '有性善, 有性不善. ……' 今曰: '性善.' 然則彼皆非與?'"
52) 김명석, 「맹자 성선설의 정당화 가능성에 대한 小考」, 퇴계학연구원, 『퇴계학보』 제140집, 2016, 202쪽.
53) 『論衡』「本性」: "周人世碩以爲人性有善有惡."

『한서』(漢書) 「예문지」(藝文志)에 의하면 세석은 공자의 재전제자라고 한다.54) 그레이엄(Graham)은 세석의 성론을 앞의 ②와 같은 것이라고 평가한다.55) 그렇지만 ②와는 다른 관점이라고 생각한다. 양웅(揚雄, 기원전 53년-서기 18년)은 '선한 본성을 타고난 사람', '선과 악이 섞인 본성을 타고난 사람', '악한 본성을 타고난 사람'이라는 세 부류로 구분하는데 '성삼품설'(性三品說)을 제시하였다.56) 그러나 이 '성삼품설'의 내용은 앞에서 말한 고대 인성론의 범주에 속한다. 이상의 논의를 종합하면, 고대 중국의 인성론은 모두 다섯 가지가 있다.

앞에서 이미 말한 것처럼, 맹자의 인성론은 ④성선(性善)을 주장하였다. 그는 고자(告子)와의 논쟁에서 그의 성선론을 제시하였다. 먼저 고자의 입장을 살펴보자.

인간이 태어날 때 타고난 것을 성이라 한다.57)

고자는 자신의 관점을 이렇게 비유적으로 설명하였다.

인성에는 선과 불선이 존재하지 않는 것은 물이 동쪽으로 흐르는 물과 서쪽으로 흐르는 물로 구분되지 않는 것과 같다."58)

---

54) 『漢書』「藝文志」: "世子二十一篇, 名碩, 陳人也. 七十子之弟子." (김명석, 「맹자 성선설의 정당화 가능성에 대한 小考」, 208쪽. 재인용.)

55) Angus C. Graham, "The Background of the Mencian [Mengzian] Theory of Human Nature", in Essays on the Moral Philosophy of Mengzim ed. Xiusheng Liu and Philip J. Ivanhoe (Indianapolis, IN: Hackett, 2002), p.14. (김명석, 「맹자 성선설의 정당화 가능성에 대한 小考」, 208쪽. 재인용.)

56) 김명석, 「맹자 성선설의 정당화 가능성에 대한 小考」, 208쪽.

57) 『孟子』「告子 上」: "生之謂性."

고자는 성의 의미를 인성에 한정하지 않고 인간과 동물이 갖는 감각적인 욕구 혹은 생득적인 본능 등으로 해석한다.

식욕과 색욕을 성이라 한다.59)

고자는 성을 도덕적이고 내면적인 본질로 해석하는 것을 거부하고, 도덕성은 결코 생득적인 인간의 본성이 아니라고 생각한다. 그러므로 인성을 선한 것도 불선한 것도 아니라고 말한다.

맹자의 본성 개념은 "기본적으로 배움을 통하지 않고 자연적으로 타고난 것"이다.60) 그는 인간의 천부적인 본성을 "도덕적인 본성"과 "감각적인 욕구본능"으로 이해한다. 달리 말해 인간이 사단의 성인 선한 본성을 갖는다는 점과 감각적인 욕구도 인간의 본성이라는 점을 긍정한다.

입의 맛에 대한 것, 눈의 색깔에 대한 것, 귀의 소리에 대한 것, 코의 냄새에 대한 것, 사지가 편안함에 대한 것은 성이다.61)

맹자는 인간의 감각적 욕구 역시 인간이 태어나면서 지니게 되는 본래적인 성이라고 본다. 맹자가 그러면서도 태어날 때 갖추게 된 자

---

58) 위와 같음: "人性之無分於善不善, 猶水之無分於東西也."
59) 위와 같음: "食色, 性也."
60) 김명석, 「맹자 성선설의 정당화 가능성에 대한 小考」, 214쪽.
61) 『孟子』「盡心 下」: "口之於味也, 目之於色也, 耳之於聲也, 鼻之於臭也, 四支之於安逸也, 性也."

연적인 소질을 성이라고 하는 입장을 반대하는 것은 생리적인 욕구를 다른 동물과 구별되는 인간의 본성으로 이해하지 않기 때문이다.

> 만약 입이 맛에 대하여 그 성이 남과 다르기가 마치 개나 말이 나와 동류가 아님과 같다면 천하에 어찌 좋아함이 모두 역아(易牙: 옛날에 맛을 잘 분별한 사람)의 맛에 대한 것과 같을 수 있겠는가?"[62]

이 말은 결국 인간의 감각은 보편성을 갖는다는 해석이다. 맹자는 이렇게 인간 감각의 동일성이 있다는 사실에 근거를 두고서 인간의 마음에도 보편적으로 좋아하는 것이 있을 수 있으며, 그것은 선이라고 주장한다.

인성론은 인간을 어떻게 이해하고 있는가 하는 인간관을 의미한다. 맹자의 인간 본성에 대한 이해는 성선설이다. 즉 인간의 본성은 선하다는 것이다. 그 근거로 이렇게 말하였다.

> 인성이 선한 것은 물이 아래로 흐르는 것과 같다. 인간의 성에 불선함이 없는 것은 물이 아래로 흐르지 않는 것이 없는 것과 같다.[63]

맹자는 인간의 본성은 본래 선한다는 입장이다. 이것은 공자의 "본성은 서로 비슷하지만, 익힘에 따라 서로 매우 다르다"(性相近也, 習相遠也)[64]는 입장을 계승/발전한 것이다.

---

62) 같은 책, 「告子 下」: "如使口之於味也其性與人殊, 若犬馬之與我不同類也, 則天下何耆, 皆從易牙之於味也."
63) 같은 책, 「告子 上」: 人性之善也, 猶水之就下也; 人無有不善, 水無有不下也.
64) 『論語』「陽貨」.

그렇다면 인간의 선한 본성에는 무엇을 담고 있는가? 이것이 맹자가 말한 사단(四端)이다.

가엾게 여기는 마음을 사람마다 모두 가졌고, 부끄러워하고 싫어하는 마음을 사람마다 모두 가졌고, 공경하는 마음을 사람마다 모두 가졌으며, 옳고 그름을 분별하는 마음을 사람마다 모두 가졌다.[65]

이 네 가지 마음은 하늘이 부여해 준 것이고, 인(仁)·의(義)·예(禮)·지(智)라는 인간의 본성이 의식의 내면에 존재한다는 사실을 알려주는 단서라고 본다. 맹자는 이 네 가지의 단서는 우리 인간의 고유한 마음의 실상으로서 외부로부터 억지로 덧붙여진 것이 아니라고 본다.

인의예지는 바깥에서 나에게 덧붙여진 것이 아니라 내가 본래 가지고 있는 것이다.[66]

그런데 맹자는 인간의 마음속에 자리한 성(性)을 직접 확인할 수 없으며, 오직 그 성으로부터 우러나는 이 네 가지 단서를 통해서 그 존재 여부를 확인할 수 있다고 말한다.

그렇다면 악은 어디에서 오는가? 맹자는 이렇게 설명한다. 첫째, 귀·눈과 같은 감각 기관의 요망에서 나온다. 둘째, 주위의 나쁜 환경에서 온다. 사람에게는 눈과 귀의 욕망이 있고, 좋지 않은 환경에 노출되어 있는 것이 대부분이지만 사람의 본심과 양지는 끝내 소멸되지 않는다.

---

65) 『孟子』 「告子 上」: "惻隱之心, 人皆有之, 羞惡之心, 人皆有之, 恭敬之心, 人皆有之, 是非之心, 人皆有之."
66) 위와 같음: "仁義禮智非外鑠我也, 我固有之也."

사람의 본성에 선의 뿌리는 있지만 악의 뿌리는 없으며, 실체가 아니다.[67]

2. 인식론

맹자를 비롯한 중국철학의 인식론은 기본적으로 관념론적 경향이 강하다.

맹자의 입장이다.

자신의 '마음'[心]을 남김없이 실현하는 자는 자신의 '본성'[性]을 이해하게 된다. 자신의 '본성'을 이해하면 '하늘'[天]을 이해하게 된다.[68]

맹자의 인식론에 의하면 자신의 마음을 알면 자신의 참된 본성을 알 수 있고, 자신의 참된 본성을 알면 '하늘'을 알 수 있다는 것이다. 그는 "인간에게는 도덕적 본성이 있으며, 그것은 하늘로부터 부여받은 것이라고 한다. 즉 하늘의 본성이 개체로서의 인간에 내재화된 것이 도덕적 본성이다. 따라서 인간은 하늘과 본질적으로 동일한 존재이다."[69]

또 이렇게 말하였다.

대인(大人)이 있는데 자기 몸을 바르게 함으로써 만물[物]도 저절로 감화

---

67) 채인후, 『맹자의 철학』, 천병돈 옮김, 예문서원, 2000, 52-54쪽.
68) 『孟子』「盡心 上」: "盡其心者, 知其性也. 知其性, 則知天矣."
69) 박경환 옮김, 『맹자』, 홍익출판사, 1999, 319쪽.

되어 바르게 되도록 하는 자이다.[70]

이처럼 맹자의 인식론은 철저하게 유아론(唯我論)이고, 관념론적 선험론이다.[71]

감성 인식은 이성 인식의 기반이다. 유물론의 반영론에서는 인식은 반드시 감각 기관이 외물과 접촉함으로써 감각이 이뤄진다고 본다. 그런데 맹가는 감성 인식을 천시하고 이성 인식을 그것과 절대적으로 대립시켰다.[72]

이러한 특징은 거의 모든 중국 철학자에게 보편적으로 나타나는 현상이다.

3. 정치

(1) 왕도

맹자는 정치 방법으로 왕도와 패도를 제시하였다. 맹자의 왕도와 패도에 대한 정의는 이렇다.

힘으로써 인을 가장하는 자는 패자인데, 패자라고 칭하려면 반드시 큰 나라를 가지고 있어야 한다. 덕으로써 인을 행하는 자는 왕자인데, 왕자는 나

---

70) 『孟子』「盡心 上」: "有大人者, 正己而物正者也."
71) 중국 북경대 철학과 연구실, 『중국철학사1』(선진편), 189-190쪽.
72) 같은 책, 190쪽.

라가 크기를 기다리지 않는다. 탕왕은 70리의 나라였고 문왕은 100리의 나라였다. 힘으로써 남을 복종시킨다면 마음이 복종하는 것이 아니라 힘이 부족하기 때문이다. 덕으로써 남을 복종시킨다면 마음이 기뻐서 진심으로 복종하는 것이다. 공자의 70명의 제자가 공자에 복종한 것과 같다.[73]

맹자는 왕도와 패도를 구별하는 기준을 '덕으로써 인을 행하는 것' (以德行仁)과 '힘으로써 인을 가장하는 것'(以力假仁)에 두고 있다. '덕으로써 인을 행하는 것'은 덕화와 예치의 방식으로 사람의 마음을 얻고서 천하의 치평(治平)을 이루는 것이다. 그러나 '힘으로써 인을 가장하는 것'은 단지 인의라는 이름만을 빌렸을 뿐 실제로는 무력을 사용하여 정벌하고 정권을 수립하는 것이다.[74]

(2) 민본

너무도 당연한 말이지만 백성은 나라의 근본이다. 백성이 없는데 국가가 존재한다는 것은 불가능하다. 또 국가의 존재 목적은 바로 백성이 행복한 삶을 영위하는 것이다.

맹자는 민본에 대해 이렇게 말하였다.

　　백성이 귀하고, 그다음이 사직이며, 임금은 가볍다.[75]

---

73) 『孟子』「公孫丑 上」: 孟子曰: 以力假仁者霸, 霸必有大國. 以德行仁者王, 王不待大. 湯以七十里, 文王二百里. 以力服人者, 非心服也, 力不足也. 以德服人者, 中心悅而誠服也, 如七十子之服孔子也.

74) 원보신, 『맹자의 삼변철학』, 황갑연 옮김, 서광사, 2012, 155-156쪽.

75) 『孟子』「盡心 下」: "民爲貴, 社稷次之, 君爲輕."

맹자의 관점에 의하면 귀함의 순서는 백성이 먼저이고 그다음은 사직(국가)이며 마지막은 임금이다. 이 논리에 의하면 백성과 사직에 해가 된다면 군주는 바꿀 수 있다는 의미를 담고 있다. 그렇지만 그렇다고 해서 맹자가 문자 그대로 '백성이 가장 귀하다'는 것을 인정한 것으로 볼 수 없다.

하지만, 그가 여기에서 백성을 군주보다 존귀하게 보고, 따라서 군주는 백성을 존경해야 한다는 생각을 조금이라도 지니고 있었던 것은 아니다. 그는 다만 백성의 지지를 얻지 못하면 국가의 정권이나 군주의 통치행위도 모두 공염불이라는 점을 말하고 있을 뿐이다.76)

맹자가 묵자와 양주의 철학에 대해 극렬히 반대한 것을 보면 매우 분명하다.

양주와 묵적의 도가 끊어지지 않으면 공자의 도는 드러나지 않을 것이다. 이것은 거짓된 말로 백성을 속이고, 인의를 막는 것이다. 인의가 막히면 짐승을 몰아서 사람을 잡아먹게 하고 끝내는 사람들이 서로 잡아먹게 될 것이다. 나는 이것을 걱정해서 성인의 도를 보호하고 양주와 묵적의 학설을 막으며, 도리에 넘어서는 말을 추방하여 잘못된 학설을 주장하는 자가 생겨나지 않게 하는 것이다.77)

---

76) 중국 북경대 철학과 연구실, 『중국철학사1』(선진편), 181쪽.
77) 『孟子』「滕文公 下」: "楊墨之道不息, 孔子之道不著, 是邪說誣民, 充塞仁義也. 仁義充塞, 則率獸食人, 人將相食. 吾爲此懼, 閑先聖之道, 距楊墨, 放淫辭, 邪說者不得作."

또 이렇게 말하였다.

성인인 왕이 나오지 않자 제후들이 방자하게 굴고 초야의 선비들은 제멋대로 떠들어대며, 양주(楊朱)와 묵적(墨翟)의 학설이 천하를 가득 채워서 천하의 주장들이 양주에게로 돌아가지 않으면 묵적에게 돌아가게 되었다. 양주는 오직 자신만을 위할 것[爲我]을 주장하는데, 이것은 군주의 존재를 부정하는 것이고, 묵적은 차별없는 사람[兼愛]을 말하는데, 이것은 어버이를 부정하는 것이다. 어버이를 부정하고 군주를 부정하는 것은 금수와 같다.78)

맹자는 양주와 묵적의 학설을 모두 부정하였다. 그는 "겸애를 주장하게 되면 효·제 등을 기초로 한 봉건 종법의 등급제도가 무너지게 되고, 위아를 주장하게 되면 군주를 무시하는 결과를 가져와 전체 지주계급의 이익을 해치게 된다"고 생각한 것이다.79) 맹자의 이러한 사고는 유가 철학이 가지고 있는 기본적인 한계이다.

(3) 혁명론

맹자는 군왕이 왕도정치를 베풀고 백성들과 즐거움을 함께하는 여민동락(與民同樂)을 실천하라고 권고하지만 그렇지 않으면 군주의 자리를 바꾸는 혁명이 정당하고 하였다.80) 그는 왕이 되어 왕의 역할을

---

78) 위와 같음: "聖人不作, 諸侯放恣, 處士橫議. 楊朱墨翟之言盈天下, 天下之言, 不歸楊, 則歸墨. 楊氏爲我, 是無君也; 墨氏兼愛, 是無父也. 無父無君, 是禽獸也."
79) 중국 북경대 철학과 연구실, 『중국철학사1』(선진편), 180쪽.
80) 김교빈 외5, 『함께 있는 동양철학』, 지식의 날개, 2007, 39쪽.

제대로 하지 못하는 자는 죽여도 한 사내(필부)를 죽인 것에 불과하다
고 주장하였다.

인(仁)을 해치는 자를 적(賊)이라 하고, 의(義)를 해치는 자를 잔(殘)이라
고 부른다. 인과 의를 해친 자는 이미 임금이 아니라 필부에 불과하다.
⋯⋯필부를 죽였다는 말은 들었어도 임금을 시해했다는 말은 듣지 못했
다.81)

맹자는 군왕이라 하더라도 백성의 신뢰를 잃어버리면 필부에 지
나지 않는다고 생각하였다. 이것은 백성의 저항을 정당화한 것으로,
오늘날 용어로 말하면 저항권과 비슷하다.

제4절 순자

순자는 전국시대 말기의 조(趙)나라 출신의 인물이다. 그는 주로 제
나라에서 활동하였다. 당시 제나라에서는 직하학사(稷下學舍)가 있어
천하의 다양한 학파의 인물들이 모여 있었다.

성태용은 "순자는 시종일관 공자의 사상을 계승하면서 유학을 통해,
상앙의 변법을 통해 강국을 이룩한 秦과 같은 통치 효과를 내는 사상
체계"라고 평가하였다.82)

---

81) 『孟子』「梁惠王 下」: "賊仁者謂之賊, 賊義者謂之殘, 殘賊之人謂之一夫. ⋯⋯
未聞弑君也."
82) 成泰鏞, 「荀子의 人性論」, 東洋哲學研究會, 『東洋哲學研究』 15, 1995, 64
쪽.

아래에서는 순자의 철학사상을 구체적으로 살펴보기로 한다.

1. 천론

순자는 천론과 관련하여 천인지분(天人之分)을 주장하였다. 그는 "철저한 환경론자이자 냉철한 이론가"이다. 그런 까닭에 인간의 적극적이고 실천적인 의지를 중시하는 인간 본위의 자연관을 제시하였다.83)

하늘의 운행에는 영원히 변하지 않는 법칙이 있다. 요 임금 때문에 존재하는 것도 아니고, 걸 임금 때문에 없어지는 것도 아니다.84)

순자는 자연과 인간을 구분하였다. 그는 '하늘'(天)을 천지 만물을 가리키는 '자연'으로 보았다.85) 그는 하늘과 인간은 각기 그 직분이 있음을 지적하였다.

하지 않아도 이루고 구하지 않아도 얻으니, 이것을 하늘의 직분[天職]이라고 한다.86)

순자의 사상과 도가의 차이는 다음과 같이 정리할 수 있다.87) 첫째, 도가의 자연(自然)은 청정무위(淸靜無爲)를 통해 도달한 정신적 경지이

---

83) 김교빈 외5, 『함께 있는 동양철학』, 43쪽.
84) 『荀子』「天論」: "天行有常, 不爲堯存, 不爲桀亡."
85) 채인후, 『순자의 철학』, 천병돈 옮김, 예문서원, 2000, 43쪽.
86) 『荀子』「天論」: "不爲而成, 不求而得, 夫是之謂天職."
87) 채인후, 『순자의 철학』, 44쪽.

며 형이상학적이다. 순자의 자연은 근본적으로 실재적이지 형이상학적인 것이 아니다. 둘째, 도가는 '자연을 본받는 것'(法自然)을 주장하여 하늘이 곧 자연을 대표하는 것으로 천인관계는 매우 긴밀하고 조화롭다. 순자는 "하늘과 사람의 직분은 다르다"(天人之分)고 하였다. 셋째, 도가의 하늘과 자연에는 과학적인 의미가 없지만 순자의 천론에는 과학적 색채가 짙다.

순자의 천론에서 하늘은 아무것도 모르며, 이성도 없다. 또한 좋아하고 미워하는 감정이 없으므로 감응도 없다. 하늘에는 의지와 이성의 작용이 없으며, 또한 감정의 반응도 없다. 하늘은 단지 일정한 궤도를 따라 기계적·자연적으로 운행할 뿐이다.88) 이처럼 하늘의 운행은 변하지 않는 자연의 운행으로 의지가 없고 인간의 일에도 감응하지 않는다. 따라서 길흉화복은 모두 인간에 의한 것이며 하늘과 무관하다.89) 그렇다면 치란과 길흉의 관건은 사람의 행위에 달린 것이지 하늘에 있는 것이 아니다. 하늘을 원망하고 구원을 요청해도 의미가 없다. 중요한 것은 사람의 행위인 것이다. 그러므로 순자는 자연과 사람의 본분을 잘 통찰하는 사람을 '지인'(至人)이라 하였다.90)

공맹과 순자의 천론은 다음과 같이 이해할 수 있다. 공자와 맹자는 도덕심(道德心: 仁)과 이상주의적 태도로 하늘의 선(善: 德)을 깨달았다. 그러나 순자는 인지심(認知心)과 이성주의적 태도로 하늘의 자연적인 현상을 이해하였다.91)

---

88) 같은 책, 45쪽.
89) 같은 책, 49쪽.
90) 같은 책, 50쪽.
91) 같은 책, 47쪽.

2. 인성론

(1) 성악설

순자는 성악(性惡)을 주장하였다. 그는 먼저 성(性)을 세 가지로 정의하였다.[92]

①나면서부터 본래 그러한 것을 성이라고 한다. 성의 조화에서 생긴 감각기관의 정령이 외물과 접촉하여 느끼고 반응하는데 이러한 반응은 자연적으로 그러한 것이며, 이 역시 성이라고 한다.[93]

②성이란 선천적으로 이루어진 것으로, 배워서 되는 것도 아니요, 행동해서 되는 것도 아니다. ……배우지 않고 행하지 않아도 인간에게 있는 것을 성이라고 한다.[94]

③성이란 자연적인 재질이다.[95]

여기에서 말하는 성은 자연적으로 그러함, 선천적임, 질박함을 의미한다.[96] 다시 말해, 성은 단지 자연 생명의 본질로서의 선(善)도 악(惡)도 없으며, 도덕 이성도 선의 근거도 없다.

---

92) 같은 책, 68-69쪽.
93) 『荀子』「正名」: "生之所以然者, 謂之性, 性(生)之和所生, 精合感應, 不事而自然, 謂之性."
94) 같은 책, 「性惡」: "凡性者, 天之就也. 不可學, 不可事, ……不可學不可事而在人者, 謂之性."
95) 같은 책, 「禮論」: "性者, 本始材朴也."
96) 牟宗三, 『才性與玄理』(臺灣, 學生書局) (채인후, 『순자의 철학』, 67-68쪽 재인용.)

순자의 인성론은 맹자와 정반대의 형식을 취하고 있다.

사람의 성은 악하며, 그 선한 것은 인위적으로 된 것이다.[97]

양경은 '위'(僞)자를 '인위'(人爲)로 해석하는데, "무릇 천성이 아니고 사람이 만들어 낸 것은 모두 위(僞)라고 한다"(凡非天性, 而人作爲之者, 皆謂之僞)고 하였다.

그렇다면 순자가 인성은 악하다고 본 근거는 무엇인가?[98] 첫째, 사람은 태어나면서부터 이익을 좋아한다. 둘째, 맹자는 인간의 본성이 선하기 때문에 학문을 하게 된다고 말한다. 그러나 순자는 맹자가 성과 인위를 구분하지 못한다고 비판한다. 순자에 의하면 만약 인간의 본성이 선하다면 그 선한 본성에 따라 행하면 되므로 따로 학문을 할 필요가 없다고 비판한다. 셋째, 성에 고유한 것들은 아주 자연스러워 공부할 필요가 없다는 것이다. 예를 들어 눈이 색을 좋아하고, 입이 맛을 좋아하고, 마음이 이익을 좋아함과 같은 것이다. 넷째, 사람은 언제나 자기의 결점을 보충하고자 하는 욕망을 가지고 있다. 예를 들어 부귀공명 등이다. 다섯째, 만약 사람의 성이 선하다면 요순을 귀하게 여기는 것은 의미가 없다. 왜냐하면 사람의 성이 선하다면 그 성을 따라서 행한 것이므로 별로 어려운 것이 아니다. 그런데 요순을 귀하게 여기는 것은 그들이 성을 극복하여 변화시킨 점이다.

이익을 좋아하여 그것을 얻으려고 하는 것이 바로 인간의 성이다.[99]

---

97) 『荀子』「性惡」: "人性惡, 其善者僞也."
98) 채인후, 『순자의 철학』, 71, 76쪽; 『荀子』「性惡」.
99) 『荀子』「性惡」: "夫好利而欲得者, 此人之情性也."

인간의 성은 나면서부터 이익을 좋아한다. ……나면서부터 미워하고 시기
하는 본능이 있다. ……나면서부터 눈·귀의 욕구가 있어서 아름다운 색깔과
소리를 좋아한다.100)

눈은 아름다운 색깔을 좋아하고, 귀는 고운 소리를 좋아하며, 입은 맛있
는 것을 좋아하고, 마음은 이익을 좋아하며, 몸은 편안함을 좋아한다. 이것
은 모두 인간의 성정에서 나오는 것이다.101)

이상의 내용을 정리하면 성에는 ①**감각 기관의 본능**: 귀·눈·입·코가
소리·색·맛·냄새를 구별하는 것, 몸이 추위·더위·아픔·가려움을 구별하는
것, ②**생리적 욕망**: 배고프면 먹으려 하고 추우면 따뜻함을 원하며,
피로하면 쉬기를 원하는 것 및 눈과 귀의 욕구, ③**심리적 반응**: 이익
을 좋아하고 그것을 얻으려 하며, 해로움을 싫어하고 악한 것을 싫어
하는 감정 등이 있다. 그런데 이상의 내용은 모두 인간의 동물적인 특
성에 불과하다.102)

순자에 의하면 "정(情)과 욕(欲)에 드러나는 인간의 자연성은 모두
이익[利]을 추구하고, 식색(食色)을 추구하는 본능적인 측면이라는 것
이다."103) 순자의 성론에서 특징은 이처럼 욕망[欲]을 성으로 본 것이
다.104) 그러므로 '이익'과 '식색'을 추구하는 '정'과 '욕'으로 나타나는

---

100) 위와 같음: "今人之性, 生而有好利焉, ……生而有疾惡焉, ……生而有耳目之
　　欲, 好聲色焉."
101) 위와 같음: "若夫, 目好色, 耳好聲, 口好味, 心好利, 骨體膚理好愉佚, 是生
　　於人之情性者也."
102) 채인후, 『순자의 철학』, 70-71쪽.
103) 成泰鏞, 「荀子의 人性論」, 65쪽.
104) 徐復觀, 『中國人性論史』, 商務印書館, 民國 76, 234쪽. (김정희, 「순자철
　　학에서 심과 성 및 예악의 관계」, 한국동서철학회, 『동서철학연구』제75
　　호, 2015, 72쪽. 재인용.)

'성'(性)은 '악'으로 정의될 수밖에 없다. 따라서 이것들은 인위적 행위를 통해 절제하고 제어해야만 한다.

이처럼 순자의 성론에서 가장 뚜렷한 특징은 '욕구를 성으로 본 것'(以欲爲性)이다. 그런데 인간의 욕구는 '절제'와 '제어'가 필요하다. 그러므로 성은 악한 것이 된다.

(2) 화성기위론

순자의 입장처럼 만약 인간의 본성이 악한 것이라면, 인간의 악한 본성은 어떻게 해서든지 제어를 가해야만 할 것이다.

인간의 본성은 악한 것으로 반드시 성왕의 다스림과 예의의 교화를 받은 후에야 비로소 다스려지고 선에 부합된다.[105]

이것이 '본성을 변화시켜 인위를 일으킨다'(化性起僞)는 의미이다. 그런데 이 '본성을 변화시키는'(化性) 도(道)는 스승의 가르침을 통하여 예의로 돌아가는 것이다.

예의란 몸을 바르게 해주는 것이고, 스승이란 예법을 바르게 해주는 사람이다.[106]

---

105) 『荀子』「性惡」: "今人之性惡, 必將待聖王之治, 禮義之化, 然後皆出於治, 合於善也."
106) 같은 책, 「修身」: "禮者, 所以正身也, 師者, 所以正禮也."

순자의 '화성'은 행위의 방향을 이끌고 전환하며, 본성을 다스려서 선에 부합되도록 한다. '화성기위'란 안으로 지려(知慮)에 의한 것이고 밖으로 예의(禮義)에 의한 것이다. 여기에서 선택과 판단이 중요하다. 선택과 판단을 올바르게 하는 것이 자질[材性]이다.107)

순자에 의하면 성인은 본래부터 성인으로 태어나는 것이 아니라 후천적인 노력이 축적되어 된 것이다.108) 이것은 너무도 당연한 말이다. 그러므로 모든 사람은 후천적 노력을 통해 성인이 될 수 있다.

(3) 성선과 성악의 비교

비록 맹자의 성선설과 순자의 성악설이 언 듯 보기에 서로 반대되는 이론인 것처럼 보이지만 전혀 그렇지 않다. 그들이 각자 강조하고 있는 것이 다를 뿐이다. 송대 성리학의 개념으로 설명하면 이렇게 이해할 수 있다.

맹자는 인간의 본연지성(本然之性)을 강조하고 이를 확충하는 이상주의 입장에서 성선설을 주장하였으며, 순자는 인간의 기질지성(氣質之性)을 역설하고 성자의 예법으로 기질을 변화하려는 경험주의적 입장에서 성악설을 주장하였다. 맹자는 인식의 기원을 선험적 합리주의에 치중하여 인심의 소동연자(所同然者)를 이와 의라 하였다. ……순자는 인식의 기원을 경험적 감관에서 출발하여 화성기위론(化性起僞論)을 제창하였다.109)

---

107) 채인후, 『순자의 철학』, 72쪽.
108) 같은 책, 79쪽.
109) 유학주임교수실 편저, 『유학사상』, 191쪽.

맹자의 성론이 본연지성을 강조한 이상주의적 입장이라면, 순자의 성론은 기질지성을 강조한 현실주의적 입장이다. 그러므로 어느 한 편이 옳고 다른 한 편은 잘못이라고 평가할 수 없다.

3. 정치론

맹자는 요순이 천자의 지위를 선양했다고 하였다.

만장이 말하였다. "요가 천하를 순에게 주었다고 하는데 그것이 사실입니까?" 맹자가 말하였다. "아니다. 천자라도 천하를 남에게 줄 수는 없다." 만장이 물었다. "그렇다면 순이 천하를 가진 것은 구가 준 것입니까?" 맹자가 말하였다. "하늘이 준 것이다."[110]

그런데 순자는 요순이 선양한 것이 아니라 전승되었다고 말한다.

천자란 그 권세와 지위가 지극히 높아 천하에 필적할 사람이 아무도 없는데 누구에게 선양할 수 있다는 말인가? 도덕을 완전히 갖추고, 명석한 지혜로 남면하여 천하의 대사를 들으니, 백성들이 감동하여 스스로 복종하고 감화를 받아 순종하지 않는 사람이 없다.[111]

---

110) 『孟子』「萬章 上」: "萬章曰: '堯以天下與舜, 有諸?' 孟子曰: '否. 天子不能以天下與人.' '然則舜有天下也, 孰與之?' 曰: '天與之.'"
111) 『荀子』「正論」: "天子者, 勢位至尊, 無敵於天下, 夫有誰與讓矣? 道德純備, 智惠(慧)甚明, 南面而聽天下, 生民之屬莫不振動從服以化順之."

순자는 군주에 대해 이렇게 정의하였다.

　군주란 무엇인가? 사회를 잘 영위하는 사람이다. 사회를 잘 영위한다는
것은 무엇인가? 백성이 잘살 수 있도록 양육하는 것이며, 백성에게 직분을
나누어 주어 잘 다스리는 것이다.112)

또 다음과 같이 말하였다.

　하늘이 백성을 낳은 것은 임금을 위한 것이 아니다. 하늘이 임금을 세운
것은 백성을 위한 것이다.113)

정치의 핵심은 민생에 있다. 백성을 양육하는 것에는 교화[化]와 기
르는 것[養]을 포함한다.

　부유하지 않으면 백성의 마음을 기를 수 없고, 교화하지 않으면 백성의
본성을 다스릴 수 없다.114)

순자에 의하면 백성을 다스릴 때는 ①부유함, ②교화가 모두 필요하
다. 그런데 먼저 부유함, 즉 경제적 측면이 중요하다. 따라서 나라를
다스리는 가장 좋은 원칙은 재화의 원천을 개발하고 재화가 유출되는
것을 막아 국가의 모든 구성원이 풍요롭게 살도록 하는 것이다. 그런

---

112) 같은 책, 「君道」: "君者, 何也? 曰: 能群也. 能群也者, 何也? 曰: 善生養人
　　者也."
113) 같은 책, 「大略」: "天之生民, 非爲君也. 天之立君, 以爲民也."
114) 위와 같음: "不富無以養民情, 不教無以理民性."

까닭에 순자는 욕망의 '충족'과 '절제'라는 양 측면을 모두 강조하였다.

순자는 이러한 군거화일(군거화일)의 상태에 이르기 위해서는 개인적인 측면에서 예에 근거하여 욕망에 의한 '양'(養)과 '절'(節)을 주장하였고, 사회적인 측면에서 명분에 의거하여 등급 질서의 확립을 강조하였다. 여기서 순자는 욕망과 물질 사이에서 발생하는 모순에 대하여 욕망에 대한 '양'과 '절'을 강조하였는데 '양'은 적극적으로 욕망을 최대한 만족시키는 것이고, '절'은 소극적으로는 주어진 한도 내로 욕망을 조절시키는 것이다.115)

4. 법치 사상

순자의 예법 사상은 "타율적인 규범의식과 유사한 가치관을 지니는 법가사상과 주관주의적인 유가 사상의 종합을 시도했던" 것이다.116) 그는 먼저 군주와 백성의 관계를 이렇게 말하였다.

전하는 말에 "임금[君]은 배이고, 백성[庶人]은 물이다. 물은 배를 띄우기도 하지만, 배를 뒤집어엎기도 한다"고 하였다.117)

이것은 민중의 힘에 대한 인식으로, 통치자에게 민중이 얼마나 위험할 수 있는지를 보여준다. 그러므로 군주는 백성을 다스릴 때 세 가지

---

115) 李源穆, 「荀子의 禮法思想의 現代的 意義」, 동양철학연구회, 『동양철학연구』 제44집, 2005, 270쪽.
116) 같은 논문, 261쪽.
117) 『荀子』「王制」: "傳曰: '君者, 舟也; 庶人者, 水也. 水則載舟, 水則覆舟.'"

큰 원칙이 있다.118) 첫째, 정치를 공평히 하고 백성을 사랑하는 것이다. 둘째, 예의를 존중하고 선비를 공경하는 것이다. 셋째, 어진 사람과 능력이 있는 사람을 존경하고 등용하는 것이다.

순자는 법에 대해 아래와 같이 말하였다.

법이란 다스림의 시작이고, 군자란 법의 근원이다. 그러므로 군자가 있으면 비록 법이 생략되었다 하더라도 충분히 두루 퍼질 것이다. 군자가 없으면 법이 비록 갖추어져 있다 하더라도 앞뒤로 시행할 순서를 잃고 일의 변화에 적응하지 못하여 충분히 어지러워질 것이다.119)

순자의 예법 사상120)은 "가족 윤리와 계급적 차등을 전제한 예제(禮制)는 규범을 강조하는 예법(禮法)으로 확장"되었는데, 그 과정에서 "객관적 타당성과 효율성에 대한 사회적 요구를 수용하지 않을 수 없"었고, 따라서 "강제력과 부국강병의 실효성을 강조한 법가사상"을 수용하지 않을 수 없었던 당시의 상황을 반영한다.121) 이것은 달리 말

---

118) 김학주 옮김, 『순자』, 을유문화사, 2003, 221쪽.
119) 『荀子』「君道」: "法者, 治之端也. 君子者, 法之原也. 故有君子, 則法雖省, 足以偏矣. 無君子, 則法雖具, 失先后之施, 不能應事之變, 足以亂矣."
120) 순자의 예법 사상에서 '예'와 '법'은 '인간의 욕망과 물질 사이의 모순'에서 나온 것으로 공통점과 차이점이 있다. 첫째, 공통점이다. ①예와 법은 그 기원이 같다. ②명분 질서를 유지하는 규범이다. ③예는 치국의 지도원리이고, 법은 보조 수단으로 예와 법은 치국에서 동등하게 작용한다. 둘째, 차이점이다. ①예는 개인의 수양을 중심으로 하는 것으로 강제력이 없는 도덕이고, 법은 상벌을 중심으로 하는 강제적이다. ②예는 사(士) 이상 통치계급의 규범으로 작용하는 것이고, 법은 강제적 사회규범으로 피통치계층에 적용된다. ③예는 교화를 법은 형벌을 위주로 하는데, 예는 왕자가 될 수 있고 형벌은 패자가 될 수 있다. (李源穆, 「荀子의 禮法思想의 現代的 意義」, 271쪽.)
121) 李源穆, 「荀子의 禮法思想의 現代的 意義」, 266쪽.

하면, 순자가 살았던 당시에 현실 문제를 해결할 때 유학 사상이 이미 그 한계를 나타냈다는 의미이기도 하다. 사실 전국시대 중기 여러 학파에서 법에 대한 다양한 논의가 이미 있었던 것도 그러한 시대적 상황을 반영한다. 그 대표적인 학파가 도가의 황로학이다.

……직하에서 공부하던 시절 제자백가의 이론을 다양하게 경험하였던 순자는 현실 정치에서 유리되어가는 유가의 예치의 대의를 유지하기 위해 법가의 현실인식에 대한 변법사상을 일부 수용하였다.122)

일본학자 가노 나오키[狩野直喜]는 이렇게 말하였다.

순자는 순수한 儒者였다. ……그렇지만, 나는 李斯의 刑名이 혹시 순자 禮論의 결과가 아닐까 하고 생각한다. 왜냐하면, 禮와 刑은 어떤 경우에는 전혀 반대의 의미를 갖지만, 넓은 의미로 말하면 예 가운데 형을 포함하기 때문이다. 다만 순자는 도덕의 견지에서 예를 설했고, 이사는 도덕을 버리고 순전히 형으로 천하를 다스리고자 한 차이가 있을 뿐이다.123)

중국학자 장서광(張曙光)은 『외왕지학-《순자》와 중국문화』(外王之學-《荀子》與中國文化)에서 순자의 정치관을 '융례'(隆禮), '중법'(重法), '존존군'(尊君) 세 가지 범주로 말하였다. 그는 이 가운데 '예'와 '법'의 관계를 정리하면서 다음과 같이 말하였다.

'융례'(隆禮)와 중법(重法)은 통일적인 것으로, 이 둘은 절대로 나눌 수 없

---

122) 같은 논문, 272쪽.
123) 가노 나오키, 『中國哲學史』, 吳二煥 譯, 乙酉文化社, 1988, 180-181쪽.

다. 예는 "통치의 근본"(治之始)이고 법은 "통치의 단서"(治之端)로, 이 둘은 이것에서 말미암아 저것을 통달하는 것, 상보상성(相補相成)하는 것이다.

예와 법이 비록 모두 외재적 규범이지만, 그러나 또 각기 그 특수성이 있다. 예는 등급 명분을 규정하여 사람들이 기본적인 사회관계를 건립하게 하는 것이고, 법은 상을 주고 형벌을 가하여 이러한 사회관계를 공고하게 하는 것이다. 그러므로 법은 예의 강화와 확장이다.124)

따라서 순자의 정치관에서 '융례', '중법', '존군'은 삼위일체이다. 이것은 유가와 법가를 겸한 것으로 순자의 치국안방(治國安邦)의 강령이다. 이것은 발전하여 유가의 외왕사공(外王事功) 사상과 행동의 노선이 되어 직접적으로 대통일 봉건국가의 건립이라는 정치적 목표에 복무하였다.125) 그렇지만 우리가 순자를 법가가 아닌 유가 학자라고 말하는 것은 그가 "유가적 입장에서 법가의 사상을 융합하여 치법(治法)의 필요성도 인정하였으나 여전히 유가의 위정재인(爲政在人)의 입장을 계승하여 법가의 이법치국(以法治國)을 반대"했기 때문이다.126) 따라서 순자는 '예치'에서 법치로 넘어가는 과도기적 성격을 보여준다.

법사상사적으로 볼 때, 그의 예치주의사상은 공·맹에 의한 덕치주의로부터 한비자의 법치주의로 넘어가는 중간 단계에 위치한다. 따라서 그의 사상은 아직 덕치주의로부터 완전히 벗어나지는 못하였지만, 그렇다고 완전히 법치주의에 이르러 있는 것도 아니다. 아직도 주례종덕(主禮從德)과 주례종법(主禮從法)의 입장에 머물러 있었다.127)

---

124) 張曙光, 『外王之學-《荀子》與中國文化』, 河南大學出版社, 1995, 20쪽.
125) 같은 책, 19쪽.
126) 李源穆, 「荀子의 禮法思想의 現代的 意義」, 268쪽.
127) 沈在宇, 「荀子의 法思想」, 고려대학교 법학연구원, 『법학논집』 29, 1993,

순자의 법치 사상은 그의 제자 이사와 한비자에 의해 꽃을 피웠다.

　……순자 사상에는 이미 법가적 경향을 확인할 수 있다. 따라서 순자의
예법 사상은 예에서 법으로 건너가는 교량적 단계에 있었던 것이고, 결국은
그 제자 중에서 한비자와 같은 철저한 법가 사상가가 배태될 수밖에 없었던
법가적인 요소가 그 사상 내에 잠재되어 있었던 것이다.128)

　39쪽.
128) 源穆, 「荀子의 禮法思想의 現代的 意義」, 274쪽.

제3장 중국철학 2
유학(2) 송명 신유학

선진시대 유학과 달리 송명시대 유학을 신유학이라고 한다. 신유학에는 정주(程朱)의 리학(理學)과 육왕(陸王)의 심학(心學)이 있다.

송명 성리학은 도가와 불교의 형이상학을 극복한 유학의 형이상학을 완성하였다. 유학의 형이상학을 '도덕 형이상학'이라 부른다. 왜냐하면 유학에서 천도(天道)는 인간 사회를 포함한 우주의 운행을 조절, 조화시키는 원리이기 때문이다. 인격적, 도덕적인 것을 강조하는 유학의 천 관념에서 볼 때, 천은 순수하고 꾸밈이 없는 존재이다. 이와 관련된 내용으로 먼저 『중용』(中庸)을 살펴보자.

성실한 것은 하늘의 도리이고, 성실하고자 하는 것은 인간의 도리이다.[1]

---

1) 『中庸』제20장: "誠者天之道, 誠之者人之道也."

리학의 핵심 인물은 주희이고, 심학의 중심인물은 왕양명이다. 아래에서는 이 두 인물을 중심으로 살펴보기로 한다.

제1절 주희

주희(1130-1200)는 남송(南宋) 때 사람이다.

1. 리기론

주희의 리기(理氣) 개념은 선진유학의 여러 개념(太極·陰陽, 道·器, 天理·人欲, 道心·人心, 性, 仁義禮智, 四端 등)을 일관되게 체계화한 것이다.

주희의 관점을 이해하기 위해서는 먼저 주렴계(周濂溪)의 『태극도설』(太極圖說)을 살펴볼 필요가 있다.

> 무극이 태극(無極而太極)이다. 태극이 움직여 양을 낳고, 움직임이 지극하게 되면 고요하게 된다. 고요하면 음을 낳고, 고요함이 지극하게 되면 다시 움직이게 된다. 한 번 움직이고, 한 번 고요하여 서로 뿌리가 된다. 음양으로 나누어져서 양의(兩儀)가 세워진다. 양은 변하고 음은 합하여 수(水)·화(火)·목(木)·금(金)·토(土)를 낳는다. ······건도(乾道)가 남자를 이루고, 곤도(坤道)가 여자를 이룬다. 이 두 기가 교감하여 만물이 생겨난다."[2]

주희는 '태극'과 '리'를 같은 것으로 본다.

'태극'은 천지 만물의 '리'일 뿐이다. 천지로 말하면 천지 가운데 태극이 있고, 만물로 말하면 만물 가운데 태극이 있는 것이다.[3]

천지 사이에는 다만 음직임과 고요함이 끊임없이 순환하고 있을 뿐이다. 다시 그 밖의 일은 없다. 이것을 역(易)이라 한다. 그런데 그 움직임과 고요함에는 반드시 그 소이(所以)로서의 이치가 있으니 이것이 이른바 태극이다.[4]

주희는 태극을 '리'로 해석하고, 음양을 '기'로 해석하였다.

주희의 리기론은 정이천(程伊川, 1033-1107)의 '리'론과 장재(張載, 1020-1077)의 '기'론을 종합한 것이다. 그는 형이상학 이론에서 '리'를 형이상자(形而上者)·소이연(所以然)으로 규정하고, '기'를 형이하자(形而下者)·소연(所然)으로 규정한다. 또 인성론에서는 '리'를 천리(天理)·도심(道心)으로 규정하고, '기'를 인욕(人欲)·인심(人心)으로 규정한다.

(1) 리기선후

---

2) 『太極圖說』: "無極而太極, 太極動而生陽, 動極而靜, 靜而生陰, 靜極復動. 一動一靜, 互爲其根. 分陰分陽, 兩儀立焉. 陽變陰合, 而生水火木金土. ……乾道成男, 坤道成女, 二氣交感, 化生萬物."
3) 『朱子語類』上, 卷1「理氣上·太極天地上」: "太極, 只是天地萬物之理. 在天地言, 則天地中有太極. 在萬物言, 則만苗中, 各有太極."
4) 『周易傳義大全』卷22: "天地之間, 只有動靜兩端循環不已, 更無餘事. 此之謂易, 而其動其靜, 必有所以動靜之理焉, 是則所謂太極也."

주희는 주렴계(周濂溪)의 『태극도설』(太極圖說)을 그의 리학 체계에 끌어들여 해석하였다. 그는 『태극도설해』(太極圖說解)에서 태극을 '형이상의 도', '동정음양의 리'라고 하였다. 그가 본체론의 각도에서 리기관계를 설명한 것은 『태극해의』(太極解義)이다. 그는 이 글에서 체용(體用)으로 리기의 본체론을 설명하였다. 그는 또 『태극도해』(太極圖解)에서 이렇게 말하였다.

이 태극이 이른바 무극이면서 태극(無極而太極)이라는 것이니, 움직여 양이 되고 고요하여 음이 되는 것의 본체가 된다. 그러나 음양에서 떨어져 있는 것이 아니고 음양에 나아가 그 본체를 가리키며 음양과 섞이지 않으므로 한 말일 뿐이다.[5]

'리'는 본체이고 음양동정과 존재의 근거이며, '기'의 동정은 '리'의 외재화 과정이고 표현이다. '리'는 '기'속에 있으면서 '기'와 서로 떨어질 수 없으나(不相離) 서로 섞일 수도 없는(不相雜) 본체인 것이다. 이처럼 주희는 리기관계를 '리'와 '기'는 "서로 떨어질 수 없고, 서로 뒤섞이지 않는다"(不相離, 不相雜)고 하였다. 비록 리기관계가 이런 관계를 맺고 있지만, 그 선후를 달리한다.

'리'는 일찍이 '기'를 떠난 일이 없다. 그러나 '리'는 형이상자이고 '기'는 형이하자이다. 형이상과 형이하로 말한다면 어찌 선후가 없겠는가?[6]

---

5) 『太極圖解』: "此太極所謂無極而太極也, 所以動而陽, 靜而陰之本體也, 然非有離乎陰陽也, 卽陰陽而指其本體, 不離乎陰陽而爲言耳."
6) 『朱子語類』(一) 「理氣」: "理未嘗離乎氣, 然理形而上者, 氣形而下者. 自形而上下言, 豈無先後?"

주희는 '이'가 먼저 있고 그 뒤에 '기'가 생겨난 것으로 파악한다. 이것은 앞의 논리와 모순된다. 그렇지만 그 의도를 이해하면 이러한 논리적 모순은 간단히 해소된다. 이것은 '리'의 가치를 '기'보다 상위에 두는 것이다.

　이것은 본래 선후로 말할 수 없지만, 그 유래를 미루어 살펴보면 리가 선재한다고 말해야 한다.7)

그런데 주희는 태극을 이, 음양을 기로 삼았다. 그런 까닭에 리기선후의 문제가 야기되었다. 본래 이와 기는 모두 시간적으로 시작과 끝이 없고, 시종 섞이지도 분리되지도 않는다. 그러나 주희는 리선기후를 분명히 이렇게 지적하였다.

　태극은 단지 천지 만물의 '리'(理)이다. 천지로 말하면 천지 가운데 태극이 있고, 만물로 말하면 만물 가운데 가기 태극이 있다. 따라서 천지가 생기기 이전에 반드시 먼저 이 '이'가 있는 것이다.8)

주희의 관점에서 본질에서 말하면 태극이 천지에 앞서 있고, 현존하는 세계의 측면에서 말하면 태극은 천지 만물 가운데 존재한다.

리가 기를 낳는다는 사상의 직접적 근원은 "역에 태극이 있으니 이것이 양의는 낳는다"(『周易』「繫辭傳」: "易有太極, 是生兩儀")와 "태극이

---

7) 위와 같음: "此本無先後之可言, 然必欲推其所從來, 則須說先有是理.")
8) 『朱子語類』 권1 「陳淳錄」: "太極只是天地萬物之理, 在天地言, 則天地中有太極, 在萬物言, 則萬物中各有太極. 未有天地之先, 畢竟是先有此理."

움직여 양을 낳는다"(『太極圖說』: "太極動而生陽")이다. 주희는 본원상
에서 "리가 기에 앞서 있다"(理先在氣)는 것을 말하였다. 그러나 그는
구성상으로는 리가 기에 앞서 있다고 하지 않고 "리기에는 선후가 없
다"(理氣無先後)고 강조하였다. 이것은 '리'의 도덕적 가치를 절대화한
것이다.

(2) 리일분수

리일분수(理一分殊)에서 '수'(殊)는 본래 차이(差異)·부동(不同)을 의미
하였다. 즉 우리가 살아가는 이 세상, 현상계에는 서로 다른 사물이
매우 많기에 리일분수도 '일'(一)과 '다'(多) 사이의 어떤 관계를 나타
내게 되었다. '일'은 보편적인 것이고, '다'는 특수하고 개별적인 것이
다. 그런데 여기에서 보편과 특수의 관계는 항상 일정한 것이 아니다.
'분'의 의미를 '구별하다', '분산한다'의 의미로 이해하면 리일분수는
본원적인 것과 파생적인의 관계를 밝힌 것으로 본체론적 의미를 내포
하게 된다.

주희의 리일분수에서 중요한 것은 '일리'(一理)와 '만리'(萬理)의 관
계이다. 여기에서 '만리'는 구체적인 사물의 이를 가리킨다. 주희가 말
하는 구체적인 만물의 이는 어떤 때는 사물이 품부받은 천리, 즉 인의
예지의 성을 가리키고 어떤 때는 구체적인 사물의 법칙·본성을 가리
키는 등 때에 따라서 그 의미가 다르다. 주희가 만물의 이에는 차별이
없다고 말하였을 때는 만물의 '성리'(性理)로 만물이 하늘로부터 품수
받아 성취한 설을 가리키는 것으로 만물의 구체적인 법칙을 의미하는

것은 아니다.

주희는 리일분수를 이렇게 설명하였다.

　'하나'[一]의 실상이 '만 가지'[萬]로 나누어져 '만 가지'와 '하나'가 각각 바르게 되니 바로 리일분수이다.9)

주희는 또 주렴계의 『통서』(通書)를 해석한 『통서해』(通書解)에서 이렇게 지적하였다.

　리기오행(理氣五行)은 하늘이 만물에 품부하여 생긴 것이다. 그 말단으로부터 근본을 좇으면 오행의 다름은 리기의 실(實)을 근본으로 하고 리기의 실은 '일리'(一理)의 극을 근본으로 한다. 이것이 바로 만물을 합해 말하면 하나의 태극으로서 동일한 것이다. 그 근본으로부터 말단으로 가면 '일리'의 실이 만물로 나뉘어 그 체가 된다. 그러므로 만물 가운데 각각 한 태극이 있는 것이다. 크고 작은 물건들이 모두 그 일정한 분을 가지고 있다.10)

주희 철학에서 리일분수는 우주 본체의 태극과 만물의 성과의 관계를 설명해준다는 점에서 매우 중요한 개념이다. 우주 만물의 본체는 단지 하나의 태극이고, 동시에 각각의 사물 속에도 '하나의 태극이 되어 동일한' 태극과 완전히 서로 같은 태극이 작용하는 자기 본성을 포함하고 있다.

---

9) 『朱子語類』 권94 「潘植錄」: "一實萬分, 萬一各正, 便是理一分殊處."
10) 『通書解』: "理氣五行, 天地所以賦受萬物而生之者也. 自其末以緣本, 則五行之異本二氣之實, 二氣之實又本一理之極, 是合萬物而言之, 爲一太極而一也. 自其本而之末, 則一理之實而萬物分之以爲體, 故萬物之中各有一太極, 而小大之物, 莫不家有一定之分也."

본원상에서 태극은 만물의 궁극적 본원이다. 먼저 '리'가 있고 난 후에 '기'가 있는 것이며, 그런 연후에 만물이 있는 것이다. 만물의 이는 모두 궁극적 본원으로 작용하는 태극이다.

2. 인성론

『서경』(書經)에서 인간의 마음을 설명할 때 인심(人心)과 도심(道心)이란 개념을 사용하였다. 또 『예기』(禮記) 「악기」(樂記)에서 이렇게 말하였다.

> 사람은 태어나서는 고요하니 하늘의 성(天之性)이다. 사물에 감응하여 움직이는 것은 성의 욕망(性之欲)이다.11)

주희는 『태극도해』에서 사람의 의의를 이렇게 지적하였다.

> 오직 사람만이 그 빼어나고 가장 영명한 것을 얻었으니, 사람이 지극하다는 것은 이 말이다. 그 형체는 음기가 그렇게 만든 것이고, 그 정신은 양기가 발동한 것이다.12)

이정(二程)은 '성즉리'(性卽理)라는 명제로 천인합일(天人合一) 사상을 드러내고 천리와 인성이 완전히 일치함을 강조하였다. 주희 역시 '성

---

11) 『禮記』「樂記」: "人生而靜, 天之性也. 感於物而動, 性之欲也."
12) 『太極圖解』: "惟人也得其秀而最靈, 則所謂人極者, 於是乎在矣. 然形, 陰之爲也; 神, 陽之發也."

즉리'라는 입장을 취한다.

　　'성'(性)은 바로 심(心)이 가지고 있는 '리'(理)이고, 심은 바로 '리'가 깃들
어 있는 곳이다.13)

주희는 또 이렇게 설명하였다.

　　성(性)은 태극(太極)과 같고, 심(心)은 음양(陰陽)과 같다.14)

　　이것은 『태극도』(太極圖)를 인성론의 각도에서 설명한 것이다. 태극
은 항상 '사람과 사물의 성'을 가리키는 데 사용된다. 주희의 관점에
서 사람을 가지고 말하면 성이 곧 태극이다. 이것이 바로 마음을 움직
이게 하고 고요하게 하는 본체이다. 마음이 고요하여 정(情)이 아직
드러나지 않은 상태가 음이고 고요함이며, 마음이 움직여 정이 이미
드러난 것이 양이고 움직임이다. 마음의 동정은 물론이고 아직 드러나
지 않았거나 이미 드러난 때에도 태극은 본성으로 작용하여 시종일관
마음에 갖추어져 있다.

　　주희는 아직 드러나지 않은 것이 성이고, 이미 드러난 것이 정이며,
성이 드러나 정이 되고 정은 성에 근본을 두고 있다고 생각하였다.

　　주희는 심이 사람의 지각이며 모든 사유 활동도 이 심이 발한 것이
라고 보았다. 주희 철학에서 심은 사람의 구체적인 의식을 가리키는
데, 선한 의식과 사고도 심이고, 선하지 않은 의식과 사고도 심이다.

---

13) 『朱子語類』 권5: "性便是心之所有之理, 心便是理之所舍之地."
14) 『朱子語類』 上, 卷4, 「性理2·性情心意等名義」: "性猶太極也, 心猶陰陽也."

그래서 심에는 선함과 악함, 바름과 사악함이 있다고 한 것이다.

심은 움직이는 것이니 자연히 선악이 있다.15)

주희는 심을 인심과 도심으로 구분한다.

이 심의 신령함에 있어서 그 지각이 리에 있는 것은 도심이고, 그 지각이 욕에 있는 것은 인심이다.16)

이처럼 주희 철학에서 도심과 인심의 구분은 분명하다. 도덕 원칙에 부합하는 지각은 도심이고, 개인의 욕망에 의한 지각은 인심이다. 도심은 도덕의식을 말하고 인심은 감성 욕구를 의미한다. 그렇다면 이처럼 도심과 인심의 구별은 어디에서 생겨난 것인가? 그는 이렇게 설명한다.

심의 허령한 지각은 하나일 뿐이다. 인심과 도심의 다름이 있다고 한 것은 혹은 그것이 형기의 사사로움(形氣之私)에서 나오고 혹은 성명의 바름(性命之正)에서 생겨나 지각한 것이 같지 않기 때문이다.17)

주희는 인심은 위태로우므로 반드시 도심이 통제해야 한다고 하였다.

---

15) 『朱子語類』 권5 「廖謙錄」: "心是動底物事, 自然有善惡."
16) 『文集』 권56 「答鄭子上十」: "此心之靈, 其覺于理者, 道心也; 其覺于欲者, 人心也."
17) 『中庸』 「中庸章句序」: "心之虛靈知覺, 一而已矣. 而以爲有人心道心之異者, 則以其或生于形氣之私, 或原于性命之正, 而所以爲知覺者不同."

반드시 도심으로 하여금 항상 한 몸의 주인이 되게 하여 인심이 매양 명령을 듣게 하면 위태로운 것은 편안하게 되고 은미한 것은 드러나게 되어 움직이거나 가만히 있거나 말하거나 행동함에 저절로 지나치거나 모자라는 차이가 없게 될 것이다.[18]

제2절 왕양명

왕양명(1472-1528)은 이름이 수인(守仁)이고 자는 백안(伯安)이다. 그는 주희보다 육상산(陸象山)이 공맹철학의 정통이라 생각한다. 그는 37세 때 이렇게 말하였다.

비로소 성인의 도는 나의 본성으로 스스로 충족하니, 지난날 대상 사물에서 이치를 구한 것은 잘못이었다는 것을 알았다.[19]

양명학의 주요 내용은 심즉리(心卽理), 치양지설(致良知說), 지행합일(知行合一) 등이 있다.

1. 심즉리

---

18) 위와 같음: "必使道心常爲一身之主, 而人心每聽命焉, 則危者安, 微者著, 而動靜云爲自無過不及之差矣."
19) 『陽明全書』 권32, 「年譜·戊辰條」: "始知聖人之道, 吾性自足, 向之求理於事物者, 誤也."

왕양명은 먼저 성인에 대해 이렇게 지적하였다.

성인이 성인이 되는 까닭은 단지 그 마음이 순수한 천리(天理)로서 인욕(人欲)의 섞임이 없기 때문이다.[20]

그러므로 사람이 성인됨의 여부는 재질과 역량이 아니라 '마음의 천리에 대한 순수성' 여부에 달려있다. 성인됨은 마음에 조금의 인욕도 섞임이 없이 순수한 천리의 상태를 유지할 수 있어야 한다는 것이다.[21]

왕양명은 육상산의 '심즉리'(心卽理)를 받아들인다.

사물의 '리'(理)는 내 마음 밖에 있지 않다. 내 마음 밖에서 사물의 이치를 구하면 사물의 '리'는 없다.[22]

왕양명은 『대학』의 종지를 논의하는 자리에서 "지선(至善)은 마음의 본체이니, 단지 명덕(明德)을 밝혀 지극히 정밀하고 지극히 한결같은 곳에 이르기만 하면 된다"(至善是心之本體, 只是明明德到至精至一處便是)[23]고 말하였다. 그는 '이'가 마음 밖에 있지 않고, 바로 마음 가운데 있다고 한다. '리'가 마음에 내재해 있다는 것은 마음이 '리'에 근본을 두고 있다는 것이다. '심즉리'는 본체론적으로 '심'과 '리'를 동일

---

20) 『傳習錄』(上) 「薛侃錄」 99조목: "聖人之所以爲聖, 只是其心純乎天理, 而無人欲之雜."
21) 김세정, 『왕양명의 생명철학』, 청계, 2006, 205-206쪽 참조 요약.
22) 『全書』 권2, 「傳習錄」: "夫物理不外吾心, 外吾心而求物理, 無物理矣."
23) 『傳習錄』(上) 「徐愛錄」 3조목.

한 것으로 본다.

　　마음이 곧 리(心卽理)이다. 천하에 다시 마음 밖의 일이 있고, 마음 밖의
‘리’가 있겠는가?24)

　이처럼 양명은 ‘지선’은 마음 밖에 있는 것이 아니라 바로 마음의
본체이기 때문에 ‘마음이 곧 리’라고 주장한다.
　양명에 의하면 마음의 본체로서 천리는 마음이 실천 조리를 창출할
수 있는 근거이다. 그는 이렇게 말하였다.

　　선한 생각이 보존되는 때가 바로 천리(天理)이다.25)
　　천리(天)理를 체득하여 아는 것은 단지 자신의 마음속에서 사사로운 뜻[私
意]을 없애려는 것일 뿐이다.26)

　그러므로 ‘심즉리’인 것이다.

　　‘마음이 곧 리’(心卽理)이다. 사사로운 마음[私心]이 없는 것이 바로 ‘리’
(理)에 마땅한 것이다.27)

2. 양지와 치양지

---

24) 같은 책, 「徐愛錄」 3조목: “心卽理也. 天下又有心外之事, 心外之理乎?”
25) 같은 책, 「陸澄錄」 53조목: “善念存時, 卽是天理.”
26) 같은 책, 「薛侃錄」 96조목: 體認天理之要自心地無私意.“
27) 같은 책, 「陸澄錄」 94조목: “心卽理也. 無私心, 卽是當理.”

양지의 관념은 『맹자』에 근원한다. 맹자는 이렇게 말하였다.

사람이 배우지 않아도 할 수 있는 것은 그 양능(良能)이다. 헤아려 보지 않고도 알 수 있는 것은 그 양지(良知)이다.[28]

왕양명은 사람에게는 참으로 알고 참으로 행하는 능력인 양지·양능이 있다고 말하였다. 이것은 다시 '양지'와 '양능'으로 나눌 수 있는데, '양지'가 더 핵심이다. 이 '양지'는 내 마음의 본체이며, 선천적으로 사람에게 갖추어져 있는 천리(天理)이다. 따라서 이 '양지'는 성인이거나 어리석은 사람 모두에게 있는 것이다.

양명은 양지를 '성'(聖)이라 하고 양지를 회복하여 적극적으로 발휘하고 실현하는 사람이 성인(聖人)이라고 말하였다. 또 성인이란 인류 최고의 모범이고 성인이 되는 '치양지'의 학문을 최고의 학문이라고 주장한다. 이것은 인간이면 누구나 성인이 될 수 있는 바탕이고, 이러한 양지의 실현(致良知)은 곧 성인됨을 의미한다.

(1) 양지

양명은 인간은 누구나 선천적으로 성인이 될 수 있는 바탕으로 양지가 내재해 있다고 하였다.

---

28) 『孟子』「盡心 上」: "人之所不學而能者, 其良能也; 所不慮而知者, 其良知也.

무릇 양지(良知)가 바로 도(道)이다. 양지가 사람의 마음에 있는 것은 비단 성인과 현인뿐만 아니라 보통 사람일지라도 역시 마찬가지이다.[29]

양지는 모든 인간에 대해 선천적이고 보편적인 내재성을 지닌다. 따라서 양지는 인간이라면 누구나 신분적·계급적 위계질서와 선천적 기질상의 등급을 뛰어넘어 참된 인간상으로서의 성인이 될 수 있는 근거가 된다.

그러나 너무도 당연한 말이지만 인간은 누구나 성인이 될 수 있는 양지를 선천적으로 내재하고 있다 하더라도 이것은 현실에 있어 하나의 가능성일 뿐 양지의 내재성이 바로 '성인됨'을 의미하지는 않는다. 양지의 실현 여부에 따라 현실에서 성인, 현인, 보통 사람, 어리석은 사람과 같은 다양한 층차로 나타난다. 그러면서도 성인의 경지는 인간이면 누구나 자신의 노력에 따라 도달할 수 있는 경지이다.

양명은 맹자 사상을 계승하여 이렇게 말하였다.

마음은 자연히 알 수 있는 것이니, 부모를 보고는 자연히 효도할 줄 알고 형을 보고는 자연히 공경할 줄 알며, 어린애가 우물에 들어가는 것을 보고는 자연히 측은히 여길 줄 안다. 이것이 곧 양지이니, 밖에서 구할 필요가 없다.[30]

'양지'는 우리가 일체의 사물에 대하여 도덕적 판단을 부여할 때의

---

29) 『傳習錄』(中): 「答陸原靜書」 165조목: "夫良知卽是道, 良知之在人心, 不但聖賢, 雖常人亦無不如此."
30) 『傳習錄』(上) 『全書』 권1, 39쪽: "心自然會知, 見父自然知孝, 見兄自然知弟, 見孺子入井自然知惻隱, 此便是良知, 不假外求."

표준이다. 바꾸어 말해 왕양명은 양지가 사람들 각자의 선험적 시비 준칙이라는 것을 명확하게 지적하였다.

　　그대의 이 양지가 그대 자신의 준칙이다. 그대가 염두에 두는 어떤 것에 대해 양지는 그것이 옳다면 옳다는 것을 알고 그르면 그르다는 것을 안다. 그러니 조금도 양지를 속일 수 없다.31)

　　양지는 선천 원칙으로 "옳은 것을 알고 그른 것을 안다"(知是知非), "선을 알고 악을 안다"(知善知惡)는 말로 표현되기도 하고 또 "선을 좋아하고 악을 싫어한다"(好善惡惡)고 표현된다. 이러한 양지는 곧 도덕 이성 원칙이자 도덕 정감 원칙이다.32) 양지는 우리에게 '선을 알고 악을 아는' 준칙을 제공하는 동시에 도덕 판단을 하도록 도울 뿐만 아니라 우리 자신의 의념과 행위에 어떤 심리적·정감적 반응을 보이도록 만들어 준다. 사람이 양지의 지도에 따르지 못하여 사의에 굴복하게 되면 '스스로 불안한' 느낌을 체험하게 된다. 이 역시 양지의 지도 작용의 또 다른 방식이다.

(2) 치양지

　　양명은 "양지는 '천리의 환하고 밝으며 영묘하게 알아차리는 힘'이다. 그러므로 양지가 곧 천리이다"(良知是天理之昭明靈覺處, 故良知卽是

---

31) 『全書』 권3, 74쪽: "爾那一點良知, 是爾自家底準則, 爾意念着處, 他是便知 是, 非便知非, 更瞞他一些不得"
32) 陳來, 『양명철학』, 전병욱 옮김, 예문서원, 2003, 290쪽.

天理)33)고 말하였다. 그렇지만 곧바로 천리를 지각할 수 있음을 의미
하지는 않는다.

양명은 『대학문』(大學問)에서 명덕(明德)이 곧 양지(良知)라고 하였
다. 그러므로 『대학』(大學)에서 "명덕을 밝힌다"(明明德)라는 것은 사람
마음의 여러 가지 사욕을 제거하여 각자가 지닌 본래의 빛을 드러나
게 하는 것이다.

양명은 『전습록』에서 치지(致知: 致良知)는 바로 자신의 일상생활 속
에서 발현되는 양지를 확충하여 이를 방해하는 사의(私意)를 전부 제
거함으로써 양지 전체가 가득차고 유행하여 조금도 장애가 없도록 하
는 것이라고 하였다. 그는 『대학문』에서 이렇게 설명하였다.

> 치(致)는 '이른다'(至)는 뜻이다. ……그러므로 치지(致知)라는 말은 ……내
> 마음의 양지를 지극히 하는 것일 뿐이다.34)

양지를 그 지극함에 이르게 하는 것은 바로 '확충하여'(充拓) 지극함
에 이르는 공부이다.

치양지 공부는 적극적 방면에서 말하면 양지를 확충하여 지극하게
하는 것이고, 소극적 방면에서 말하면 사욕의 장애를 제거하는 것이
다.

> 성의(誠意)의 근본은 또 치지(致知)에 있다. ……그러나 선을 알고도 양지
> 에 의거하여 행하지 않고 불선을 알고도 양지에 의거하여 행하지 않는다면,

---

33) 『全書』 권2, 64쪽, 「答歐陽崇一」.
34) 『全書』 권26, 374쪽, 『大學問』: "致者, 至也. ……致知云者 ……致吾心之良
知焉耳."

이 양지는 곧 가려지게 된다. 이것은 '치지'를 하지 못했기 때문이다. ……
(이렇다면) 어떻게 뜻이 성실해질 수 있겠는가?35)

3. 지행합일

지와 행의 통일은 유가 도덕 이론의 중요한 한 짝이 되는 범주이
다. 유가 철학에서 지행 문제가 논의하고 있는 것은 도덕 지식과 도덕
실천의 관계이다.36)

지행합일은 앎과 실천의 통일이다. 지행의 본체는 양지 즉 본심이
다. 지행의 본체는 원래 합일되어 있다. 그런데 이것이 합일되지 않는
원인은 바로 사욕에 의해서 단절되었기 때문이다. 그러므로 반드시 치
양지의 공부를 통해 그 본래 합일된 본체를 회복해야 한다.37) 왕양명
은 이렇게 말하였다.

    '지'(知)는 '행'(行)의 시작이고, '행'은 '지'의 완성이다.38)

내 마음의 양지는 본래 스스로 선악을 판별할 수 있고, 또 자연스
럽게 선을 좋아하고 악을 싫어한다. 선악을 판별하는 것이 지이고, 선
을 좋아하고 악을 싫어하는 것은 행이다.

---

35) 『傳習錄』(下) 『全書』권3, 83쪽: "誠意之本又在於致知也. ……然知得善却不
    依這個良知便做去, 知得不善却不依這個良知便不做去, 則這個良知便遮蔽了, 是
    不能致知也. ……如何得意誠!"
36) 陳來, 『양명철학』, 163쪽.
37) 蔡仁厚, 『왕양명 철학』, 황갑연 옮김, 서광사, 1996, 81쪽.
38) 『傳習錄』(上): "知是行之始, 行是知之成."

총괄하여 말하면, '지'의 확실함과 독실함이 곧 '행'이고, '행'의 분명함과 자세함 및 정확함이 곧 '지'이다. 지의 과정과 행의 과정은 서로 그 시작과 끝을 같이한다. 그러므로 '지행' 공부는 단지 한 가지 일이다. 양명은 이렇게 지적하였다.

'지'는 '행'의 방향이며, '행'은 '지'의 공부이다. (『傳習錄』(上): "知是行的 主意, 行是知的工夫.")

그는 또 다음과 같이 말하였다.

단지 하나의 '지'(知)를 말하지만, 그 속에는 이미 '행'이 내재되어 있다. 단지 하나의 '행'(行)을 말하지만, 그 속에는 이미 '지'가 내재되어 있다. (『傳習錄』(上): "只說一個知, 已自有行在; 只說一個行, 已自有知在.")

양명은 일찍이 "선악을 판별하고 결정하는 자가 양지이다"고 말하였다. 의념이 발동하는 곳의 선악은 양지에 의해 자연스럽게 분별된다. 이것이 '지행'에서 말하는 '지'이다. 선한 생각과 악한 생각은 이미 일어났고, 이것이 바로 행위의 시작이다. 그러므로 이미 행위는 시작된 것이다. 따라서 '지'와 '행'은 동시에 함께 일어나는 것이고, 또 '지'가 곧 '행'이고 '행'이 곧 '지'인 것이다.39)

일반적으로 말해서 '지'는 주관성을 가리키는 범주이고, '행'은 주관이 객관으로 드러난 인간의 외재적 행위를 가리키는 범주이다.40) 왕

---

39) 蔡仁厚, 『왕양명 철학』, 84쪽.
40) 陳來, 『양명철학』, 163쪽.

수인의 입장에서 볼 때 '지'와 '행'의 관계는 단순히 '지'를 '행'이라고 말할 수도 있고, '행'을 '지'라고 말할 수도 있는 것에 그치지 않는다. '지'와 '행'은 그 본래의 진정한 모습이라는 의미에서 서로 상대방을 포함하고 있다. '지' 속에는 이미 '행'의 요소가 담겨 있고, '행' 속에도 '지'의 요소가 들어 있다.

제4장 중국철학 3
유학(3)-현대 신유학

제4장 중국철학 3
유학(3)-현대 신유학

제1절 중국 전통철학과 서구 문명의 근대(성)

중국은 19세기 아편전쟁(阿片戰爭, 中英戰爭)의 패배로 큰 충격에 휩싸이게 되었다. 이것은 철학적으로 전통사상과 서양의 '민주'(정신문명)와 '과학'(물질문명)을 어떻게 융합할 것인가라는 문제이다.

오늘날 중국철학은 크게 마르크스주의, 자유주의, 현대 신유학 세 가지로 분류한다. 마르크스주의는 현재 중국을 지배하는 정치 이데올로기이고, 자유주의는 전통사상에 대한 비판철학이며, 현대 신유학은 전통사상에 해당한다.

아래에서는 먼저 현대 중국철학에서 세 가지 핵심사상인 마르크스주의, 자유주의, 현대 신유학에 대해 간단히 고찰하기로 한다.

1. 자유주의

오늘날 중국의 자유주의는 크게 근대 자유주의와 개혁개방 이후의 현대 자유주의로 나누어진다. 여기에서는 근대 자유주의를 논의하기로 한다.

중국의 전통사상에 인간의 '자유'와 '평등'을 주장할 수 있는 철학적 관념이 전혀 없었던 것은 아니다. 우리는 그러한 요소를 중국의 전통철학 가운데 특히 도가철학에서 찾을 수 있다. 그러나 고대 중국의 현실은 이 '자유'와 '평등'이 발전할 수 있는 정치적 기반이 없었다. 그러므로 중국에서 일반적으로 널리 인간의 '자유'를 논의할 수 있었던 것은 서구에서 이러한 사조가 수입된 이후, 즉 19세기 중기 이후의 일이다. 그러므로 우리는 "중국 자유주의는 전통적으로 형성된 사상이 아니라 외래에서 수입된 것"이라고 말하는 것이 좀 더 정직한 그리고 정확한 평가이다.[1]

20세기 초 중국의 지식인 가운데 오우(吳虞, 1872-1949), 진독수(陳獨秀, 1879-1942), 노신(魯迅, 1881-1936), 호적(胡適, 1891-1962) 등 다양한 경향의 인물은 모두 중국 유교에 비판적이었다. 그들은 유교를 '노예 굴종의 봉건 도덕', '사람을 잡아먹는 의례 도덕'이라고 비판하였다. 그런 까닭에 낡은 유교를 버리고 서양의 '민주'와 '과학'을 도

---

1) 김현주, 「중국 특색의 자유주의의 탄생: 중국 근대 전통을 둘러싼 전반서화파(全般西化派)의 입장변화를 중심으로」, 아시아문화학술원, 『인문사회21』 제8권 제4호, 2017, 18쪽.

입해야 한다고 주장하였다.[2] 어떤 면에서 당시에 이러한 반응은 매우 당연하였다. 그렇지만 이들이 모두 자유주의자는 아니다. 그들 사이에는 다양한 색깔이 있다.

중국의 전통문화에서 핵심이었던 전통 유학에 대해 가장 격렬하게 비판한 인물은 중국의 자유주의자이다. 이 중국 자유주의의 핵심 인물에는 오우, 호적, 장불천(張佛泉, ?-1994), 은해광(殷海光, 1919-1969) 등이 있다.

중국의 근대 자유주의자는 "개인의 자유에 가장 우선적 가치를 둔다는 점을 공통분모로 한다."[3] 그러므로 그 이론의 핵심 내용이었던 '개인의 자유'를 그 무엇보다도 포기할 수 없었다.[4]

호적은 "실용주의적 '자유주의자(liberalist)'였다."[5] 그는 "전통문화가 현실 생활에서 나타내는 각종 폐단은 바로 그것의 보수성과 낙후성이라는 내재적 본질을 드러낸 것"이라고 생각하였다.[6] 그런 까닭에 그는 '전반서화론'(全般西化論)을 주장하였다.[7]

---

2) 김창규, 「『新靑年』의 신문화운동과 중국의 근대성」, 호남사학회, 『역사학연구』 59, 2015, 202쪽.
3) 조경란, 「중국 근대의 자유주의 문제-그 전체상에 대하여」, 중국철학사상연구회, 『시대와 철학』 제12권 1호, 2001, 245쪽.
4) 같은 논문, 243쪽.
5) 韓知延, 「1940년대 말 胡適 자유주의의 실천적 함의」, 중국어문논역학회, 『중국어문논역총간』 제51집, 2022, 95쪽.
6) 정가동, 『현대신유학』, 한국철학사상연구회 논전사분과 옮김, 예문서원, 1994, 39쪽.
7) "보수적 절충론에 반대하는 후스의 강력한 어조로 인해 Wholesale Westernization이 '전반서화'로 이해되기 시작했으며, 한편 서구화에 반대하는 학자들에 의해 비판의 대상이 되었다. 하지만 실제로 전반서화론이 형성된 것은 천쉬징이 민국 21년발표한 「중국문화의 출로」라는 글에서였다. 그런데 "전반(全般)"이라는 말로 인해 당시는 물론이고 이후 많은 이들이 서양의 것을 그대로 답습하는 것이라고 오해를 삼에 따라, 후스는

　호적의 자유주의 이론체계는 "독립된 인격에 기초한 개인주의와 자유주의"를 주장하였다.[8] 그렇지만 이것은 "독선적 개인주의"가 아니라 "독립사상을 갖고 자기 사상에 대해서 완전하게 책임을 지는 진정한 개인주의(眞的個人主義) = 개성주의(individuality)에 근거한 것이다."[9] 즉 이것은 "사회의식을 갖는 사회적 개인"이다.[10] 따라서 호적이 말하는 개인주의는 고전적 개인주의가 아닌 사회적 개인주의라고 말할 수 있다.[11] 그런 까닭에 호적은 1940년대에 국민당과 공산당에 모두 비판적이었다.[12] 그런데 그런 그가 대만으로 옮긴 뒤에는 결국은 국민당에 협력하는, 즉 독재 폭력을 쓰는 국민당 정부를 인정하는 어용학

　　1935년 7월 9일 「천쉬징 선생에게(答陳序經先生)」라는 서신에서 해명하기를, 자신이 사용한 "전반"이라는 용어는 "충분"이라는 뜻으로, 서양의 것을 배우기 위해 전력을 다해 노력하자라는 의미였다고 해명하였다. 그러나 그럼에도 불구하고 오사시기 당시에는 "전반서화"에 대한 그러한 오해는 풀리지 않았다고 할 수 있다." (김현주, 「중국 특색의 자유주의의 탄생: 중국 근대 전통을 둘러싼 전반서화파(全般西化派)의 입장변화를 중심으로」, 20쪽.)

8) 조경란, 「중국 근대의 자유주의 문제-그 전체상에 대하여」, 250쪽.
9) 같은 논문, 251쪽.
10) 胡適, 「非個人主義的新生活」, 蔡尙思 主編, 『中國現代思想史資料簡編』(第1卷), 浙江人民出版社, 1980, 324쪽. (조경란, 「중국 근대의 자유주의 문제-그 전체상에 대하여」, 251쪽. 재인용.)
11) 조경란, 「중국 근대의 자유주의 문제-그 전체상에 대하여」, 252쪽.
12) 韓相延, 「1940년대 말 胡適 자유주의의 실천적 함의」, 99쪽. "이 시기 후스는 당시 국민당의 훈정강령(訓政綱領)을 겨냥하여 사상의 자유를 속박하는 모든 명령, 제도 기관의 폐지와 함께 통일된 사상과 당화교육(黨化教育)을 취소하라는 비난을 서슴지 않았다. 또한 계급투쟁이라는 명분으로 '불관용적'·'반자유적인' 정치제도를 만들어내고, 폭력과 강제력으로 이를 유지하고자 했던 공산당의 정치투쟁 방식에도 일침을 가했다. 후스가 당시 국민당 일당 독재에 날 선 반응을 보이고, 공산당에 대해서도 적대적이었던 이유는 '불관용적'이고 '비민주적인' 통치방식이 사상과 언론의 자유를 심각하게 침해했을 뿐만 아니라, 근본적인 개혁을 저해하는 장애물이었기 때문이다."

자가 되었다.13)

은해광은 중국에는 자유주의가 "선천적으로 부족하고 후천적으로 잘못했다"(先天不足, 後天失調)고 지적하였다.14) 그렇지만 이것은 중국의 자유주의자가 '자유'를 제시한 것 자체가 잘못됐다는 것을 의미하지는 않는다. 다만 이 '자유'의 문제를 제기한 방식, 시대적 상황 등이 그런 문제를 제기하는데 불리한 것이었을 뿐이다. 은해광이 지적한 것처럼, 독재정치[極權勢力]가 횡횡하였던, 그리고 여전히 횡횡하고 있는 중국에서 이처럼 '자유'를 주장한 것은 매우 큰 의미가 있다. 이러한 자유주의(자)의 주장은 특히 당시에 지배 이데올로기였던 유학에 더 직접적인 비판이었다.

중국 자유주의(자)는 5·4운동 시기 중국이 처했던 시대적 상황과 밀접한 관계가 있다. 그러므로 중국 초기 자유주의(자)라고 말할 수 있다. 중국에서 자유주의가 뿌리를 내릴 수 없었던 것은 중국의 전통문화에 자유와 평등의 사상이 부족한 점, 시대적 상황이 자유와 평등을 논의할 만한 충분한 공간이 없었다는 사실에서 기인한다.15) 그렇지만 더 근본적인 원인은 자유주의(자)의 '전통'에 대한 전반적인 부정 때문이다. 우리가 잘 알고 있는 것처럼, "전통이란 한 사회가 오랜 시간에 걸쳐 형선된 사상, 문화, 제도 등이 한데 어우러진 복합적 통일체이다."16) 그런 까닭에 "전통이란 여러 세대에 걸쳐 장기간에 형성된 것이므로, 하나의 전통에 속한 사람들은 불가피하게 그 속에서 공통된 가치와 신념을 고

---

13) 조경란, 「중국 근대의 자유주의 문제-그 전체상에 대하여」, 256-257쪽.
14) 김현주, 「중국 특색의 자유주의의 탄생: 중국 근대 전통을 둘러싼 전반서화파(全般西化派)의 입장변화를 중심으로」, 18쪽.
15) 위와 같음.
16) 같은 논문, 19쪽.

유하게 된다."17) 이처럼 '전통'이란 그 '전통' 문화에 속하는 사람들의 '공통된 가치와 신념'으로 그들의 '정체성'을 형성한다. 그런데 그런 '전통'을 부정한다는 것은 중국의 '자유주의(자)'가 설 기반을 상실했다는 것을 의미한다. 자신의 '전통'을 부정하고 무엇을 가지고 자신의 '정체성'을 채울 수 있다는 말인가? 그것은 전혀 현실성이 없는, 그래서 결과적으로 실패할 수밖에 없는 길이었다.

지금의 상황은 이와 다르다. 특히 1980년대 중국이 개혁개방을 시작한 뒤의 중국 상황은 중국의 전통을 부정하는 것은 별 의미가 없는, 아니 오히려 매우 위험한 것으로, 비판의 대상일 뿐이다. 물론 이들 중국 자유주의(자)가 고민했던 문제, 즉 전통문화의 위험성에 대한 경고는 여전히 의미가 있다. 다시 말해, 중국 전통의 유학이 보여준 인간 억압의 문화에 대한 자유주의(자)의 비판은 지금도 유효하기 때문이다. 그러므로 만약 현대 신유학이 과거 전통 유학에서 나타난 문제점에 대한 고민, 그리고 그 극복을 노력하지 않는다면 중국 현대 신유학은 과거의 유학이 보여준 '사람을 잡아먹는 예'라는 비판을 다시 받게 될 것이다.

조경란은 중국 자유주의(자)의 한계에 대해 이렇게 평가하였다.

중국의 자유주의의 인입은 많은 부분 중국 사회의 이성적 개조화라는 목적인 의도하에 진행된 것이었다. ①중국의 자유주의는 그 배경에 부르주아 계급이 있었던 서양과는 달리 자본주의적 사회관계 속에서 자연스럽게 탄생된 것이 아니었다. 따라서 부르주아의 형성이라는 경제적 배경과 그들의 가치 실현이라는 서구적 모델로 중국 자유주의의 성격을 설명하기는 힘들다. ②자유주의는 또한 중국 근대 이전의 전통적 사고방식과도 거리가 있었다.

---

17) 위와 같음.

……이러한 여러 가지 요소 때문에 ③중국 근대의 자유주의는 경제적 자유주의, 정치적 자유주의의 성격보다는 <u>의지적 자유주의, 도덕적 자유주의의 특징</u>을 갖게 되었다고 볼 수 있다.[18] (번호와 강조는 인용자)

오늘날 중국 대륙에서 공산당 정치체제에 의한 '유학 부흥'은 매우 위험한 '국가 이데올로기'의 성격이 강하다. 이것은 중국 자유주의(자)가 매우 우려했던 일이다. 그러므로 현재 중국에서 정부가 주도하는 '유학 부흥'에 대해서는 중국 자유주의(자)가 했던 비판적 시각을 가지고 바라보아야 한다.

20세기 초반 5·4운동 시기와는 달리, 지금은 어떻게든 중국 '전통'을 현대에 되살려야만 한다. 그렇지만 이 과정에는 취사선택과 이론적 정당성을 획득해야 한다. 여기에서 핵심문제는 당연히 중국의 전통사상과 서양의 '민주'·'과학'으로 대표되는 서양문화의 결합/융합이다. 그리고 오늘날 중국에서 '자유주의' 또는 '신자유주의' 계열의 학자들은 그 흐름이 비교적 복잡하다. 이 문제에 관하여 여기에서는 논의하지 않는다.

2. 마르크스주의

근대 중국은 손문에 의한 신해혁명을 통해 오랫동안 이어졌던 왕정체제를 무너뜨렸다. 그러나 다른 한편으로 중국의 사회주의 사상도 싹트고 있었다.

중국 공산당은 1921년 7월 상해에서 창당하였다. 초기 주요 인물은

---

18) 조경란, 「중국 근대의 자유주의 문제-그 전체상에 대하여」, 263-264쪽.

진독수(陳獨秀, 1879-1942), 이대조(李大釗, 1889-1927), 모택동(毛澤東, 1893-1976), 주은래(周恩來, 1898-1976) 등이 있다. 중국 공산당은 국민당과의 내전에서 승리하여 1949년 중화인민공화국을 세웠다.

중국 공산당 정부가 중국 대륙을 지배하는 동안 1950년대에는 대약진운동(大躍進運動)을 진행하였고, 또 1966년부터 1976년까지는 문화대혁명(文化大革命, Cultural Revolution)이 있었는데, 이 둘은 모두 중국 현대사에서 일어난 '대참사'였다. 1978년부터는 개혁개방정책을 실행하여 자본주의 체제로 이행하였다. 그런데 중국은 이것을 '중국 특색의 자본주의'라고 말한다. 정치체제는 여전히 중국 공산당 일당에 의한 지배 체제가 이어지고 있다.

현재 중국을 지배하는 이데올로기는 마르크스주의이다. 그 속에는 모택동주의 등과 같은 중국 공산당 내부에서 자생한 사상도 포함한다. 그렇지만 역사적으로 이미 많은 문제점을 노출하였다. '새로운 황제들'이라는 표현이 말하는 것처럼, 중국 공산당 일당 체제는 1인 독재 체제를 보여줬을 뿐이다. 이것뿐만 아니라 마르크스주의가 현실적으로 중국정치를 지배하는 이데올로기이지만, 그것은 중국의 전통 철학, 즉 현대 신유가처럼 결코 영속적일 수 없다. 이 이데올로기 역시 중국의 전통철학과 융합이 되어야만 살아남을 수 있을 것이다. 그렇지 않으면 중국에서 마르크스주의는 한 시대를 풍미했던 지배적 정치 이데올로기로 끝나게 될 것이다. 그것은 지난 20세기 1949년 중화인민공화국의 성립 이후 중국의 정치 지배 과정에서, 그리고 21세기 현재도, 이미 그리고 여전히 그 한계를 보여주고 있기 때문이다.

오늘날 중국은 공산당 일당 지배라는 정치 체제와 자본주의적 경제 체제(그들이 아무리 중국 특색의 자본주의라고 선전한다고 하더라도) 사이에는 너무도 큰 틈이 존재한다. 중국 공산당 정치 체제는 과연 이 러한 틈, 즉 정치 체제와 경제 체제의 틈을 어떻게 조화롭게 극복할 것인지 이 문제가 관건이다. 그렇다고 해서 간단히 현재의 자본주의 체제로 편입하는 방식은 정당화될 수 없다. 중국의 정치 체제와 자본 주의라는 경제 체제의 모순을 융합, 즉 사회주의 일당 체제라는 정치 와 온갖 모순이 팽배한 자본주의 경제 체제를 넘어서는 새로운 제3의 길을 모색해야 할 것이다.

3. 현대 신유학

서양 제국주의 침략으로 중국은 전통문화와 서양문명의 '민주'와 '과학'이라는 두 가지 측면을 어떻게 융합할 것인가라는 문제에 직면 하게 되었다.

현대 신유가는 5·4 이후 중국과 서양을 회통하고, 유가 사상의 현대 화를 추구하는 것을 임무로 삼았다.[19] 이 "현대 신유가는 근대 이래 5·4를 거치면서 파괴된 중국문화의 정신을 부흥시키는 길만이 중국을 구하는 길이고 나아가 현대화로 나가는 바른길이라고 믿었다."[20] 이 문제를 해결하는 것이 중국 현대 신유학의 과제였다.

---

19) 같은 책, 18쪽.
20) 유동환, 「현대신유가의 유가심성론 재건에 대한 시론적 연구」, 한국철학 사상연구회 논전사분과, 『현대신유학 연구』, 동녘, 1994, 87-88쪽.

현대 신유가가 직면한 문제는 서구의 정치경제적·문화적 침탈로 전통적인 가치체계가 해체되어가는 국면이었으며, 신유학자들은 위로는 송명유학을 계승하고 성야문화에 대한 소화·흡수를 통하여 유학의 현대적 발전을 실현하려 하였다.[21]

오늘날에도 이러한 상황은 현재진행형이다.

중국 유학은 유학의 특징을 '내성외왕'(內聖外王)이라는 개념으로 표현한다. 그런데 현대 신유학은 이 '내성외왕'이라는 개념을 사용하여 유가의 '도덕심성론'(내성)으로부터 서양의 '과학과 민주'(신외왕)를 이끌어낸다는 의미로 재해석하였다.[22]

(1) 현대 신유학의 개념

현대 신유학이란 무엇인가? 그런데 사실 "현대 신유가의 사상을 하나의 일관된 체계로 설명하기란 어렵다. 왜냐하면 그들은 하나의 유파를 형성한 것이 아니며, 정치적으로도 동일한 입장을 취하고 있지 않기 때문이다."[23] 그렇지만 대략적으로 정의한다면 중국 현대 신유학은 중국의 전통 철학, 특히 송명리학의 심성지학(心性之學)을 중심으로 서구의 근대철학을 받아들이고, 그것을 가지고 중국문화의 현대화를 모색하는 것이라고 말할 수 있다.[24] 그러므로 큰 틀에서는 중체서용의

---

21) 정가동, 『현대신유학』, 21쪽.
22) 유동환, 「현대신유가의 유가심성론 재건에 대한 시론적 연구」, 87쪽. 각주 1 참조.
23) 이상호, 「현대신유학(現代新儒學)이란 무엇인가」, 한국철학사상연구회 논전사분과, 『현대신유학 연구』, 동녘, 1994, 16쪽.

형식을 벗어나지 않는다. 이것은 달리 말하면 중국의 전통과 서양의 근대('민주'와 '과학')를 융합하는 것이다. 그러므로 중체서용의 틀을 버릴 수도 없다. 그렇지만 간단히 중체서용이라는 틀로만 이해해서도 안 된다. 이 중체서용은 더욱 다양한 변화가 가능하기 때문이다.

현대 신유학의 형성 과정에는 '동서문화 논쟁'[東西文化論戰, 중국문화와 서양문화의 논전]과 '과현 논쟁'[科玄論戰, 과학과 인생관 논전]이라는 두 차례 큰 논쟁이 있었다.25) 우리는 이 두 차례의 논쟁을 통해 현대 신유학의 의미를 어느 정도 가늠할 수 있다.

동서문화논쟁은 세 시기로 나눌 수 있다.26) 첫째 1915년 『신청년』 창간에서 1919년 5·4운동이 끝날 때까지 신문화운동이 흥기하던 시기이다. 이 시기에는 동서문명의 우열을 비교하고 동서문화의 차이를 나타내는 대립한 두 문화관이 있었다. 둘째, 1919년 5·4운동 이후이다. 이 단계는 동서문화의 조화를 물었다. 셋째, 양계초가 『구유심영록』을 발표하고, 양수명이 『동서문화와 그 철학』을 출판한 시기로 봉건 문화, 자본주의 문화, 사회주의 문화의 관계에 대한 논쟁이 진행되었다.

과현(科玄) 논쟁은 장군매(張君勱, 1887-1969)와 정문강(丁文江, 1887-1936) 두 학자를 중심으로 있었던 과학과 인생관 문제의 논쟁이다. 장군매는 인생의 문제는 과학으로 해결할 수 없다고 주장하였다. 그러나 정문강은 인생의 문제 역시 과학으로 해결할 수 있다고 말하였다.

---

24) 같은 책, 22쪽.
25) 같은 책, 16쪽.
26) 김제란, 「동서문화 논쟁과 현대신유가」, 한국철학사상연구회 논전사분과, 『현대신유학 연구』, 동녘, 1994, 69쪽.

(2) 현대 신유학의 구분

현대 신유학의 범위, 유형, 세대 구분에는 학자마다 약간의 차이가 있다.

현대 신유학의 세대를 구분할 때 가장 일반적인 방법은 '3세대'설이다.[27] 제1세대는 웅십력(熊十力)·양수명(梁漱溟)·장군매(張君勱)·풍우란(馮友蘭)·하린(賀麟) 등이다. 제2세대는 전목(錢穆)·당군의(唐君毅)·모종삼(牟宗三)·서복관(徐復觀)·방동미(方東美) 등이다. 제3세대는 두유명(杜維)·유술선(劉述先) 등이다. 그렇지만 이 구분은 절대적인 것이 아니다.

오광(吳光)은 「유학의 쇠락과 전형을 약론함」에서 제1세대는 양수명·장군매·웅십력·하린, 제2세대는 모종삼·당군의·서복관이며, 제3세대는 두유명·유술선이라고 하였다.[28]

방극립(方克立)은 「현대신유가 연구에 관한 몇 가지 문제」에서 제1대와 제2대는 양수명·장군매·웅십려·풍우란·하린·전목·방동미·당군의·모종삼·서복관이라고 하였는데, 이 가운데 장군매와 전목은 1대와 2대에 걸쳐 활동한 인물이라고 하였다.[29] 그는 1920년대-1940년대는 양수명·장군매·웅십력·하린, 1950년대-1970년대는 당군의·모종삼·서복관·방동미·전목 등과 1980년대 이후 국제 학계에서 활약하기 시작한 두유명·유술선 등이 있다고 하였다. 그는 이들이 각각 현대 신유가의 제1세대·제2세대·제3세대에 속한다고 생각하였다.[30].

그런데 여기에서 해명해야 할 문제는 1대와 2대를 구분하는 기준이

---

27) 이상호, 「현대신유학(現代新儒學)이란 무엇인가」, 29쪽.
28) 위와 같음.
29) 같은 책, 30쪽.
30) 정가동, 『현대신유학』, 19쪽.

무엇인가 하는 점이다. 한 사람이 1대와 2대에 걸쳐 활동했다는 말은 1대와 2대를 구분할 어떤 기준이 인물이 아닌 다른 것에 있음을 시사하기 때문이다. 정가동은 『현대신유학개론』에서 제1대는 양수명·장군매·웅십력이고, 제2대는 풍우란·하린·전목이며, 제3대는 모종삼·당군의·서복관이고, 제4대는 두유명·유술선·채인후(蔡仁厚)라고 하였다.[31] 그는 제1세대는 "동서문화의 대립·차이를 강조"하였고, 제2대는 "동서문화의 같음에 주의를 기울여 동서문화·철학의 결합점에 기울였다는 것"이며, 제3대는 "서양의 철학·문화에 대한 이해가 앞세대보다 뛰어나며, 분명하게 반본개신(返本改新)이라는 사상 강령을 주장하고 개출신외왕(開出新外王)을 자신들의 중요한 이론적 임무로 삼았"고, 제4대는 "신유가의 이론을 5·4 이후 근대화·현대화를 추구한 경험적 교훈에 대한 총괄적인 결론을 결합시키는데 주의를 기울이고 있으며, 현실감이 더욱 풍부하다는 것이다."[32]

이상호는 정가동의 입장에 동조하면서도 또 이렇게 비판적으로 말하였다.

이 가운데 기본적으로 현대 신유가 범위 구분에서 정가동이 주장한 4세대설이 가장 타당하다고 할 수 있다. 그러나 그것은 정가동이 의도적으로 현대 신유가의 사회정치적 성격을 사상시킨 것과는 인식을 달리한다. 제1대와 제2대는 그들의 문화 인식이나 철학 이해의 측면에서 구분되는 것은 분명하다. 그리고 이들과 제3대의 인물들과의 구분에서 볼 때 제1, 2대의 인물들 대부분은 대륙에 남았지만 제3대의 인물들은 그렇지 않았다는 점이 더욱 중요하다. 예를 들어 양수명은 중국 내전에서 모택동의 손을 들어줌으로써 모택동이 결정적인 승기를 잡는 데 커다란 역할을 했고, 제3대의 인물

---

31) 이상호, 「현대신유학(現代新儒學)이란 무엇인가」, 31쪽.
32) 같은 책, 31쪽.

들은 전대의 인물들과는 달리 철학을 완전히 강당화시켰다.33)

이처럼 중국 현대 신유학의 세대 구분은 약간 복잡한 측면이 있다.

중국 현대 신유학의 시기 구분은 두 가지 측면을 모두 고려해야 할 것이다. 첫째, 역사적 변화이다. 둘째, 이론의 변화이다. 이 둘은 서로 뒤얽혀 있기 때문이다. 이론과 실천이라는 양 측면을 나타낸다. 역사적 변화, 즉 실천 기반의 변화는 이론의 변화를 요구하고, 이론의 변화는 현실의 변화를 통해 실현되기 때문이다. 그러므로 이 두 측면을 동시에 고려하지 않으면 이론과 실천 두 측면 모두 불완전할 수밖에 없다. 첫째, 역사적 변화이다. 이것은 실천적 기반/상황의 변화이다. 필자가 생각하기에 역사적/실천적 토대의 변화는 세 단계로 구분할 수 있다. 첫째, 1920년대 5·4 신문화운동 시기에서 1949년 중화인민공화국의 성립 때까지이다. 둘째, 1949년부터 1978년 개혁개방 시기까지이다. 셋째, 개혁개방 이후 현재까지이다. 둘째, 중국 현대 신유학 이론의 변화이다. 중국 역사의 시대적 상황 변화에 따라 이론 역시 변화할 수밖에 없었기 때문이다.

정가동은 중국 근대 이래 중체서용론은 3단계·3유형으로 나눌 수 있다고 말한다.34) 첫째, 사회·정치 측면의 중체서용론이다. 이것은 중체서용론의 초기 형태로 장지동이 대표적이다. 서양문화는 '용'은 있지만 '체'는 없으며, 중국문화의 위기는 물질과 제조의 측면에 속하는 문제이므로 양무(洋務)에 힘써야 한다. 두 번째, 문화 측면의 중체서용론이다. 양수명이 대표적이다. 동서문화는 서로 장점이 있는데, 서양은 물질문명, 동양은 정신문명에 장점이 있다. 서양의 과학 기술과 민

---

33) 같은 책, 31-32쪽.
34) 정가동, 『현대신유학』, 50쪽.

주정치를 받아들일 것을 주장하지만 동양의 윤리 정신과 인생 태도로 이끌 것을 주장한다. 셋째, 철학 측면의 중체서용론이다. 모종삼 등 홍콩 대만의 학자이다. 철학은 형이상학으로 종교적 효능도 발휘할 수 있다. 따라서 중국철학은 철학이 곧 종교이고 도덕이 곧 종교인 일종의 도덕적 종교이다.

이 단락에서 우리가 논의할 핵심문제는 정가동이 말하는 세 번째 단계/유형에 해당하는 '철학 측면의 중체서용론'이다. 우리는 오늘날 중국 현대 신유학 역시 이 중체서용이라는 틀에서 벗어나지 못하였고, 또 벗어날 수 없다고 생각한다. 왜냐하면 지금도 중국은 '전통'이라는 "'낡고 오래된 것'을 버릴 수도 방치할 수도 없는 곤혹스러운 상황"과 서양의 근대라는 "중국의 미래를 포기"할 수도 없기 때문이다.35)

신문화운동 지도자들은 반전통의 기치를 내걸고 격렬하면서도 철저하게 전통을 축출하려 했지만, '**낡고 오래된 것**'을 **버릴 수도 방치할 수도 없는 곤혹스러운 상황**이었다. **버린다는 것은 자신을 부정하는 것**이었고, **방치하는 것은 중국의 미래를 포기하는 일**이었기 때문이다. 이런 곤혹스런 상황에서 '**전통의 처분과 재구성**'은 중국의 근대성을 읽는 중요한 테제라 할 수 있다.36) (강조는 인용자)

중국 현대 신유학 역시 이와 마찬가지의 상황이다. 현대 신유학은 '전통의 처분과 재구성'에서 취사선택을 할 수밖에 없다. 그러나 "낡고 오래된 것"인 '전통'을 부정·방치하는 것은 가능한 일이 아니다. 왜냐하면 현대 신유학 그 자체가 '전통' 문화의 핵심이었기에 때문이다. 그러므로 우리가 생각하기에 그 유일한 모색의 길은 '전통'의 변화와

---

35) 김창규, 「『新靑年』의 신문화운동과 중국의 근대성」, 199쪽.
36) 위와 같음.

서양의 '민주'와 '과학'의 결합/융합이 있을 뿐이다.

제2절 서양문명에 대한 현대 신유학의 반응

현대 신유가는 중국 전통의 심성론을 이용하여 서양철학과 융합하려고 하는데, 유가의 '천인합덕'(天人合德)의 본체론, '내외합덕'(內外合德)의 이상정치, '성명능합'(誠明能合)의 인성수양, '지행합일'(知行合一)의 실천철학을 재건하여 '내성'에서 과학과 민주라는 '신외왕'을 이끌어낸다고 주장하였다.37) 이것은 "전통과 현대화 사이에 교량을 놓아 중국적인 특색을 갖춘 현대화의 길을 모색해야 한다"는 것이다.38)

모종삼은 유학 제3기 발전의 사명을 세 방면으로 귀결하였다.

> 첫째, 도통(道統)의 긍정이다. 곧 도덕 종교의 가치를 긍정하여 공자와 맹자가 펼쳐내 보인 인생과 우주의 근본을 유지·옹호하는 것이다. 둘째, 학통(學統)의 개창이다. 이것은 '지성 주체'를 이끌어 내 그리스의 전통을 융합함으로써 학술의 독립성을 개창하는 것이다. 셋째, 정통(政統)의 계승이다. 이것은 정치 체제의 발전에 대한 인식을 거쳐 민주정치가 필연이라는 것을 긍정하는 것이다.39)

'도통의 긍정'은 근본으로 되돌아가는 일종의 반본(返本)의 작업이며, '새로운 것을 열려면'(開新) 유가의 도덕 정신을 외왕(外王)의 사업

---

37) 유동환, 「현대신유가의 유가심성론 재건에 대한 시론적 연구」, 89쪽.
38) 위와 같음.
39) 정가동, 『현대신유학』, 58-59쪽.

에 실제로 실현해야 한다. 여기에서 외왕은 과학과 민주를 의미한다.[40]

그런데 위정통(韋政通)은 "현대 신유가가 도덕형이상학 방면에서 이미 전례 없는 성취를 거두었지만, 그들이 이러한 기초에 근거해서 신문화문제를 해석할 때 큰 어려움을 직면하게 된다"고 한다.[41] 문제는 "개창(創新)은 반드시 그것이 본래 가지고 있던 것에 의거해야 하며, 그렇게 하지 않으면 텅 비어 개창할 수 없게 된다"는 점이다.[42]

모종삼은 중국 역사상 "다스리는 도는 있어도 정치하는 도는 없었다"고 생각하였다. '다스리는 도'(治道)와 '정치하는 도'(政道)에서 '정치하는 도'는 정권을 어떻게 조직하고 행사할 것인가라는 문제와 관계되어 있으며, '정치하는 도'는 정권의 성질이나 귀속 및 전이의 문제와 관계되어 있다.[43] 모종삼은 현 단계에서 '정치하는 도'의 문제해결은 바로 민주적인 정치체제를 건립하는 것이고, 이것은 바로 '새로운 외왕'에 있어서 '새로움'의 중요한 내용이다.[44]

모종삼은 다음과 같이 말한다.

모름지기 오로지 도덕교화의 형태로 황제를 제한하는 것은 충분치 않으며, '천자로부터 서인에 이르기까지 한결같이 모두 수신을 근본으로 삼고' 성인이 되기를 기약하면서 마음을 바르게 하고 뜻을 정성스레 하는 것으로는 임금과 백성들 간의 진정하고도 객관적인 정치 관계의 건립이 어렵다는 것을 알아야 한다. 이것은 곧 이전 유학자들이 말한 외왕이 불충분하며 한

---

40) 같은 책, 60쪽.
41) 같은 책, 61쪽.
42) 같은 책, 61쪽.
43) 같은 책, 62-63쪽.
44) 같은 책, 63쪽.

걸음 더 나아갈 필요가 있음을 나타내준다.45)

나는 지금의 인문주의는 반드시 근대화한 국가의 정치·법률의 건립이라는 의미, 곧 외왕의 재건이라고 말할 수 있는 의미를 포함하여야 하며, 이것은 바로 오늘날 유가 학술의 제3기 발전이라는 사명을 구성한다.46)

다음은 채인후(蔡仁厚)의 말이다.

직접 내성으로부터 외왕을 이끌어낸다는 이전의 이론은 오늘날 보기에 이미 어렵다는 것이 분명하게 드러났기 때문에 반드시 새로운 이론과 내용이 있어야 한다. 이 책에 있어서 유가의 내재적인 요구와 목적(己立立人·兼善天下·開物成務·利用厚生)은 반드시 민주적인 정치체제의 건립과 과학기술의 발전을 완성시킬 것을 요구한다. 따라서 오늘날 외왕이라고 말하는 것은 반드시 민주와 과학상에서 말해야 한다.47)

모종삼은 유가 철학은 비록 인(仁)과 지(智)의 통일을 말하고 있지만, 실제로는 '지'를 '인'에 통일시키고 "인으로 온통 뒤덮은 채, 지를 거기에 예속시키려고"들 뿐이라고 지적하였다. 따라서 '인의 계통'만 성취했을 뿐, 이것과 상대되고 독립적인 '지의 계통'을 낳을 수는 없었다. 유가 철학이 도덕 주체를 중시하고 지성 주체를 소홀히 한 것은 과학이 발전할 수 없었던 까닭이다.48)

중국에서는 1980년대, 즉 개혁개방 초기에 '문화열'(文化熱)의 열풍이 있었는데, 이 기간에 기본적으로 네 가지 입장이 있었다.49) ①'철

---

45) 같은 책, 63쪽.
46) 같은 책, 63쪽.
47) 같은 책, 63쪽.
48) 같은 책, 64-65쪽.

저 재건론', ②'서체중용론', ③'비판계승론', ④'유학 부흥론'이다. 여기에서 '유학 부흥론'은 '비판계승론'에서 가장 중요한 입장이다. 그러므로 '유학 부흥론'은 비판계승론에 포함된다. 이 네 가지 시각은 모두 중국 전통문화에 관한 다양한 관점을 나타내는데 모두 중국의 '전통'과 서양의 '근대'에 대한 서로 다른 이해를 보여준다.

제3절 현대 신유학에 대한 평가

중국 현대 신유가는 "자유주의—서화파가 중국의 전통문화를 간단히 부정하고 '현대화=서구화'라고 주장한 단편적인 관점을 맹렬히 비판하였다."[50] 그러나 그렇다고 현대 신유가 역시 서구 문화를 완전히 부정하는 것 역시 아니다. 설령 그렇게 하려고 해도 그것은 전혀 불가능한 일이다. 우리는 그 폐단을 중국 자유주의(자)의 전반서화론에서 확인할 수 있다. 사실 "현대 신유가가 받아들이는 진로는 전통적이면서도 현대적이고, 개체적이면서도 민족적이다."[51]

이상호는 현대 신유학의 연구 방향을 네 가지로 분류하였다.[52] 첫째, 사회주의 혁명을 절대적 기준으로 유심론과 유물론이라는 종래의 방법에 기초하였다. 둘째, 중국 내 비판계승론의 입장을 가진 중국철학 연구자들의 연구 경향이다. 셋째, 유학 발전의 새로운 지평을 연 것으로 연구하는 경향이다. 넷째, 현대 신유가를 민주와 과학이라는

---

49) 이상호, 「현대신유학(現代新儒學)이란 무엇인가」, 8쪽.
50) 유동환, 「현대신유가의 유가심성론 재건에 대한 시론적 연구」, 89쪽.
51) 정가동, 『현대신유학』, 24쪽.
52) 이상호, 「현대신유학(現代新儒學)이란 무엇인가」, 32-37쪽 참조 요약.

근대적 이념에 기초하여 비판적으로 연구하는 방법이다. 그렇지만 "결론적으로 말해서, 현대 신유가를 기본적으로 서양철학 사상과의 융합을 통한 전통 유가의 현대화 시도라고 볼 때, 동서양 문화의 조화, 융합—그것도 동양 전통을 기반으로 한—을 말하는 현대 신유가는 분명히 동방문화파의 맥을 그대로 잇고 있다고 할 수 있다."53)

정가동은 "내성으로부터 새로운 외왕을 이끌어낸다"는 사상노선이 과연 서양문화에 대해 창조적 성격을 지닌 회답을 할 수 있을 것인지 묻는다. 다시 말하자면 유가의 내성학이 근대과학과 민주의 형이상학적 기초가 될 수 있을 것인가?54)

현대 신유가는 중국문화의 발전이 근대적 의미의 민주적 정치 체제의 출현을 끌어내지 못한 것은 사실이라고 인정한다. 그렇지만 이것은 중국문화가 근원적으로 민주와 과학이 부족함을 말하는 것은 아니라고 한다. 즉 중국문화에는 민주적인 싹이 적지 않으며 민주정치는 근본적으로 중국문화의 도덕 정신이 스스로 발전해간 내재적인 요구라고 말한다.55)

그렇다면 서양문화의 충격이 없었다면 중국문화는 자생적으로 민주와 과학을 발전시킬 수 있었다는 의미인가? 만약 그렇다면 굳이 '신외왕'을 따로 말할 필요가 없지 않은가? 즉, 시간적 선후의 문제에 불과하다면 오히려 전반서화론자(全般西化論者)의 입장처럼 부지런히 서양문화를 배우는 것이 타당할 것이다. 그런데 양수명은 중국문화가 걸어가는 길은 다른 길로, 그 스스로의 논리적 발전을 따를 것 같으면 서

---

53) 김제란, 「동서문화 논쟁과 현대신유가」, 85쪽.
54) 정가동, 『현대신유학』, 62쪽.
55) 같은 책, 62쪽.

양의 과학과 민주는 출현할 수 없다고 생각한다.[56]

만약 양수명의 입장에 서서 본다면, 현대 신유가는 그들이 말하는 중국 전통문화와 민주·과학의 관계를 논리적으로 설명해야만 한다. 왜냐하면 장군매(1887-1969)와 서복관(1903-1982)은 유가의 윤리 정신을 헌법상에 실현하는데 온 힘을 쏟았는데, 그들은 객관적인 법률의 보호가 없으면 전통의 덕치와 민본사상은 필연적으로 억눌림과 왜곡을 당하게 된다고 생각하였기 때문이다.[57]

현대 신유가는 전통적인 심성론, 특히 송명리학의 심성본체론에 대해 비판을 전개하지 않았을 뿐만 아니라 도리어 서양의 관념론 처락의 관점을 이용해서 새롭게 우주본체의 의의를 갖는 도덕형이상학을 건설하고, 전통적 도덕직각을 강조하고 논리이지의 작용을 폄하하여 형이상의 심성본체를 허구적으로 만들어냈다. 이러한 도덕형이상학의 심성본체론은 현대 신유가가 말하는 중국 전통철학에 결핍된 이지적 인식을 보충한다는 입장에 도움이 안 될 뿐만 아니라 과학과 민주의 '신외왕'을 펼쳐낼 수도 없다.[58]

류근성은 『현대 신유학의 인문정신』 책머리에서 현대 신유학의 문제에 대하여 다음과 같이 말한다.

①유심론의 관념성, ②사회·경제적 배경에 대한 경시, ③중화민족 우월주의, ④유학에 대한 종교적 해석, ⑤현대사회의 다양성을 담아내기에는 벅차 보이는 형이상학적 성격 등은 앞으로 해결해야 할 과제들이라 하겠다.[59]

---

56) 같은 책, 62쪽.
57) 같은 책, 62쪽.
58) 유동환, 「현대신유가의 유가심성론 재건에 대한 시론적 연구」, 90쪽.
59) 류근성, 『현대 신유학의 인문정신』, 전남대학교 출판부, 2002, 8쪽.

(번호와 강조는 인용자)

류근성은 "중국은 도덕 형이상학의 내성으로 과학·민주의 신외왕을 산출하여 현대화 문제를 해결해야 한다."60)고 말한다. 그런데 그는 또 다음과 같이 말한다.

유학이 갖는 현대적 의미를 묻는 것은 이제 진부한 물음이 되었다. 실천 성을 근본으로 하는 **유학이 그 실천적 토대를 상실한** 지는 이미 **오래전의** 일이며, 여기에 현대유학의 난점이 있다. 그러나 전통문화와 유학의 활로는 어디에 있는가 하는 질문은 여전히 유의미하며 중요하다.61) (강조는 인용 자)

기본적으로 "중체서용"의 논리에는 "중화민족 우월주의"가 숨어있 다. 중국 사회주의 정권이 자본주의와의 결합 과정에서 현대 신유학에 주목하는데, 만약 현대 신유가가 민주·과학에 대하여 고민하여 중국 전통문화(유학)에서 해석하지 못한다면 현대 신유가는 중국 패권주의 (중화민족 우월주의, 중화주의)에 이론적 도구로 전락할 것이다. 현대 신유가는 그 체와 용의 범위를 초월해야 하지 않는가? 즉 하린의 말 처럼 중학의 체와 용이 있다면, 서학의 체와 용이 있을 텐데, 지금 나 타나고 있는 현상으로 볼 때, 현대 신유가는 여전히 중체서용의 형식 을 띠고 있다. 이 이면에는 중화민족 우월성을 드러낸다.

현대 신유가는 유가 철학에서 민주·과학이 왜 나올 수 없었는지에 대하여 진지하게 고민을 하지 않는다. 이것뿐만 아니라 당군의(唐君毅)

---

60) 같은 책, 60쪽.
61) 같은 책, 19쪽.

의 논의에 의하면 그가 말하는 중국 전통문화의 핵심에는 유가만이 있다. 그리고 유가의 도덕 이성을 인류의 보편적이라고 비약한다. 이 것은 여전히 중국문화의 우월성을 주장하는 것이다.

우리는 먼저 다음과 같은 여영시(余英時, 1930-2021)의 말을 살펴 볼 필요가 있다.

서양학자들이 말하는 현대문화란 실제로는 17세기 이래 서구와 북미 사 회를 표준으로 삼은 것이다. 따라서 현대화란 바로 서양의 기본적인 가치를 받아들이는 것이다.62)

그리고 그는 또 말한다.

보편성을 가진 '현대생활'이란 보편성을 띤 '문화'와 마찬가지로 하나의 추상적 관념이므로 현실 생활에서 찾을 수는 없다. 현실 세계 가운데는 가 령 중국적, 미국적, 러시아적 또는 일본적이라는 것과 같은 개개의 구체적 인 현대생활만이 있을 따름이다. 그리고 이러한 구체적인 현대생활이란 모 두 구체적인 문화의 현대에서의 발전과 표현인 것이다.63)

여영시의 이러한 논리는 오늘날 널리 유행하고 있는 문화 다원주의, 문화상대주의, 다원화 사회를 지지하는 관점과 일치한다고 생각한다. 우리 생각에 이 관점은 현실의 논리가 어떠한가를 떠나서 관념적으로 나마 비교적 현대사회에서 널리 받아들여지고 있다고 할 수 있다. 그 런데 문제는 현대 신유가가 처한 상황이다.

---

62) 정가동, 『현대신유학』, 47쪽.
63) 같은 책, 47쪽.

정가동의 말이다.

유감이라면 중국문화의 재건에 관한 신유가의 이론이 비록 독창적이고
새로우며 서양문화를 받아들일 뿐만 아니라 날로 성공적인 융합을 이뤄가지
만, 총체적으로 볼 때 전통의 구렁텅이로 빠지는 것을 면하기는 어렵다는
점이다. 이러한 면에서 그들에 대한 서화론자들의 비판은 늘 적중했던 것이
다.64)

지난 역사가 서체서용을 강요하는 서양문화 패권주의였다면 중국
신유가가 보여주는 '중체서용' 또는 '내성개신외왕'(內聖開新外王)이 되
었든, 이것은 서양 패권주의를 이어받을 새로운 '중화민족 우월주의'
라는 또 다른 패권주의로 나갈 것이다. 이것뿐만이 아니다. 만약 중국
현대 신유학이 과거 전통 유학이 보여준, 즉 자유주의자가 말하는 '사
람을 잡아먹는 예악" 등과 같은 과거 전통 유학이 보여준 여러 가지
문제점을 심도 있게 이론적으로 극복하지 못한다면 현대 신유학은 또
다시 정권의 이데올로기로 이용될 것이다.

사실 앞에서 살펴본 것처럼 현대 신유가에서 신외왕(新外王), 즉 민
주와 과학을 왜 드러낼 수 없는가에 대하여 고민할 필요가 있다. 우리
가 생각하기에 이 입장에서는 '중체서용'이라는 개념보다는 '동체서
용', '서체동용'이라는 개념을 사용하는 것이 더 옳다. 오늘날 이러한
방식이 너무 낡은, 시대에 뒤떨어진 방식이라고 생각할 수도 있지만,
오늘날 비서구 사회를 여전히 서구 문명의 문법으로 독해한다는 사실
은 비 서구사회가 아직도 서구 문명의 '포스트-식민'이라는 제국주의

---

64) 같은 책, 68-69쪽.

적 질서에서 벗어나지 못하고 있음을 보여준다. 이것은 단순히 동서문명의 대결을 말하고 비서구 문명이 서양의 제국주의 문명을 극복하고 '옥시덴탈리즘'을 바탕으로 서구 문명을 제어하자는 차원의 문제가 아니라, 지금의 이러한 상황—서양문명의 '식민주의'·'제국주의'적 시각—을 어떻게 극복할 수 있는지, 그러한 뒤에 오늘날 우리가 흔히 '글로벌', '지구촌'이라고 말하는 것의 진정한 의미의 '세계평화' 또는 '세계공존'이라고 하는 '신세계질서'를 세우기 위한 것이다.

우리는 지금 세계의 불평등을 낳고, 세계를 비참하게 만들고 있는 '자본주의', '신자유주의' 시대에 살고 있다. 이 '자본주의', '신자유주의' 시대는 인류의 생존 자체를 위협하고 있다. 그런 까닭에 지금 우리에게 필요한 철학은 '자본주의', '신자유주이'가 낳은 인류의 부자유, 불평등을 넘어설 수 있는 '포스트-자본주의'를 고민해야 할 시대에 살고 있다.

도가철학과 현대사회

도가철학은 개인을 강조한다. 그런 까닭에 맹자는 "임금이 없는 무리"(無君)이라고 비판하였다. 이 말은 달리 말하자면, 중국 전통사회에서 도가철학은 통치이념으로 받아들여질 수 없다는 뜻이다. 도가철학이 중국 전통사회에서 통치이념으로 받아들여질 수 있다면 그것은 기껏해야 군주의 통치 권력을 약화하는 역할밖에 할 수 없다. 아니면 백성들의 국가 통치 권력에 무관심하게 만들 수 있을 뿐이다. 즉 정치적 무관심이다. 즉 도가철학의 최대 약점은 이기주의로 흐를 수 있다는 점이다. 이 말은 결국 현대사회와 결합이 용이하다는 의미이고, 또 현대사회의 문제점을 고스란히 노출할 위험성이 있다는 것을 의미이기도 하다. 그러나 도가철학은 문화 패권주의로 나갈 이론적 근거가 희박하다.

도가철학과 민주·과학과 연관을 지어 말한다면, 도가철학은 이 둘과의 결합이 비교적 쉽다. 민주와 관련해서 말하자면 도가는 천지 만물의 평등을 주장하고, 군주의 권력을 제한하고자 하였다. 노장과 황로학을 살펴보라. 과학과 관련해서는 몸에 관심을 가진 신선 도교를 살펴볼 필요가 있다.

제5장 중국철학 4

도학(1) 노장철학

제5장 중국철학 4
도학(1) 노장철학

도학(道學)의 내용은 도가(道家), 도교(道敎), 단도(丹道)로 구성된다. 도가에는 노자, 장자, 황로학(黃老學) 등이 있다. 도교는 중국 고유의 종교이다. 단도는 수련 사상이다.

제1절 노자

노자의 생애에 대한 가장 중요한 기록은 사마천의 『사기』(史記) 「노자열전」(老子列傳)이다. 이 글에서 "노자는 초(楚)나라 고현(苦縣) 여향(厲鄕) 곡인리(曲仁里) 사람이다. 성은 이(李)씨, 이름은 이(耳), 자는 백양(伯陽)이고, 시호는 담(聃)이다. 주(周)나라 수장실(守藏室)의 사관이다"고 말하였다. 그런데 또 그가 어떻게 죽었는지 "그 종적을 알 수 없다"고 하였다.

노자에게는 『노자』(『도덕경』)라는 저작이 있다. 이 책은 곽점본(郭店本)/초간본(楚簡本), 백서본(帛書本), 통행본(通行本)으로 구분된다.

1. 도

노자는 춘추시대 말기에 살았던 인물이다. 그는 도덕적/인격적 천(天)이 아닌 도(道)를 가지고 세계를 설명하였다.

노자는 인격적(人格的) 천을 부정한다. 노자는 무목적(無目的)적인 세계관을 제시하였다. 노자의 도에 관한 논의는 도와 만물의 관계를 어떻게 이해할 것인가 하는 문제로 귀결된다.

도는 텅 비었지만, 그것을 써도 항상 넘치지 않는다. 그윽하도다! 마치 만물의 으뜸인 것 같도다! …… 깊도다! 마치 항상 무엇인가 존재하는 듯하다. 나는 그것이 누구의 아들인지 알지 못하지만, 제(帝)보다도 앞서는 것 같다.[1]

도는 천지 만물의 존재 근거로 언제나(시간) 그리고 어느 곳에나(공간) 존재한다. 그러므로 천지·만물의 존재는 도에서 벗어날 수 없다.

도는 천지 만물처럼 변화하는 것이 아니다. 그러나 본체로서의 도는

---

[1] 『老子』 제4장: "道沖而用之或不盈. 淵兮似萬物之宗. ……湛兮似或存. 吾不知誰之子, 象帝之先."

만물과 떨어져서 존재하는 실체(實體)가 아니다. 중국철학에서 본체와 현상은 서로 독립적으로 존재하는 것이 아니다.

천지 만물의 존재는 도의 드러남이다. 도와 천지 만물의 관계를 가장 분명하게 제시하고 있는 부분이 제42장이다.

> 도가 하나를 낳고, 하나가 둘을 낳고, 둘이 셋을 낳고, 셋이 만물을 낳는다. 만물은 음기(陰氣)를 등에 지고 양기(陽氣)를 가슴에 품고 있다. 이 음양의 두 기운이 작용하여 조화로운 기를 이룬다.[2]

그런데 현상계의 모든 만물은 다시 그 근원으로 돌아간다. 만물이 운행하는 대로 내버려 두면 그들은 변화의 극에 다다르게 되고, 그렇게 되면 만물은 다시 도에 복귀한다.

> 만물이 어우러져 자라나면 나는 그 돌아가는 것을 본다. 대저 만물이 무성히 자라나면 다시 그 뿌리도 돌아간다.[3]

도에서 만물은 생겨나지만, 그 만물은 다시 도에로 돌아간다. 그러므로 도에서 만물로, 만물에서 다시 도로 돌아가는 순환 운동은 끊임없이 이어진다. 그런 까닭에 무엇을 시작으로 삼고, 무엇을 끝으로 삼는다는 것은 사실 어렵다.

---

[2] 같은 책, 제42장 : "道生一, 一生二, 二生三, 三生萬物. 萬物負陰而抱陽, 沖氣以爲和."
[3] 같은 책, 제16장: "萬物並作, 吾觀其復. 夫物芸芸, 復歸於無物."

2. 덕

노자 철학에서 도와 더불어 중요한 것이 덕이다. 도가 없는 덕은 불가능하고, 덕이 없는 도는 무의미하다고 할 수 있다. 간단히 말해 노자 철학에서 덕은 만물의 본성이다. 고형(高亨)은 "오늘날 노자의 책과 장자의 말을 살펴보면 '덕은 모든 무리의 본성'이라고 정의할 수 있다"고 말한다.[4] 이 말의 의미는 노자가 말한 덕이란 인간에 한정된 것이 아니라 존재하는 모든 사물의 참된 본성이라는 것이다.

> 도는 만물을 낳고, 덕은 만물을 길러준다. ……이러한 까닭에 만물은 도를 높이고, 덕을 귀하게 여기지 않는 것이 없다. 도가 높고 덕이 귀한 것은 명령하지 않아도 항상 스스로 그러한 것이다. 그러므로 도는 낳고, 덕은 길러준다. 기르고 자라게 하여 성숙하고 여물게 하며 보살피고 덮어준다.[5]

노자 철학에서 도는 곧 덕이다. 따라서 "도와 덕의 관계는 서로 일치하는 것"이다. 다만 하나는 형이상학 본체라는 측면에서 말한 것이라면 다른 하나는 만물의 본성이라는 측면에서 말하였다는 차이가 있을 뿐이다.

형이상의 도가 천지 만물을 생겨나게 하고 천지 만물 속에서 그 본성이 된다. 이것이 상덕(上德)이다. 말하였다. 도로부터 덕을 얻는다는 것이다. 노자는 상덕(上德)이 만물의 참된 본성이라고 생각한다. 그러

---

4) 高亨, 『老子正詁』.
5) 『老子』 제51장: "道生之, 德畜之. ……是以萬物莫不尊道而貴德. 道之尊, 德之貴, 夫莫之命而常自然. 故道生之, 德畜之."

므로 상덕은 도의 공능이 만물 속에서 완전하게 발휘되는 것이라고 말할 수 있다. 그 공능이 완전하게 발휘된 것을 무위이무불위(無爲而無不爲)라고 표현한 것이다.

> 상덕은 덕이라고 하지 않으므로 덕이 있게 된다. ······상덕은 작위하지 않기에 이루지 않는 것이 없다.6)

노자는 유가에서 주장하는 인(仁)·의(義)·예(禮)와 같은 덕목을 하덕(下德)이라고 비판하였다. 노자는 유가에서 말하는 덕목은 모두 인위적/작위적이라고 평가한다.

3. 무위 정치

노자는 무위(無爲) 정치를 주장하였다. 무위 정치란 인위적/작위적으로 하지 않는 것이다.

> 억지로 작위하지 않으므로 이루어지지 않는 것이 없다.7)

도는 언제나 "억지로 작위하지 않지만"(無爲), "이루지 않는 것이 없는"(無不爲) 결과를 낳는다. 노자가 이처럼 무위를 주장한 원인은 당시 사회의 모습에서 찾아야 한다. 노자가 파악한 당시 인간 사회의 모습

---

6) 같은 책, 제38장: "上德不德, 是以有德; ······上德無爲而無不爲."
7) 위와 같음: "無爲而無不爲."

은 다음과 같다.

하늘의 도는 남는 것을 덜어 부족한 것에 보태어 준다. 그런데 인간의 도는 오히려 부족한 것을 빼앗아 남는 것을 보태어 준다.8)

천하가 이렇게 된 원인은 인위적인 방법 때문이다. 인위적인 방법이란 무엇인가? 치국에서는 법령으로 다스리는 것이다. 무위로 다스리는 성인은 말을 아끼고 정령(政令)을 함부로 내리지 않으며, 담박하게 자연에 따라 말할 뿐 아니라, 자연에 따라 일을 처리한다.9)

노자는 만약 무위가 치국에서 실현된다면 천지 만물의 자연(自然)이 나타나게 된다고 생각하였다.

그러므로 성인이 말하였다. "내가 무위하니 백성들은 저절로 화육하여 간다. 내가 고요함을 좋아하니 백성들은 저절로 올바르게 되어간다. 내가 일 없음을 하니 백성들은 저절로 부유해진다. 내가 무욕하니 백성들은 저절로 소박해진다.10)

치자와 백성의 관계에서 먼저 치자가 무위(無爲), 호정(好靜), 무사(無事), 무욕(無欲)해야만 백성은 자화(自化), 자정(自正), 자부(自富), 자박(自樸)하게 된다. 이러한 관계를 실현한 사회가 소국과민이다.

---

8) 같은 책, 제77장: "天之道, 損有餘而補不足; 人之道, 則不然, 損不足而奉有餘."
9) 이강수, 『노자와 장자』, 길, 2005, 93쪽.
10) 『老子』제57장: "我無爲而民自化, 我好靜而民自正, 我無事而民自富, 我無欲而民自樸."

4. 소국과민

노자는 이상적 국가의 모습으로 소국과민(小國寡民)을 제시하였다.

나라의 영토는 작게 하고 백성의 수는 적게 하며, 사람의 노력을 열 배 백 배 정도 줄일 수 있는 기구가 있더라도 사용하지 못하게 하고, 백성이 죽음을 중히 여겨 멀리 이사하지 못하게 한다면, 배와 수레가 있더라도 탈 일이 없고, 날카로운 무기와 튼튼한 갑옷이 있더라도 전쟁을 할 일이 없다. 백성들은 다시 새끼를 꼬아서 쓰고, 자신의 음식을 달게 먹고 의복을 아름답게 여기며, 거처를 편안하게 여기고 풍속을 좋아하게 한다면, 이웃 나라가 서로 바라보이고 닭이나 개짓는 소리가 들릴지라도 늙어 죽을 때까지 서로 오가는 일은 없을 것이다.[11]

노자가 소국과민이라는 이상을 제시한 것은 춘추시대에 드러난 문제점들의 극복을 위한 대안의 한 모델에 불과하다. 소국과민의 이상국가에서 각자의 삶의 주체는 백성이다. 이것을 노자는 "최상의 다스림"(太上)이라고 표현하였다. 이 "최상의 다스림"이 노자철학의 궁극적 목적이다. 이것은 "백성의 마음으로 자신의 마음을 삼는"(以百姓心爲心) 정치이다.

성인은 (자신의 사사로움을 바탕으로 한) 항상된 마음이 없기에 백성의

---

11) 같은 책, 제80장: "小國寡民, 使有什佰之器而不用, 使民重死而不遠徙, 雖有舟輿, 無所乘之, 雖有甲兵, 無所陳之, 使人復結繩而用之, 甘其食, 美其服, 安其居, 樂其俗, 鄰國相望, 鷄犬之聲相聞, 民至老死不相往來."

마음을 자신의 마음으로 삼는다. (『老子』 제49장: "聖人無常心, 以百姓心爲心.")

노자는 무위를 통하여 치자를 무력화시켜 최종적으로는 백성들의 자연을 획득하고자 한다.

제2절 장자

장자는 전국시대 중기에 살았던 인물이다. 그는 송(宋)나라 사람이다. 그는 몰락한 귀족의 후손으로 평생 가난 속에 살았다. 그의 저작으로 『장자』 33편이 있다.

1. 인간의 자유

장자는 인간을 개체적 존재와 사회적 존재라는 두 가지 형태의 곤경에 처한 것으로 파악한다. 이 두 가지 형태의 곤경을 어떻게 극복할 것인가 하는 것이 장자 철학의 핵심 문제이다.

장자 철학의 핵심 문제는 인간의 자유에 관한 탐구이다. 인간은 자유를 소망한다. 인간이 자유를 소망한다는 것은 자신의 삶이 자유롭지 못하다는 사실을 인식하는 것을 그 전제로 한다.

모든 인간에게 있어서 가장 중요한 것은 지금 이렇게 아직 살아있다는 사실이다. 모종삼(牟宗三)은 『장자제물론의리연석』(莊子齊物論義理

演析)에서 현실 세계—실존적 세계에서의 체험을 다음과 같이 말하였다.

현실 생활 가운데에서 체험하게 되는 인생 문제는 본질상으로 지적 탐구와는 다르다. ……존재적 체험은 시간적인 역정(歷程)이 있는 것으로 역사성(歷史性)이 있다. 역사성이란 사람들이 생활 가운데 만나게 되는 상황에서 무궁한 선택의 가능성을 직면하게 되는 것으로, 사람들은 반드시 그 선택의 결과를 확실하게 보증할 수 없지만, 책임을 지고 대면해야만 하는 것이다. 사람에게 역사성이 있기만 한다면, 그가 지금 대면하는 것은 그가 책임을 져야만 했던 과거의 선택의 결과인 까닭이다. 그가 지금을 받아들여야 한다는 것은 미래의 가능성을 책임지고자 한다는 것을 의미한다. 이와 같이 하였을 때, 그는 비로소 시간적으로 과거, 현재, 미래가 일관되어 연속체가 된다. 이 가운데에서 생명 분투의 역사적 과정이 전개되고, 각각의 선택은 모두 인간성의 상승과 타락을 결정한다.12)

천지 만물은 모두 변화한다. 이것은 생명을 가진 존재인 인간에게 있어서는 죽음을 의미한다. 지금 우리에게 주어진 삶이 나의 선택이 아니듯, 죽음 역시 나의 선택과는 무관하게 알 수 없는 미래에 다가올 현실이다. 장자는 이것을 "삶이 있으면 곧 죽음이 있고, 죽음이 있으면 곧 삶이 있구나"(方生方死, 方死方生)라고 표현하였다.13) 우리가 세상에 태어난 것도 우리의 의지와는 상관이 없는 일이듯이 우리가 결국은 죽어가는 존재라는 것도 우리의 의지로 어찌할 수 없다.

---

12) 牟宗三, 『莊子齊物論義理演析』, 中華書局, 1999, 25쪽.
13) 『莊子』 「齊物論」.

태어나는 것도 (우리들 마음대로) 물리칠 수 없고, 죽어가는 것도 (우리들 마음대로) 막을 수 없구나. 슬프도다!14)

천지자연 속에서 인간의 존재는 시간적, 공간적으로 미약하기만 하다. 그런데 인간은 삶을 살아가면서 마치 지금 자신이 무엇인가를 자신의 것으로 확고하게 소유하고 있는 것처럼 말한다. 우리는 일상의 삶을 살아가면서 이것은 '나의 것', '나의 무엇'이라고 말한다. 그런데 장자는 우리에게 본래 '나의 것', '나의 무엇'이라고 말할 수 있는 것은 없다고 말한다. 장자는 우리가 일상적으로 말하는 '나의 몸'이라는 것조차도 나의 것이 아니라고 말한다. 본래 우리에게 '나의 것', '나의 무엇'으로 존재하는 것은 아무것도 없다.

인간의 삶이 항상 즐거운 것만도 아니다. 우리들의 삶에는 기쁨과 슬픔이 우리들의 의도와는 상관이 없이 찾아온다.

산과 들판에 나가 노닐면 아름다운 풍경이 우리의 마음을 즐겁게 한다. 그러나 즐거움이 끝나지도 않았는데 슬픔이 또 이어서 찾아온다. 슬픔과 기쁨이 찾아오는 것을 우리는 막을 수 없고, 그것이 떠나가는 것을 그치게 할 수도 없다.15)

인간은 사회를 만들어 살아간다. 그 결과 인간과 인간 사이에서 문제가 발생하게 되었다. 국가로 표현되는 폭력이다. 통치자는 백성들을 교화한다는 명목을 세워 오히려 백성들을 억압하고, 그들이 이미 세워

---

14) 같은 책, 「達生」: "生之來不能却, 其去不能止. 悲夫!"
15) 같은 책, 「知北遊」: "山林與! 皐壤與! 使我欣欣然而樂與! 樂未必, 哀又繼之. 哀樂之來, 吾不能禦, 其去弗能止."

놓은 명분을 위하여 백성들을 희생시킨다.

장자는 인간이 부자유한 원인으로 인간의 내재적 요소와 외재적 환경을 심각하게 드러냈다. 외재적 환경으로 말하자면, 인간과 사회 사이에는 심각한 모순 관계에 처해 있어서, 이것이 인간이 부자유한 한 원인이 되었다. 그 중요한 내용은 세 가지로 요약할 수 있다.16) 첫째, 인간 생존에 대한 위협이다. 둘째, 통치자의 전제 정치에서 오는 포악한 압제이다. 셋째, 유가, 묵가의 인의에 의하여 형성된 통치 계급의 의식 형태가 인간의 사유와 언행을 속박하였다.

장자 철학에서 인간의 자유 문제는 초월 자유와 내재 자유로 구분된다.

2. 초월 자유

장자 철학에서 초월 자유의 추구는 도와 일치되는 경지의 획득이다.

장자 철학의 특징은 바로 천지 만물 근원으로서 도의 정체성, 즉 하나를 강조하고 있다는 점이다. 장자는 전일성(全一性)의 입장에 서서 천지 만물의 통일성을 바라본다. 논리적이 아니라 전일적, 구체적, 직관적, 체험적이다.17) 도의 정체성을 가장 잘 나타낸 것이 혼돈(渾沌)이다. 『장자』「응제왕」(應帝王)편에서 혼돈을 말하였다.

---

16) 陳紅映, 「莊子思想的現代價値」,『思想戰線』, 2000(人大復刊電子版, 2000)
17) 福永光司, 『장자-고대중국의 실존주의』, 이동철·임헌규 옮김, 청계, 1998, 36쪽.

남해의 임금을 숙(儵)이라 하고 북해의 임금을 홀(忽)이라 하며, 중앙의 임금을 혼돈(渾沌)이라 한다. 숙과 홀이 마침 혼돈의 땅에서 만났는데, 혼돈이 매우 융숭하게 그들을 대접하였으므로, 숙과 홀은 혼돈에게 보답할 것을 서로 의논하였다. 사람은 누구나 일곱 구멍이 있어서 그것으로 보고 듣고 먹고 숨 쉬는데 이 혼돈에게만 없다. 우리가 일곱 구멍을 뚫어 주자. 그래서 날마다 한 구멍씩 뚫었는데, 7일이 지나자 혼돈은 죽고 말았다.[18]

장자가 말하는 혼돈은 무질서가 아니다. 그가 말하는 혼돈은 분별·차별이 제거된 정체성을 말한다.

도는 천지 만물 가운데 존재한다. 어디에나 존재한다. 이것을 도의 편재성(遍在性)이라 한다.

동곽자가 장자에게 물었다. "소위 도란 어디에 있습니까?" 장자가 대답하였다. "없는 곳이 없소." 동곽자가 다시 물었다. "분명히 가르쳐 주십시오." 장자가 대답하였다. "땅강아지나 개미에게 있소." 동곽자가 "어째서 그렇게 낮은 것에 있습니까?"하고 물으니까 장자는 다시 "돌피나 피에 있소."하고 대답했다. "어째서 그렇게 점점 더 낮아집니까?" 하고 동곽자가 묻자 "기와나 벽돌에도 있소."하고 대답했다. "어째서 그렇게 차츰 더 심하게 내려갑니까?"하고 물으니까 "똥이나 오줌에도 있소."하고 대답했다. 동곽자는 그만 말문이 막혀 아무 대꾸도 하지 않았다.[19]

---

18) 『莊子』「應帝王」: "南海之帝爲儵, 北海之帝爲忽, 中央之帝爲混沌. 儵與忽時相與遇於混沌之地, 混沌待之甚善. 儵與忽謀報混沌之德, 曰: '人皆有七竅以視聽食息, 此獨無有, 嘗試鑿之.' 日鑿一竅, 七日而混沌死."
19) 같은 책,「知北遊」: "郭子問于莊子曰: '所謂道, 惡乎在?' 莊子曰: '無所不在.' 東郭子曰: '期而后可.' 莊子曰: '在螻蟻.' 曰: '何其下邪?' 曰: '在稊稗.' 曰: '何其愈下邪?' 曰: '在瓦甓.' 曰: '何其愈甚邪?' 曰: '在屎溺.' 東郭子不應."

이처럼 도는 어디에나 존재한다. 그런데 장자는 인간이 도를 체득할 때 성심(成心, 즉 편견), 시공(時空, 시간과 공간), 언어의 한계에 직면하고 있다고 말한다.

장자는 인간이 도를 체득할 때 9단계를 지난다고 말하였다.

> 남백자규(南伯子葵)가 물었다. "당신은 홀로 어떻게 (도를) 들었는지요?" 여와(女偶)가 대답하였다. "부묵(副墨)의 아들에게 들었고, 부묵의 아들은 낙송(洛誦)의 손자에게 들었고, 낙송의 손자는 첨명(瞻明)에게 들었고, 첨명은 섭허(聶許)에게 들었고, 섭허는 수역(需役)에게 들었고, 수역은 오구(於謳)에게 들었고, 오구는 현명(玄冥)에게 들었고, 현명은 삼료(參寥)에게 들었고, 삼료는 의시(疑始)에게 들었습니다."[20]

장자에 의하며 우리가 도를 체득하는 과정에서 9가지의 방법이 있다고 말한다. 이처럼 그 방법이 다양한 까닭은 사람마다 그 경지가 다르기 때문이다.

장자는 도를 체득하는 방법으로 좌망(坐忘)을 제시하였다. 『장자』 「대종사」편에 아래의 내용이 있다.

> 안회(顏回)가 말하였다. "저는 얻은 바가 있습니다." 중니(仲尼)가 물었다. "무슨 말이냐?" "저는 예악(禮樂)을 잊었습니다." "가하다. 하지만 아직 미흡하다." 다른 날 다시 안회가 만나서 말하였다. "저는 얻은 바가 있습니다." "무슨 말이냐?" "저는 인의(仁義)를 잊었습니다." "가하다. 그러나 아직

---

20) 같은 책, 「大宗師」: "南伯子葵曰: '子獨惡乎聞之?' 曰: '聞諸副墨之子, 副墨之子聞諸洛誦之孫, 洛誦之孫聞之瞻明, 瞻明聞之聶許, 聶許聞之需役, 需役聞之於謳, 於謳聞之玄冥, 玄冥聞之參寥, 參寥聞之疑始.'"

미흡하다." 다른 날 또 안회가 말하였다. "저는 얻은 바가 있습니다." "무슨 말이냐?" "저는 좌망(坐忘)하였습니다." 중니가 깜짝 놀라면서 물었다. "무엇을 좌망이라고 하는가?" 하였다. 안회가 말하기를 "육신을 무너뜨리고 총명을 내쫓고 형체를 떠나며, 지식을 버리고 크게 통하는 도와 하나가 되는 것을 좌망이라고 합니다."21)

장자의 관점에 의하면 인간은 이러한 수양 과정을 통해 도와 하나가 되는 경지를 획득할 수 있다. 도를 체득한 인간의 경지를 이렇게 그리고 있다.

천지의 정도(正道)를 타고 육기(六氣)를 부리며 무궁(無窮)에 노닌다.22)

「우언」(寓言)편의 내용을 살펴보기로 한다.

저것이 오면 나는 그와 더불어 오고, 저것이 가면 나는 그와 더불어 간다.23)

여기에서 "저것"(彼)은 천지 만물의 변화로 스스로 그러하고 그러한 (自然而然) 것이다. "나는 그와 더불어 오고"(我與之來), "나는 그와 더

---

21) 위와 같음: "顏回曰: '回益矣.' 仲尼曰: '何謂也?' 曰: '回忘禮樂矣.' 曰: '可矣, 猶未也.' 他日, 復見, 曰: '回益矣.' 曰: '何謂也?' 曰: '回忘仁義矣.' 曰: '可矣, 猶未也.' 他日, 復見, 曰: '回益矣.' 曰: '何謂也?' 曰: '回坐忘矣.' 仲尼蹴然曰: '何謂坐忘?' 顏回曰: '墮肢體, 黜聰明, 離形去知, 同於大通, 此謂坐忘.'"
22) 같은 책, 「逍遙遊」: "若夫乘天地之正, 而御六氣之辯, 以遊無窮者, 彼且惡乎待哉!"
23) 같은 책, 「寓言」: "彼來則我與之來, 彼王則我與之往."

불어 가는"(我與之往) 것은 나의 자유(自由)이다.

 천지(天地)는 나와 더불어 살고, 만물(萬物)은 나와 더불어 하나이다.24)

 천지와 더불어 살고 만물과 더불어 하나인 까닭에 성인은 자기가 없다. 이때 "홀로 천지 정신과 왕래하는"(獨與天地精神往來)25) 자는 '참된 나'[眞我]이다.

 (천지 만물과 더불어) 대동(大同)에 합하여 하나가 되면 사사로운 나는 없다.26)

 이러한 경지를 이렇게 그리고 있다.

 그러므로 하늘의 즐거움을 아는 사람은 하늘의 원망함도 없고, 사람의 비난도 없고, 사물에 얽매이지도 않고, 귀신의 책망함도 없다. ……허정(虛靜)한 마음으로 천지에 나아가서 만물에 두루 통하는 것을 하늘의 즐거움(天樂)이라고 말한다. 하늘의 즐거움은 성인의 마음으로 천하를 길러주는 것이다.27)

 하늘과 땅은 큰 아름다움을 간직하고 있지만 자랑하여 말하지 않는다.28)

---

24) 같은 책, 「齊物論」: "天地與我竝生, 萬物與我爲一."
25) 같은 책, 「天下」.
26) 같은 책, 「在宥」: "合乎大同, 大同而無己."
27) 같은 책, 「天道」: "故曰: '知天樂者, 其生也天行, 其死也物化. 靜而與陰同德, 動而與陽同波.' 故知天樂者, 无天怨, 无人非, 无物累, 无鬼責. 故曰: '其動也天, 其靜也地, 一心定而天地正; 其魄不崇, 其魂不疲, 一心定而萬物服.' 言以虛靜推於天地, 通於萬物, 此之謂天樂. 天樂者, 聖人之心, 以畜天下也."
28) 같은 책, 「知北遊」: "天地有大美而不言."

3. 내재 자유

인간은 사회적 존재이다. 그러므로 초월자유 만으로 인간이 자유롭게 되는 것은 아니다. 인간이 어울려 살아가는 사회문제를 해결해야만 한다.

장자는 인간이 사회 문제를 해결함에 먼저 수양 공부가 필요하다고 말한다. 이것이 심재(心齋)이다.

> 안회가 말하였다. "심재(心齋)에 대하여 감히 묻고자 합니다." 중니가 대답하였다. "너의 잡념을 없애고 마음을 통일하라. 귀로 듣지 말고 마음으로 듣도록 하고, 마음으로 듣지 말고 기(氣)로 듣도록 하라. 귀는 소리를 들을 뿐이고 마음은 밖에서 들어온 것에 맞추어 깨달을 뿐이지만, 기란 허(虛)하여 무엇이나 다 받아들인다. 그리고 참된 도는 오직 허 속에 모인다. 이 허가 곧 심재이다."29)

공자는 심재의 구체적 내용으로 먼저 "자신의 뜻을 전일하게 할 것"(若一志), 그다음으로 "기(氣)로 들을 것"(聽之以氣)을 말한다. 장자에게 있어서 기(氣)는 천지 만물의 가장 근본적인 존재 형식이다. 여기에서 기는 "텅 비움"(虛)을 의미하는 것으로, "텅 비움"으로써 만물을 받아들일 수 있는 것이다. 그러므로 "텅 비움"을 심재라고 한 것이

---

29) 같은 책, 「人間世」: "回曰: '敢問心齋.' 仲尼曰: '若一志, 无聽之以耳而聽之以心, 无聽之以心而聽之以氣! 耳止於聽, 心止於符. 氣也者, 虛而待物者也. 唯道集虛. 虛者, 心齋也.'"

다. 따라서 "텅 비움"이란 자신의 입장, 관점을 주장하는 것이 아니다. 그렇게 했을 때만 외재적 존재와의 관계 맺음을 할 수 있다.

제가 지금까지 심재를 못한 것은 정말 제 자신에 얽매여 있었기 때문입니다. 이제 심재를 하여 자신에 구애되지 않게 되었습니다. 텅 비움[虛]이라 할 수 있겠는지요?30)

안회는 심재를 통하여 무기[無己: 未始有回也]를 말한다. 무기는 텅 비움[虛]이다. 텅 비움은 "거울"[鏡]에 비유할 수 있다.

지인(至人)의 마음을 씀에는 거울과 같다. 사물을 보내지도 않고 맞이하지도 않는다. 사물에 따라 응하여 비추지만 감추지 않는다. 그러므로 사물을 이길 수 있고 자신을 손상하지 않는다.31)

여기에서 먼저 주의할 점은 "거울"은 그 비춤의 대상으로써 사물을 전제하고 있다는 점이다. 만약 그 비춤의 대상으로써 사물의 존재가 전제되지 않는다면 "거울"은 이미 거울이 아니다. 이 점이 앞에서 말하였던 좌망과 심재의 차이이다. 거울은 사물이 도래하면 비추어 주고, 사물이 사라지면 그 모습이 사라진다. 즉 그 자신 속에 아무 것도 남기지 않는다. 그러므로 공허(空虛)로 텅 비움인 것이다.

이처럼 자신의 마음을 텅 비웠을 때 세상의 옳고 그름[是非]을 벗어나 양행(兩行)을 이룰 수 있다.

---

30) 위와 같음: "顔回曰: '回之未始得使, 實有回也; 得使之也, 未始有回也. 可謂虛乎?'"

31) 같은 책, 「應帝王」: "至人之用心若鏡, 不將不迎, 應而不藏. 故能勝物而不傷."

먼저 세상에 왜 옳고 그름이 있는지에 대해 이렇게 설명하였다.

대저 성심(成心)을 따라서 스승으로 삼는다면 그 누가 스승으로 삼을만
한 것이 없겠는가? ……이루어진 마음이 아직 없는데 시비(是非)가 있다고
하는 것은 오늘 월(越)나라에 가서 어제 도착했다고 하는 것과 같은 것이
다.32)

여기에서 성심(成心)은 인간의 편견을 말한다. 편견을 갖고 있는 인
간들은 아무런 근거도 없이 시비를 한다. 그러므로 장자는 시비를 벗
어나려면 "도로써 살펴본다"(以道觀之)33), "밝음으로 살펴본다"(以明)34)
는 것이 필요하다고 말한다. 도의 세계에서는 시비가 없기 때문이다.
도의 세계에서 시비를 보게 되면 대긍정이 가능하다. 장자는 이것을
인시(因是)라 하였다.

역시 인시(因是)이다. 그러므로 성인은 시비를 조화시키고 천균(天均)에서
쉰다. 이것을 양행(兩行)이라고 한다.35)

장자는 모든 것을 긍정하는 인시의 논리를 받아들일 때 시비를 모
두 긍정하는 양행이 가능하게 된다.
"하늘의 균등함"[天均]에서 보면 "시"는 "시"로써 의미를 갖고, "비"
는 "비"로써 의미를 갖는다. "하늘의 균등함"에 서서 "시비"를 살펴보

---

32) 같은 책, 「齊物論」: "夫隨其成心而師之, 誰獨且無師乎? ……未成乎心而有是
非, 是今日適越而昔之也."
33) 같은 책, 「秋水」.
34) 같은 책, 「齊物論」.
35) 위와 같음: "亦因是也. 是以聖人和之以是非, 而休乎天鈞, 是之謂兩行."

게 된다면, "시"는 "비"에 근거하고, "비"는 "시"에 근거한 상대적 관계에 놓여있다는 것을 알 수 있기 때문이다. 그러므로 다시 말하자면, "하늘의 균등함"에서 볼 때에만 "시"는 그 자체 이미 하나의 "시비"가 되고, "비" 역시 그 자체 하나의 "시비"가 될 수 있다. 이 말은 "하늘의 균등함"에 서서 "시비"를 살펴볼 수 있을 때에만 "시" 자체 속에 이미 내포된 "비"를 함께 살펴볼 수 있게 되어 "시"는 "시비"가 되고, "비" 역시 그 자체 속에 이미 내포된 "비"를 함께 살펴볼 수 있게 되어 "시비"가 된다는 의미이다.

4. 초월과 내재의 통일

장자는 인간의 자유는 초월과 내재를 통일했을 때 가능하다고 생각하였다. 『장자』「천하」(天下)편에서 장자에 대해 이렇게 평가하였다.

장자는 ……홀로 천지 정신과 왕래하면서 만물을 멸시하지 않는다.36)

장자는 우리가 인간의 현실 세계를 살아가기 위해서는 하늘과 사람을 모두 알아야 한다고 말한다.

하늘[天]이 하는 바를 알고, 인간[人]이 하는 바를 아는 것이 지극한 것[至]이다.37)

---

36) 같은 책, 「天下」: "莊周 ……獨與天地精神往來, 而不敖倪於萬物."
37) 같은 책, 「大宗師」: "知天之所爲, 知人之所爲者, 至矣!"

　장자는 자신의 입장을 중도(中道)로 표현하였는데, 바로 앞에서 말했던 "하늘"을 알고 "사람"을 아는 것이다. 만약 "하늘"을 알지 못하면 "사람"에 치우쳐서 "애락"과 "시비"로부터 자유로울 수 없다. 또 "인간"을 알지 못하면 세속적 폭력에 의하여 죽임을 당할 것이다.

제6장 중국철학 5

묵가

제6장 중국철학 5
묵가

묵가는 춘추전국시대에 유가(儒家)와 함께 양대 학파를 형성하였는데, 묵가의 창시자로서 묵자의 가르침은 당시 사회에 큰 영향을 미쳤으며, 그의 명성 또한 공자(孔子)만큼 드높았다고 한다.[1] 묵학(墨學)은 "세계 大同의 유토피아"를 꿈꾸었던 학파이다. 그런데 이 "묵학은 2백여 년간 성행하다가 漢代에 들어와 갑자기 세상에서 자취를 감추게 된다. 그러다가 유교적 사회가 붕괴되는 19C 후반에 와서야 다시 주목받게 된 것이다."[2] 그렇지만 묵학은 완전히 사라진 것이 아니다. 묵가의 문헌은 『도장』(道藏)을 통해 전해졌다. 묵가 학파와 도가/도교와는 밀접한 관계가 있다. 묵자의 종교관과 경세의 이상은 도교에 흡수되어

---

1) 박재범 옮김, 『묵자』, 홍익출판사, 1999, 13쪽.
2) 朴文鉉, 「『太平經』과 墨子의 經世思想」, 한국도교학회, 『도교학연구』 12, 1993, 16쪽.

발전하였다.3)

제1절 묵자라는 인물

1. 생졸 연대

묵자는 성(姓)이 묵(墨)이고, 이름은 적(翟)이다. 그의 생졸 연대는
대략 (기원전 475?-기원전 396?)4) 사이이다. 그러므로 묵자의 생애는
대략 전국시대 초기에 해당한다. 그렇지만 그 구체적인 연도에 관해서

---

3) 卿希泰, 『中國道敎思想史綱』(1), 四川人民出版社, 1980. 47-49쪽. (朴文鉉,
  「『太平經』과 墨子의 經世思想」, 16쪽. 재인용.)
4) 노사광은 묵자의 생졸 연대를 기원전 468년-기원전 376년 사이, 또는 기
  원전 479년-381년 사이라고 판단하였다. (『中國哲學史』(先秦篇), 정인재
  역, 探究堂, 1986, 278쪽); 侯外廬 등은 『中國思想通史』 제1권(人民出版社,
  1980, 192쪽)에서 묵자의 생졸 연대를 기원전 490-기원전 403년이라고
  하였다. 양영국(楊榮國)은 『중국고대사상사』(中國古代思想史)에서 기원전
  478년-기원전 392년을 제시하였고, 풍우란(馮友蘭)은 『중국철학사신편』
  (『中國哲學史新編』)에서 기원전 475년-기원전 390년을 제시하였으며, 임계
  유(任繼愈)는 『중국철학발전사』(中國哲學發展史: 先秦)에서 기원전 480년-기
  원전 420년을 제시하였다. (譚家建, 『墨子硏究』, 貴州敎育出版社, 1996,
  4-5쪽.); "묵자에 관한 여러 가지 전적을 정리하고 연구한 양계초(梁啓超)
  의 『자묵자학설』(子墨子學說)에 근거하여 묵자의 생애와 활동에 대한 여러
  가지 의견을 종합해 보면, 묵자는 기원전 492년에서 468년 사이에 태어
  나서 기원전 420년에서 376년 사이에 생을 마쳤다. 그러니까 역사시기로
  볼 때에 전국시대에 해당하는 공자 이후 맹자 이전에 태어나서 활동하였
  던 것으로 추정해 볼 수 있다." (박재범 옮김, 『묵자』, 13-14쪽.); 徐希燕,
  『墨學硏究』, 商務印書館, 2001, 17쪽; 호적은 『中國古代哲學史』(송긍섭·함홍
  근·민두기 옮김, 대한교과서주시괴사, 1985)에서 다음과 같이 말하였다.
  "우리는 묵자가 대개 주 경왕(周敬王) 20년에서 30년 사이(B.C.
  555~490)에 탄생하고 주 위열왕(周威烈王) 원년에서 10년 사이(B.C.
  425~416)에 죽었다고 추정할 수 있다." (162쪽.)

는 일치하지 않는다. 사실 객관적으로 말하자면, 정확한 연도는 알 수 없다.

묵자에 관한 『사기』「맹자순경열전」의 기록이다.

묵적(墨翟)은 송(宋)나라 대부로 수성(守城)과 방어 전술에 능했고, 비용을 절약할 것을 주장하였다. 어떤 사람은 그를 공자와 같은 시대의 사람이라 하고, 어떤 사람은 공자보다 후대에 살았다고 말하였다.5)

일반적으로 전국시대 초기의 인물이라고 생각한다.

2. 국적

묵자가 어느 나라 사람인가 하는 문제에 대하여 학자들은 노(魯)·송(宋)·초(楚)·제(齊)나라 등 각기 다른 관점을 제시하였다.

먼저 『여씨춘추』(呂氏春秋)「신대람」(愼大覽)편에서는 "묵적은 노나라 사람이다"(墨子, 名翟, 魯人也.)라고 하였다. 『순자』(荀子)「수신」(修身)편 양경(楊倞)의 주(注)에서 역시 "묵적은 노나라 사람이다"(墨翟, 魯人.)고 말하였다. 반고(班固)의 『한서』(漢書)「예문지」(藝文志)에서 "이름이 적(翟)으로 송나라 대부이다"(名翟, 宋大夫)라고 말하였다. 청대 학자 필원(畢沅)은 『묵자주』(墨子注)「서」(序)에서 초(楚)나라 노양(魯陽, 지금의 河南省 魯山縣) 사람이라고 하였다. 송성해(宋成譜)는 「묵자위제

---

5) 『史記』「孟子荀卿列傳」: "蓋墨翟, 宋之大夫, 善守城, 爲節用. 或曰並孔子時, 或曰在其後."

국인고」(墨子爲齊國人考)에서 제(齊)나라 사람이라고 하였다. 양향규(楊向奎)는 묵자는 원래 송나라 사람이었지만, 뒤에 노나라에서 오랫동안 살았다고 말한다. 그 밖에 묵적이 외국인이라는 학설도 있다. 1930년 대 호회침(胡懷琛)은 「묵자위인도인변」(墨子爲印度人辯)에서 묵적은 성명을 알 수 없는 외국인이라고 말하면서 인도인이라고 주장하였다. 김조동(金祖同)은 「묵자위회교도고」(墨子爲回教徒考)에서 묵자는 아랍인으로 회교도라고 말하였다.6) 그러나 묵적은 원래 송나라 사람이었는데, 뒤에 노나라 사람이 되었을 가능성이 가장 높다.7)

3. 출신

학자들은 묵자가 수공업자 출신이라고 말한다. 묵자 자신도 천한 출신[賤人]이라고 말한다.

  (묵자가) 형왕(荊王, 초나라 군주)을 만나 뵙고 말하였다. "저는 북방의 천한 사람[鄙人]입니다. ……"8)

묵자에 대해 당시 사람들 역시 그를 '천한 사람'이라고 평가한 것으로 보인다. 왜냐하면 "동시대 사람들은 묵자의 행동을 '천인들이 하는 짓'[賤人之所爲]이라 하였고, 묵자 자신 또한 '천인'(賤人)임을 자처하면

---

6) 譚家建, 『墨子硏究』, 2-3쪽. 참조 요약.
7) 張閏洙, 「《墨子哲學》 방법론 小考」, 경북대학교 퇴계학연구소, 『퇴계학과 유교문화』 제18호, 1990, 92쪽
8) 『呂氏春秋』 「六論」 「開春論」 「愛類」: "(墨子)見荊王曰: '臣北方之鄙人也.'"

서 행동하였"기 때문이다.9) 그렇지만 묵자의 이러한 행동이 바로 그의 고귀한 인품을 드러내는 반증이라고 이해할 수도 있다.

또 송나라 때 인물 정초(鄭樵)는 『통지』(通志) 「씨성략」(氏姓略)에서 『원화성찬』(元和姓纂)을 인용하면서 다음과 같이 말하였다.

묵씨(墨氏)는 고죽군(孤竹君)의 후예이다. 묵태(墨台), 묵적(墨翟)이 있다.10)

또 다음과 같이 말하였다.

묵태씨(墨台氏)는 후에 묵씨(墨氏)로 바꾸었다.11)

이와 같은 기록들은 모두 묵자의 조상을 은나라 말기, 주나라 초기의 고죽군(孤竹君, 즉 伯夷·叔齊의 아버지)에까지 미루어 추산하고 있다.12) 그러나 그것이 사실이라고 하더라도 먼 과거의 일로, 묵자 자신이 태어났을 때는 그다지 높은 신분은 아니었을 것이다.

4. 인품

맹자는 묵자를 이렇게 평가하였다.

---

9) 박재범 옮김, 『묵자』, 14쪽.
10) 譚家建, 『墨子研究』, 1쪽.
11) 위와 같음.
12) 위와 같음.

묵자는 '차별이 없는 사랑'[兼愛]을 주장해 정수리가 닳고, 발꿈치가 없어지는 한이 있어도 천하를 이롭게 할 수 있다면 그렇게 했다.13)

『장자』(莊子) 「도척」(盜跖)편에서는 자장(子張)의 입을 빌어 공자와 묵자를 나란히 언급하면서 "천하에서 존경하는 인물"[貴]이라고 말한다.

중니(仲尼)와 묵적(墨翟)은 궁박하고 필부에 불과하였지만 지금 재상(宰相)에게 "당신의 행위는 중니·묵적과 같습니다"라고 말한다면 그는 낯빛을 고치고서는 "도저히 미치지 못합니다"라고 말할 것입니다. 사람들이 그 두 사람을 진심으로 존경하기 때문입니다.14)

공자와 묵자가 이처럼 '천하에서 존경하는 인물'이라고 평가한 것은 그들의 삶에서 보여준 실천 때문이다. 그러므로 묵자의 제자들 역시 마찬가지였다.

묵가의 제자들은 모두 거친 옷을 입고 나막신이나 짚신을 신고서 밤낮을 쉬지 않고 스스로 고생하면서 "이렇게 하지 않으면 우임금의 도리가 아니고 묵자가 될 수 없다"(不能如此, 非禹之道也, 不足爲墨)고 말하였다.15)

또 이렇게 말하였다.

---

13) 『孟子』「盡心 上」: "墨子兼愛, 摩頂放踵利天下, 爲之."
14) 『莊子』「盜跖」: "仲尼·墨翟窮爲匹夫. 今謂宰相, 曰: '子行如仲尼·墨翟.' 則變容易色, 稱: '不足者.' 士誠貴也."
15) 같은 책, 「天下」: "使後世之墨者, 多以裘褐爲衣, 以跂蹻爲服. 日夜不休, 以自苦爲極, 曰: '不能如此, 非禹之道也. 不足爲墨.'"

중니와 묵적은 한갓 필부로 곤궁하였지만 이제 재상(宰相)에게 "그대의 행위는 중니·묵적과 같다"고 말한다면 낯빛을 고치고서 "(그분들에 비하면) 저는 부족한 사람입니다"라고 칭할 것이다.16)

또 「천하」(天下)편에서 다음과 같이 평가를 하고 있다.

그렇지만 묵자는 참으로 천하를 두루 사랑하였기에 (천하를) 구하고자 하였지만 (그 뜻을) 얻지 못하였으면서도 몸이 마르더라도 버리지 않았다. 재사(才士)로다!17)

『회남자』(淮南子) 「수무훈」(修務訓)편에서 말하였다.

공자는 굴뚝이 검어질 때까지 머물지 않았고, 묵자는 자리가 따뜻해질 때까지 앉아 있지 않았다. 이에 성인은 산을 높다고 여기지 않았고 강을 넓다고 여기지 않았으며 치욕을 무릅쓰고 세상의 군주들에게 자신의 뜻을 펼친 것은 녹을 탐하고 높은 자리를 얻고자 한 것이 아니라 천하의 이로움을 일으켜 만백성의 해로움을 없애고자 한 것이다.18)

이처럼 묵자와 그의 제자들은 백성의 안정된 삶을 위해 자신의 안녕을 돌보지 않고 노력한 사람들이다.

---

16) 같은 책, 「盜跖」: "仲尼·墨翟窮爲匹夫, 今謂宰相曰: '子行如仲尼·墨翟', 則變容易色, 稱不足者, 士誠貴也."
17) 같은 책, 「天下」: "雖然, 墨子眞天下之好也, 將求之不得也, 雖枯槁不舍也, 才士夫!"
18) 『淮南子』「修務訓」: "孔子無黔突, 墨子無煖席. 是以聖人不高山, 不廣河, 蒙恥辱以干世主, 非以貪祿慕位, 欲事起天下利而除萬民之害."

5. 학문

묵학(墨學)의 연원은 무엇인가? 이것에 관해 몇 가지 기록이 있다.
한비자의 말이다.

　공자와 묵자는 함께 요·순을 칭송하여 말하지만, 그 주장이 서로 엇갈려
같지 않은데 모두 자신을 일러 정통 요·순이라고 말한다.[19]

『회남자』(淮南子)「요략」(要略)의 기록이다.

　묵자는 유자(儒者)의 학업[業]을 배우고, 공자의 학술[孔子之術]을 받아들였
다. 그러나 그들의 예(禮)가 너무 번잡하고 간편하지 않으며, 장례를 ng하게
치르는관습은 재산을 탕진하고 백성을 가난하게 만들며, (오랜 기간 동안)
상복을 입는 행위는 생업을 망치고, 세상의 일을 해치는 것으로 생각하였
다. 그래서 묵자는 주(周)나라의 도를 버리고 하(夏)나라의 정령(政令)을 사
용하였다.[20]

사마담의 평가이다.

　묵가 역시 요순(堯舜)의 도를 숭상하여 그들의 덕행에 대해 언급하였

---

19) 『韓非子』「顯學」: "孔子·墨子俱堯舜, 而取舍不同, 皆自謂眞堯舜."
20) 『淮南子』「要略」: "墨子學儒者之業, 受孔子之術, 以爲其禮煩擾而不悅, 厚葬
　　靡財而貧民, 服傷生而害事, 故背周道而用夏政."

다.21)

청대 학자 손성연(孫星衍)은 묵자의 학문은 '하나라 문화'[(夏禮)]에서 나왔다고 하였다.

묵자는 공자와 다른데, 그의 학문은 하나라 문화[夏禮]에서 나왔다. (墨子 與孔子異, 其學出于夏禮.)22)

묵자는 원래 노나라에서 유학을 배웠다고 한다.

노나라 혜공(惠公)은 재양(宰讓)을 시켜 천자에게 천지를 지내는 제사와 조상에 지내는 제사를 거행하도록 간청하였다. 평왕(平王)은 사각(史角)을 사신으로 보냈는데, 혜공이 그를 노나라에 머물러 살도록 붙잡았다. 그래서 그의 후손들이 노나라에 살게 되었다. 묵자는 이들에게 배웠다.23)
묵자는 유자의 학문[儒子之業]을 배웠는데 공자의 학술을 전수받았다.24)

그렇지만 "사상적으로는 유가의 공맹 사상과 맥을 함께 하면서도 유가보다는 좀 더 민중, 서민 입장을 대변하고자 노력했다. ……농업이나 기술, 낮은 위치의 민중을 생각하는 정치제도나 사상"을 강조하였다.25)

---

21) 司馬談, 『論六家要指』: "墨子, 亦尙堯舜道, 言其德行."
22) 徐希燕, 『墨學研究』, 31쪽.
23) 『呂氏春秋』「十二紀」「仲春紀」「當染」: "魯惠公使宰讓請郊廟之禮於天子, 桓王使史角往, 惠公止之. 其後在於魯, 墨子學焉."
24) 『淮南子』「要略」: "墨子學儒子之業, 受孔子之術."
25) 이대희, 「「묵자(墨子)」의 겸애(兼愛), 비공(非攻), 절용(節用)에서 배우는 행정의 지혜」, 한국행정학회, 『하계학술발표논문집』, 2020,, 879쪽.

묵자도 유학을 공부하였으나, 유가가 통치계급의 입장을 옹호하고 사치스런 예약을 위주로 하여 서주 초기의 봉건사회를 재현하려고 노력하는 사상이라고 생각하였다. 그는 유가는 예의와 형식을 중시한 나머지 백성의 생산활동을 저해하고 재물만을 낭비할 뿐이며, 백성을 가난하게 만든다고 생각하였다. 묵자는 유학이 귀족들의 예(禮), 악(樂), 상(喪), 장(葬)을 옹호할 뿐, 백성을 고생시키고 재물을 손상시키며, 살아 있는 사람들을 해롭게 하고 일을 그르치게 하는 것이라고 믿었다.26)

묵자에게 유가의 학설은 지나치게 '지극히 낙관적"이었고, 또 그런 까닭에 "너무도 이상적"이었다.27) 그래서 묵자는 유학을 버리고 독립적인 묵가 학파를 만든 것이다. 그러므로 "『묵자』가 '유가비판서'라고 할 정도로 반유(反儒)와 비유(非儒)의 관점으로 일관되어 있는 것"이다.28) 장윤수는 묵자의 인(仁)·의(義)·리(利)에 관한 사상은 유가에서 직접 영향을 받았을 것이라고 말한다.29) 그는 '겸애'(兼愛)를 '겸애거리'(兼愛拒利, 서로 사랑하고 이익을 거부한다), '비공'(非攻)을 '비공거리'(非攻拒利, 침략하지 않으며 이익을 부정한다)의 의미로 해석한

---

26) 박재범 옮김, 『묵자』, 16-17쪽.
27) 민홍석, 「孟子의 墨家 비판」, 충남대학교 유학연구소, 『유학연구』 제30집, 2014, 93쪽. "유가들이 주장하는 것처럼 친족에 대한 진한 혈연적 사상(親親)에 근거한 도덕적 정감을 친척, 이웃, 사회, 국가, 세계로 확산(恕)해 감으로써 천하의 안정과 질서를 확립할 수 있다는 주장은 지극히 낙관적이었다. 유가들이 주장하는 바, 인간에게는 마땅히 도덕적 정감을 확산하고 천하의 안정과 질서를 이루어야만 하는 책무가 부과되어 있는데, 이러한 책무를 실천하기 위해서는 도덕적 정감 자체뿐 아니라 그것을 확산 실천하는 행위 또한 도덕적으로 정당해야 한다는 주장은 너무도 이상적이었다."
28) 박재범 옮김, 『묵자』, 17쪽.
29) 張閏洙, 「《墨子哲學》 방법론 小考」, 97쪽.

다.30) 묵자가 원래 노나라에서 유학을 공부했다는 점을 고려하면 전혀 근거가 없는 것은 아니라고 생각한다.

『묵자』에는 종교, 윤리, 정치, 경제, 사회, 교육, 군사, 외교, 논리, 과학 등의 사상을 모두 담고 있다.31) 그러므로 '백과 전서 학파'라고 말할 수 있다. 묵가 학파는 "적극적인 救世의 학설", "실천적인 經世사상"을 제시하였다. 이 학파의 "경세의 理想"은 "大同의 兼愛社會"이다.32)

6. 활동

묵자는 이렇게 말하였다.

선비에게 학문이 있다고 하지만, 실천을 그 근본으로 삼는다. ……말하는 데 힘쓰며 실행하는데 더디다면, 비록 말을 잘한다고 하더라도 사람들은 그 말을 들으려 하지 않는다. ……군자는 몸소 실천하는 사람이다.33)

묵자의 일생에서 중요한 활동으로는 대략 5가지가 있다.34) 첫째, 노나라 양문군(陽文君)의 정(鄭)나라 침략을 막았다. 둘째, 초나라의 송나라 침략을 막았다. 셋째, 초나라 혜왕(惠王)에게 자신의 저서를 바쳤

---

30) 같은 논문, 96-97쪽.
31) 朴文鉉, 「『太平經』과 墨子의 經世思想」, 15쪽.
32) 같은 논문, 16쪽.
33) 『墨子』「修身」: "士雖有學, 而行爲本焉. ……務言而緩行, 雖辯必不聽. ……君子以身戴行者也."
34) 張永義, 『墨子與中國文化』, 貴州人民出版社, 2001, 15-17쪽.

다. 넷째, 제나라의 노나라 침략을 막았다. 다섯째, 유자(儒者)와 논변을 하였다. 이상의 내용에서 알 수 있는 것처럼, 묵자는 자신이 직접 현실 속에 뛰어 들어가 현실 문제를 해결하려고 하였다.

묵자는 당시의 불합리한 사회 현실을 유가의 사상과 방법론으로는 도저히 해결할 수 없다고 판단하고 유가의 방법론을 부정함과 아울러 하층민의 삶, 즉 기술자의 삶을 통해 형성된 백성을 사랑하면서 동시에 실생활에 맞는 실제적인 사상과 행동으로 현실을 바꿔나가고자 하였다.35)

그 과정에서 묵자 집단은 자신의 여러 기술을 이용하여 다양한 방어무기를 만들었고, 그것을 이용하여 전쟁에 직접 참여함으로써 전쟁을 방지하려고 한 것으로 보인다. 그런 까닭에 당시의 '고상한 학자'들 눈에는 묵자 집단이 하는 일이 천해 보였을 것이다.
『여씨춘추』 「애류」(愛類)편의 기록이다.

공수반(公輸般)이 운제(雲梯)를 만들어서 송(宋)나라를 치려고 하였다. 묵자가 이 소식을 듣고서 노(魯)나라로부터 (초나라로 향하여) 갔는데, (발이 부르터서) 치마를 찢어 발을 싸매고 밤이나 낮이나 쉬지 않고서, 열흘 낮 열흘 밤을 꼬박 걸어 (초나라의 도읍지인) 영(郢)에 도착하였다. ……36)

묵자는 공수반이 아홉 번 공격한 것을 아홉 번 모두 물리쳤다.

---

35) 박재범 옮김, 『묵자』, 16쪽.
36) 『呂氏春秋』 「六論」 「開春論」 「愛類」: "公輸般爲高雲梯, 欲以攻宋. 墨子聞之, 自魯往, 裂裳裹足, 日夜不休, 十日十夜而至於郢. ……"

제2절 묵자 학파에 대한 비판적 관점

묵가 학파에 대해 다른 학파들의 다양한 비판이 있었다.

1. 맹자의 비판

묵적 또는 묵가 학파에 대한 비판적 관점에서 가장 유명한 것은 전국 중기의 인물 맹자의 관점이다. 맹자는 양주와 함께 묵자를 다음과 같이 비판하였다.

　　성왕이 나타나지 아니하므로 제후들이 방자하게 되고 처사(處士)들도 망령되게 논의를 일삼으므로 양주와 묵적의 학설이 천하에 가득 차게 되었다. (그리하여) 천하의 말은 양주에게 돌아가지 않으면 묵적에게 돌아가게 되었다. ……양주와 묵적의 도가 (천하에) 그치지 아니하면 공자의 도가 드러나지 않을 것이다. ……능히 양주와 묵적의 무리를 물리칠 수 있는 사람은 성인(공자를 말함)의 도를 따르는 무리일 것이다.37)

　　맹자는 양주와 묵적의 학설을 임금과 아버지를 업신여기는 학설이라고 비판하면서 그들은 금수와 같다고 하였다.

---

37) 『孟子』「滕文公 下」: "聖王不作, 諸侯放恣, 處士橫議. 楊朱, 墨翟之言盈天下, 天下之言不歸楊則歸墨. ……楊墨之道不息, 孔子之道不著. ……能言距楊、墨者, 聖人之徒也."

양주는 나를 위한다는 것(爲我)을 주장하는데, 이것은 임금을 없는 것과 같이 여기는 것이다. 묵적은 두루 사랑할 것(兼愛)을 주장하는데, 이것은 아비가 없는 것과 같이 여기는 것이다. 아비가 없고 임금이 없는 것은 금수와 같은 것이다.38)

맹자의 사상은 "공자의 사상을 계승하면서 한편으로 양묵의 사상을 물리치고 혼란을 잠재워야 할 사명감으로" 생각하였다.39) 그러므로 민홍석은 "유교의 等差적 가치관은 묵자의 兼愛를 의식하여 생겨난 것"이라고 생각한 것이다.40) 그런 까닭에 그는 "맹자의 존현론은 묵자의 상현론을, 맹자의 천명론은 묵자의 비명론을, 맹자의 후장론은 묵자의 절장론을, 맹자의 여민동락은 묵자의 비악론을 비판하기 위해 제시된 주장들인 것"이라고 주장하였다.41)

그러나 오늘날 입장에 서서 맹자의 묵자에 대한 비판을 평가한다면, 맹자는 철저하게 유가의 종법 제도에 바탕을 둔 봉건적 관점에 서서 묵자를 비판하였다. 이것은 당시 유가의 가족주의와 양주의 '지식인 계층의 개인주의', 묵자의 '평민계층의 겸애주의' 사이의 차이를 나타낸다.42) 그리고 한 가지 지적해 둘 점은 "묵자에 대한 맹자의 질책은 편파적이다. 묵자는 겸애에서 결코 효친(孝親)을 배제하지 않기 때문이다. 묵자는 겸애와 효친을 연계시켜 군신, 부자 사이로 확대하고 있는데 특히 중요한 점은 상호 사랑하는 데 있다."43) 그러므로 "맹자가 묵

---

38) 위와 같음: "楊氏爲我, 是無君也; 墨翟兼愛, 是無父也. 無父無君, 是禽獸也."
39) 민홍석, 「孟子의 墨家 비판」, 95쪽.
40) 같은 논문, 97쪽.
41) 위와 같음.
42) 윤무학, 「묵가 겸애(兼愛)의 원리와 실천」, 한국철학사연구회, 『한국철학논집』 제55집, 2017, 236쪽.

자의 겸애를 無父라 비판하는 것은 실로 비판을 위한 비판의 성격이
강하다"고 할 것이다.[44]

2. 장자의 비판

그렇지만 무엇이 되었든 지나친 것을 언제나 문제를 낳게 된다. 『장
자』「천하」(天下)편에 보이는 평가를 살펴보기로 한다.

　실행함에 지나치고 그 방법이 세속 풍습에 등진 것이었다. 「비악」(非樂)
을 지어 「절용」(節用)이라 이름하였다. 사람이 태어나도 노래를 부르지 않고
죽어도 상복을 입지 않는다. 묵자는 널리 사랑하고 이익을 함께하여 다투지
않고, 그 도는 노하지 않고 또 학문을 좋아하여 널리 배우며 다르지 않음
을 주장한다. 그렇지만 이것은 선왕의 도와 같지 않아서 옛날의 예악을 훼
손하는 것이다.[45]

장자(학파)가 보기에 묵자의 관점은 인정에 맞지 않는 좀 과격한 것
으로 보였을 것이다.

3. 기타 문헌에 보이는 비판

---

43) 위와 같음.
44) 민홍석, 「孟子의 墨家 비판」, 107쪽.
45) 『莊子』「天下」: "爲之大過, 已之大順. 作爲非樂, 命之曰節用. 生不歌, 死無
　　服. 墨子泛愛兼利而非斗, 其道不怒. 又好學而博不異, 不與先王同, 毀古之禮
　　樂."

『한서』(漢書)「예문지」(藝文志)에서도 그 단점을 다음과 같이 지적하였다.

폐단으로는 검소함의 이로움으로 예를 비난하고, 겸애를 주장하기에 친소 (親疎)를 구별할 줄 모른다.46)

묵가는 비록 "천하를 위한다"고 명분을 내세웠지만, 그들은 삶을 기뻐하지도 않고 죽음을 슬퍼하지도 않는 것처럼 보였기에 인간의 본성에 맞지 않는다고 비판을 받은 것이다. 무엇이 되었든 지나친 것은 부족한 것만 못하지 않는가?

제3절 『묵자』 문헌의 고찰

1. 구성

『묵자』는 원래 15권 71편으로 구성되었다. 그런데 현존하는 것은 53편이다. 18편이 없어졌다. 그런데 18편 가운데 단지 편명한 전하는 것이 8편, 편명도 알 수 없는 것이 10편이다. 그렇지만 이 문헌 모두 묵자 자신의 저작으로 보기는 어렵다. 아마도 후학의 저작이 포함되었을 것이다.

---

46) 『漢書』「藝文志」: "及蔽者爲之, 見儉之利, 因以非禮, 兼愛之意, 而不知別親疎."

2. 분류

『묵자』는 각 편의 문헌 성격에 따라 몇 가지로 분류할 수 있다. 그런데 이 분류법은 학자마다 약간 다르다.

대만학자 호적(胡適, 1891-1962)은 다섯 가지로 분류하였다.[47]

[표6-1] 호적의 『묵자』 문헌 분류

	편명	비고
제1부분	「친사」(親士)에서 「삼변」(三辯)까지 7편	모두 후세 사람이 위작한 것이다.
제2부분	「겸애 상」(兼愛 上)에서 「비유 하」(非儒 下)까지 24편	묵자의 학설을 풀어 만든 것이다. 후세 사람이 첨가한 것이 있다. 특히 「비악」, 「비유」 두 편은 더욱 의심스럽다.
제3부분	「경 상·하」(經 上·下), 「경설 상·하」(經說 上·下), 「대취」(大取), 「소취」(小取) 6편	묵자의 글이 아니다. 후세 묵가의 학설도 아니다. 『장자』(莊子) 「천하」(天下)편에서 말하는 '별묵'(別墨)이만든 것이라 생각한다.
제4부분	「경주」(耕柱), 「귀의」(貴義), 「공맹」(公孟), 「노문」(魯問), 「공수」(公輸) 5편	묵가의 제자들이 묵자 일생의 언행을 모아서 된 것이다. 제2부분보다 중요하다.
제5부분	「비성문」(備城門)에서 「잡수」(雜守)까지 11편	성을 지키고 적을 방어하는 방법이다. 철학과

---

47) 胡適, 『中國古代哲學史』, 166-167쪽; 이경무, 「類개념에 대한 墨子의 인식과 활용」, 한국공자학회, 『공자학』 제38호, 2019, 185쪽. 각주 1 참조.

		관계가 없다.

일본학자 우노 세이이치(宇野精一) 등의 견해에 의하면 다음과 같이
5종류로 구분할 수 있다.[48)

[표6-2] 『묵자』의 문헌 분류

	편명	비고
제1류 7편	「친사」(親土), 「수신」(修身), 「소염」(所染), 「칠환」(七患), 「사과」(辭過), 「삼변」(三辨)	묵가의 잡론집.
제2류 23편	「상현 상·중·하」(尙賢 上·中·下), 「상동 상·중·하」(尙同 上·中·下), 「겸애 상·중·하」(兼愛 上·中·下), 「비공 상·중·하」(非攻 上·中·下), 「절용 상·중」(節用 上·中), 「절장 하」(節葬 下), 「천지 상·중·하」(天志 上·中·下), 「명귀 하」(明鬼 下), 「비악 상」(비악 상), 「비명 상·중·하」(非命 上·中·下)	핵심 부분이다. 10론 30편이었지만, 현존하는 것은 23편이다.
제3편 6편	「경 상」(經 上), 「경 하」(經 下), 「경설 상」(經說 上), 「경설 하」(經說 下), 「대취」(大取), 「소취」(小取)	논리에 관한 저작이다. 『묵변』(墨辯), 『묵경』(墨經)이라고도 부른다. 「경」(經)은 「상편」 약 98어(語), 「하편」 약 81어이다. 「경설」(經說)은 「경」에 대한 설명이다. 논리·윤리·경제·정치 등에 관한 글이다.
제4류 6편	「경주」(耕柱), 「귀의」(貴義), 「공맹」(公孟), 「노문」(魯問), 「공수」(公輸), 「비유 하」(非儒 下)	묵자의 설화집.
제5류 11편	「비성문」(備城門), 「비고림」(備高臨), 「비제」(備梯), 「비수」(備水), 「비돌」(備突), 「비혈」	전술과 도구 제작에 대한 묵자와 금활리(禽滑

---

48) 張閏洙, 「《墨子哲學》 방법론 小考」, 90-91쪽; 염정삼 주해, 『묵경 1』, 한길사, 2012, 5쪽. 「『묵경』(墨經) 연구의 의미」(해제) 부분 참조.

(備穴), 「비아부」(備蛾傅), 「영적사」(迎敵祠), 「기치」(旗幟), 「호령」(號令), 「잡수」(雜守)	釐)의 대화.

그렇지만 이러한 분류는 절대적인 것이 아니다. 장윤수는 "제2류가 가장 중요한 문헌"이라고 말하였지만, 그렇지 않다.[49] 우리는 그 밖의 다른 부분에서 그동안 가볍게 생각하였던 묵가 학파의 다양한 사상을 살펴볼 수 있다.

장윤수는 제2류 문헌 10론 23편을 다시 전기·중기·후기의 저작으로 분류하였다.[50] 그의 분류 방법과 관점을 도표로 나타내면 다음과 같다.

[표6-3] 『묵자』 제2류의 시대 구분

	편명	비고
초기 저작	「겸애 상」(兼愛 上), 「비공 상」(非攻 上), 「상현 상」(尙賢 上)	이 세 편은 묵자 자신의 사상에 가깝다. 나머지 「겸애 중·하」(兼愛 中·下), 「비공 중·하」(非攻 中·下), 「상현 중·하」(尙賢 中·下)는 묵자 시대와 상관이 없다.[51]
중기 저작	「상현 중」(尙賢 中)[52], 「절용 상」(節用 上)	
후기 저작	「절장」(節葬), 「비악」(非樂), 「상동」(尙同), 「천지」(天志), 「비명」(非命), 「명귀」(明鬼)	

---

49) 張闓洙, 「《墨子哲學》 방법론 小考」, 91쪽.
50) 같은 논문, 93쪽.
51) 같은 논문, 94쪽.
52) 장윤수의 논문에서는 「尙賢 上」으로 되어있는데, 오류로 보인다. 아마도 「尙賢 中」(또는 「尙賢 中·下」)이라고 생각한다.

　그런데 장윤수의 분류표는 오류가 있고, 또 분류와 설명이 일치하지 않는다. 다만 한 가지 참고 자료로 삼으면 될 것이다.

　박재범은 또 네 부분으로 분류하였다.53)

[표6-4] 『묵자』의 네 가지 분류

편명		비고
제1부분	「경주」(耕柱), 「귀의」(貴義), 「공맹」(公孟), 「노문」(魯問), 「공수」(公輸)	묵자의 활동 사항을 기록
제2부분	「비성문」(備城門), 「비고림」(備高臨) 등 11편	묵가의 방어 전술 및 병기와 도구
제3부분	「천지」(天志), 「明鬼」 등 31편	묵자가 창시하고 선전한 종교 및 사회사상에 관한 기록
제4부분	「경　상·하」(經　上·下), 「경설　상·하」(經說　上·下), 「대취」(大取), 「소취」(小取) 6편	인식론, 윤리학, 자연과학에 대한 사상

　양계초는 『묵자학안』(墨子學案)에서 다섯 가지로 분류한다.54)

[표6-5] 양계초 『묵자학안』의 분류법

편명		비고
제1분류	「친사」(親士), 「수신」(修身), 「소염」(所染), 「법의」(法儀), 「칠환」(七患), 「사과」(辭過), 「삼변」(三辯)	앞의 3편은 뒷사람이 위탁한 것으로 생각된다. 뒤의 4편은 묵가 사상의 개요를 기록한 것으로 묵가의 행동강령
제2분류	「상현　상·중·하」(尙賢上·中·下), 「상동 상·중·하」(尙同　上·中·下), 「겸애 상·중·하」(兼愛 上·中·	묵자의 10대 주장으로 제자들이 정리한 것. 『묵자』의 가장 중요한 부분으로 묵자 사상을 대표함

---

53) 박재범 옮김, 『묵자』, 20쪽.
54) 같은 책, 20-21쪽.

	下), 「비공 상·중·하」(非攻 上·中·下), 「절용 상·중」(節用 上·中), 「절장 하」(節葬 下), 「천지 상·중·하」(天志 上·中·下), 명귀 하」(明鬼 下), 「비악 상」(非樂 上), 「비명 상·중·하」(非命 上·中·下), 「비유 하」(非儒 下) 24편	
제3분류	「경 상·하」(經 上·下), 「경설 상·하」(經說 上·下), 「대취」(大取), 「소취」(小取) 6편	'묵변'(墨辯)으로 묵자의 논리학 분야의 성과. 「경」은 묵자가 직접 쓴 것이고, 「경설」은 묵자의 말을 적은 것. 중국 고대 논리학의 정수이다. 고대 중국인의 기하학, 광학, 역학, 물리학.
제4분류	「경주」(耕柱), 「귀의」(貴義), 「공맹」(公孟), 「노문」(魯問), 「공수」(公輸) 5편	묵자의 언행에 관한 기록
제5분류	「비성문」(備城門), 「비고림」(備高臨), 「비제」(備梯), 「비수」(備水), 「비돌」(備突), 「비혈」(備穴), 「비아부」(備蛾傅), 「영적사」(迎敵祠), 「기치」(旗幟), 「호령」(號令), 「잡수」(雜守) 11편	적의 공격을 방어하는 방법

중국학자 서희연은 다음과 같이 분류하였다.[55]

[표6-6] 서희연 『묵학연구』의 분류법

	편명	비고
제1분류	「친사」(親士), 「수신」(修身), 「소염」(所染), 「법의」	제자들이 묵자의 초기 사상에 근거하여 기록하고, 약간 발휘하여 이루어진 것이

---

55) 徐希燕, 『墨學研究』, 21-27쪽. 참조 요약.

	(法儀), 「칠환」(七患), 「사과」(辭過), 「삼변」(三辯) 7편	다. 그리고 노(魯)나라에서 완성하였다. 그러므로 묵자의 초기 사상이다.[56]
제2분류	「상현」(尙賢), 「상동」(尙同), 「겸애」(兼愛), 「비공」(非攻), 「절장」(節葬), 「천지」(天志), 「명귀」(明鬼), 「비악」(非樂), 「비명」(非命)	묵자 사상의 핵심으로 묵자 본인의 저작이거나 제자들이 묵자가 강습한 것에 근거하여 써 기록을 완성한 것이다. 그러나 「비악」, 「비명」편은 제자들이 약간 발휘한 것이 있다.
제3분류	「경 상·하」(經 上·下), 「경설 상·하」(經說 上·下)	묵자의 저작이다. 『묵경』(墨經)의 초기 주석가 노승(魯勝)의 관점이다.
제4분류	「대취」(大取), 「소취」(小取)	묵자의 저작이다.
제5분류	「경주」(耕柱), 「귀의」(貴義), 「공맹」(公孟), 「노문」(魯問), 「공수」(公輸) 5편	묵자의 제자가 묵자의 언행을 기록한 것이다.
제6분류	「비성문」(備城門) 이하 여러 편	묵자의 제자가 묵자의 군사 사상을 기록한 것이다. 또 후기 묵가 제자들의 ㅈ성(守城) 사상과 경험을 기록한 것일 수도 있다.

『묵자』의 논리학과 관련된 부분은 염정삼이 번역한 『묵경』(墨經)(1/2)이 있다.[57] 나머지 부분에 관한 번역본은 여러 가지 판본이 있다.

제4절 전기 묵가

---

56) 중국학자 형조량(邢兆良)은 「친사」(親士)·「수신」(修身)·「소염」(所染) 3편은 분명히 유가 색채를 띠고 있는데 묵자가 유가에서 출발하여 유가 사상에 반대하는 사상으로 나아간 발전 과정으로 볼 때, 이 몇 편은 묵자가 유가의 영향을 받은 초기 저작이라고 하였다. (徐希燕, 『墨學研究』, 21쪽.)

57) 염정삼 주해, 『묵경 1』, 한길사, 2012.

묵가 학파 철학사상의 중요한 학설들은 이미 묵자에 의하여 완성된 것이라고 한다. 묵가 학파는 전기 묵가 학파와 후기 묵가 학파로 구분할 수 있다. 전기 묵가 학파는 묵자와 그의 직접 제자들에 해당하는 철학사상이다. 후기 묵가학파는 묵자와 그의 직접 제자들이 죽은 뒤의 묵가 학파의 인물들이다.

묵가 사상의 특징으로는 ①실천성(實踐性), ②비판성(批判性), ③통속성(通俗性)이 있다.[58] "묵자는 공격적인 전쟁을 중지하고[非攻], 일상생활에서 절약하고[節用], 허울만 차려놓은 예식을 삼가고[節葬, 非樂], 안팎을 가리지 않고 모두 아껴주는[兼愛] 것이야말로 하늘의 뜻을 받들고 존경하는 일[天志, 尊天]이라고 주장했다."[59]

『묵자』(墨子) 「노문」(魯問)편에 그 내용이 보인다.

무릇 (관리가 되어) 어떤 나라를 다스릴 때에는 그 나라의 실정에서 시급한 일[務]을 선택하여 그 일을 해야 한다. 나라가 혼란하면 상현(尙賢)·상동(尙同)을 말한다. 나라가 가난하면 절용(節用)·절장(節葬)을 말한다. 나라가 음주가무에 빠져 있으면 비악(非樂)·비명(非命)을 말한다. 나라가 음란함과 괴이함에 빠져 있으면 존천(尊天)·사귀(事鬼)를 말한다.[60]

묵가 학파가 이처럼 각국의 상황에 따라 주장을 달리할 것을 말한 것은 바로 공리공론이 아니라 현실 속에서 실천할 수 있는 구체적 대안을 제시하고자 한 이유에서이다. 그러므로 묵자는 무엇보다도 먼저

---

58) 譚家建, 『墨子研究』, 14쪽.
59) 염정삼 주해, 『묵경 1』, 7-8쪽.
60) 『墨子』「魯問」: "凡入國, 必擇務而從事焉. 國家昏亂, 則言之尙賢·尙同; 國家貧, 則語之節用·節葬; 國家熹音湛酒, 則語之非樂·非命; 國家淫僻無禮, 則語之尊天·事鬼."

천하가 어지럽게 된 근본 원인을 살펴보라고 말한다.

　　성인은 천하를 잘 다스리는 것으로 일을 삼는 사람인데, 반드시 천하의
어지러움이 어디에서 일어나는가를 잘 살피게 되면 곧 천하를 잘 다스릴 수
있다. 천하의 어지러움이 어디에서 일어나는가를 잘 살피지 않게 되면 천하
를 잘 다스릴 수 없다.[61]

　　다른 학파들처럼 묵자 학파 역시 '천하의 어지러움'(天下之亂)을 살
펴 천하를 구하고자 한 것은 고통에 빠진 백성들의 삶을 구하고자 한
것이다.

　　백성들에게는 세 가지 근심이 있다. 기아에 허덕이는 자는 먹을 것을 얻
지 못하고, 추위에 떠는 자는 옷을 얻지 못하고, 힘겨운 노동에 고통을 받
는 자는 쉬지 못하고 있다.[62]

　　묵자 학파는 백성들의 삶이 이처럼 고통에 빠진 까닭에 공리공론이
아닌 실천적 차원에서 구제를 적극적으로 실천한 것이다. 그런 까닭에
천하의 어지러움의 근본 원인이 무엇인가 하는 문제를 잘 살필 것을
강조하였다.
　　묵자는 '상현'(尙賢), '상동'(尙同), '절용'(節用), '절장'(節葬), '비악'
(非樂), '비명'(非命), '존천'(尊天), '사귀'(事鬼), '겸애'(兼愛), '비공'(非
攻) 등 10가지 중요한 학설을 주장하였다. 이 10가지 주장의 핵심은

---

61) 같은 책, 「兼愛 上」: "聖人以治天下爲事者也, 必察亂之所自起, 焉能治之; 不
　　察亂之所自起, 則不能治."
62) 같은 책, 「非樂 上」: "民有三患: 饑者不得食, 寒者不得衣, 勞者不得息."

겸애 사상이다.

묵가 학파는 10가지의 주장을 하였지만, 그것은 결코 어느 하나를 고수하는 보수적 태도는 아니다. 그들은 실제적 이로움, 즉 실용주의라는 관점에 서서 각 나라의 상황에 따라 주장을 달리할 것을 학설로 세웠다.

아래에서는 이 10가지 주장을 몇 개의 주제로 나누어 고찰하기로 한다.

1. 형이상학

중국철학에서 형이상학은 서양철학처럼 진리를 탐구하는 것이 목적이 아니다. 중국철학에서 형이상학은 형이하학의 문제, 즉 인사(人事, 사람의 일)를 해결하기 위한 전제 또는 근거일 뿐이다.

선진시대 중국철학에서 가장 중요한 형이상학 개념은 '천'이었다.

고인들의 종교 신앙 중 영혼 불멸 관념을 독실하게 믿은 것 외에 이른바 토템 숭배 사상도 있었다. 이러한 종교 신앙은 조상숭배뿐만 아니라 천신(天神)과 자신(地神), 영혼에 대한 숭배로까지 확장되었으며 그 중에서도 하늘을 가장 숭배하였다.[63)

풍우란은 '천'(天)의 의미를 다섯 가지로 나누어 설명하였다.[64) 첫

---

63) 공병석, 「『禮記』와 『墨子』의 喪禮觀-天道觀을 중심으로-」, 한국중국어교육학회, 『동방예학』 제33집, 2014, 81-82쪽.
64) 馮友蘭, 『中國哲學史』, 藍登文化事業股份有限公司, 1989, 55쪽. (공병석,

째, '물질의 천'이다. 둘째, '주재자의 천'이다. 셋째, '운명의 천'이다. 넷째, '자연의 천'이다. 다섯째, '의리의 천'이다. 그런데 중요한 것은 세 가지로 나눌 수 있다.65) 첫째, '자연의 천'이다. 둘째, '인격 주재자로서의 천'이다. 셋째, '의리(義理)의 천'이다.

묵가 학파는 '인격천'을 가치 기준의 근원으로 생각하였다. 그는 먼저 '천'에 관해 이렇게 말하였다.

'하늘'[天]이 사람을 사랑하는 것은 성인이 사람을 사랑하는 것보다 넓고, 하늘이 사람을 이롭게 하는 것은 성인이 사람을 이롭게 하는 것보다 두텁다.66)

또 다음과 같이 말하였다.

하늘은 숲이나 골짜기 속에 한적하고 아무도 없는 곳이라 하더라도 분명히 보고 있다. ……그렇다면 하늘은 또한 무엇을 바라고 무엇을 싫어하는가? 하늘은 의로움을 좋아하고 불의를 싫어한다. ……그렇다면 무엇으로써 하늘의 의로움을 좋아하고 불의를 싫어한다는 것을 알 수 있는가? 그것은 천하의 의로움에 부합하면 살고, 의로움에 부합하지 못하면 죽게 되며, 의로움에 부합하면 부유해지고, 의로움에 부합하지 않으면 가난해지며, 의로움에 부합하면 다스려지고, 그렇지 못하면 어지러워진다. 하늘은 그들의 삶을 바라고 죽음을 싫어하며, 그들의 부를 바라고 어지러움을 싫어한다. 이것이 바로 내가 하늘은 의로움을 바라고 불의를 싫어한다는 것을 아는 까닭

「『禮記』와 『墨子』의 喪禮觀-天道觀을 중심으로-」, 82쪽. 재인용.)
65) 공병석, 「『禮記』와 『墨子』의 喪禮觀-天道觀을 중심으로-」, 82쪽.
66) 『墨子』「大取」: "天之愛人也, 薄於聖人之愛人也, 其利人也, 厚於聖人之利人也."

인 것이다.[67]

이처럼 묵자가 말하는 하늘은 '주재자의 천'에 가까우며 인격이 있고, 의지가 있고, 정서가 있고, 상벌을 줄 수 있는 조물주이자, 인간과 만물의 지고 지상의 주재자이다.[68] 다시 말해 "묵자는 하늘을 가장 고귀하고 가장 높은 권위의 소유자로서, 다시 말해 지고무상(至高無上)한 존재로서 인간 사회에서 가장 높은 사람인 천자를 제재하고 관찰하는 존재라고 보았다."[69] 그러므로 묵자에게 "천은 만물의 주재이며, 감각과 상상, 판단과 의지를 지닌 순전한 인격신"이라고 말할 수 있다.[70]

묵가의 10가지 중요 학설 가운데에서 묵자 철학의 형이상학 관념과 관련이 있는 것은 '존천'과 '사귀', '비명'이다.

(1) 하늘을 존숭함

먼저 '존천'에 관한 기록이다.

「천지 중」(天地 中)편에서 하늘의 뜻을 존중하도록 하였다.

---

67) 같은 책, 「天志 上」: "林谷幽閒無人, 明必見之. ……然則天亦何欲何惡? '天欲義而惡不義.' ……然則何以知天之欲義而惡不義? 曰: '天下有義則生, 無義則死.有義則富, 無義則貧, 有義則治, 無義則亂, 然則天欲其生而惡其死, 欲其富而惡其貧, 欲其治而惡其亂. 此我所以知天欲義而惡不義也.'"
68) 공병석, 「『禮記』와『墨子』의 喪禮觀-天道觀을 중심으로-」, 92쪽.
69) 박재범 옮김, 『묵자』, 177쪽.
70) 윤무학, 「묵가 겸애(兼愛)의 원리와 실천」, 228쪽.

오직 하늘의 뜻을 받들어 온 세상에 널리 편다면, 형정(刑政)이 잘 이루어져 만민이 화합하게 되고, 나라는 부유하여 재물이 넉넉해지고, 백성은 모두 배부르고 따뜻하여 근심이 없을 것이다.71)

묵자에 의하면 하늘은 상(賞)과 벌(罰)을 내리는 자이다. 그러므로 사람은 하늘의 뜻을 따라야 한다고 말하였다.
「천지 상」(天地 上)편의 기록이다.

하늘의 뜻을 따르는 사람은 모두 서로 사랑하고, 서로 이롭게 해주기에 반드시 하늘의 상을 받는다. (이와는 반대로) 하늘의 뜻에 반하는 자는 사람을 차별하여 서로 미워하며 서로 해쳐서 반드시 하늘의 벌을 받는다.72)

이처럼 묵자에 의하면 하늘은 욕망(의지)이 있고, 상벌을 내리는 존재이다.

(2) 귀신을 섬김

다음은 '귀신을 섬긴다'(事鬼)는 것에 대한 것이다.
주대 이전에는 '제정일치'(祭政一致) 시대였지만, 주대에는 제정분리(祭政分離)로 전환하였다. 제정일치 사회에서 '상제'(上帝), '귀신'(鬼神)

---

71)『墨子』「天地 中」: "故唯伊明乎順天之意, 奉而光施之天下, 則刑政治, 萬民和, 國家富, 財用足, 百姓皆得煖衣飽食, 便寧無憂."
72) 같은 책,「天志 上」: "順天意者, 兼相愛, 交相利, 必得賞. 反天意者, 別相愛, 交相賊, 必得罰."

은 인간의 '덕'(德)과 무관하게 작동하였다. 그런데 주대에는 이전 상대(商代)의 최고신 '제'(帝) 개념은 '천'(天) 개념으로 대체되었다. 그리고 '하늘'과 '귀신'에 대한 해석에서 '덕'이 개입되었다. 그런 까닭에 인간의 도덕적 행위의 결과에 따라 '하늘', '귀신'이 개입할 수다고 생각하였다.[73] 이처럼 고대 중국에서 '귀신'론은 "국가의 통치와 인간의 실제 삶과 밀접한 관계를 맺고 있었다."[74]

묵자는 '귀신'의 존재를 믿었다. 그러므로 당연히 신(神)에게 제사 지내는 것을 존중했다. 그렇지만 묵자의 '귀신'관 역시 앞에서 말한 인간의 '덕'과 밀접한 관계가 있었다. 그러므로 그가 말하는 '귀신'의 작용—인간에게 '상'과 '벌'을 주는 것—은 '귀신'이 일방적으로 작용하는 것이 아니라 인간의 '선', '악'과 관계가 있다.

「명귀 하」(明鬼 下)편의 내용이다.

    옛날 삼대의 성왕들이 돌아가신 뒤로는 처하는 의로움을 잃고, 제후들은 힘으로 정치를 하게 되었다. ……이렇게 된 까닭은 무엇인가? 모두 귀신이 있고 없는 분별에 의혹하여 귀신이 현명한 사람에게는 상을 주고 난폭한 자에게는 벌을 줄 수 있음을 알지 못했기 때문이다.[75]

또 다음과 같이 말하였다.

    이제 만일 세상 사람들이 모두 귀신이 능히 현명한 사람에게 상을 주고

---

73) 홍다운, 「춘추전국시대의 귀신 이론」, 한국중국어문학회, 『중국문학』 제 110집, 2022, 40쪽.
74) 위와 같음.
75) 『墨子』「明鬼 下」: "逮至昔三代聖王旣沒, 天下失義, 諸侯力正. ……此其故何 以然也? 則皆以疑惑鬼神之有與無之別, 不明乎鬼神之能賞賢而罰暴也."

포악한 사람에게 벌준다는 일을 믿게 한다면 천하가 어찌 어지럽게 되겠는
가?76)

묵자의 이러한 생각은 인간의 행위—특히 통치자의 도덕 행위—를
'귀신'이라는 관념을 통해 제어하기 위한 것이다. "묵자는 '하늘'의 존
재를 분명하게 드러내기 위해 '귀신'의 존재를 함께 부각시켰던 것이
다."77) 그러므로 "묵자가 말하는 귀신은 하늘의 뜻대로 움직이며 하늘
과 인간 사이에서 매개의 역할을 하는 존재로" 이해한 것이다.78)

그렇지만 묵자가 귀신이 있다는 것을 믿어야 한다고 해서 인간을
마치 운명에 사로잡힌 존재로 본 것은 아니다. 왜냐하면 '귀신'이 인
간에게 '상'과 '벌'을 주는 것은 어디까지나 인간의 '덕'—즉 도덕적
행위—에 달려있기 때문이다.

(3) 운명의 부정

『묵자』에서 '운명'[命]을 부정한 편명으로는 「비명」(非命) 상·중·하 3
편이 있다. 묵자 철학에서 '비명'은 "운명론 내지 숙명론을 부정하고
반대한다는 뜻이다."79)

먼저 '운명'[命]을 주장하는 것이다.

---

76) 위와 같음: "今若使天下之人, 偕信鬼神之能賞賢而罰暴也, 則夫天下豈亂哉?"
77) 홍다운, 「춘추전국시대의 귀신 이론」, 58쪽.
78) 위와 같음.
79) 박재범 옮김, 『묵자』, 229쪽.

인간들 사이에 운명이 있다고 주장하는 자들이 많다. 운명이 있다고 주장
하는 자들은 말한다. "부유할 운명이면 부유하게 되고, 가난할 운명이면 가
난해지고, 많아질 운명이면 많아지고, 적어질 운명이면 적어지며, 다스려질
운명이면 다스려지고, 어려워질 운명이면 어려워지며, 오래 살 운명이면 오
래 살고, 일찍 죽을 운명이면 일찍 죽는다. ……"80)

그러나 묵자는 '비명'을 주장하였다.

운명론을 고집하는 것은 악한 말의 근원이 되며 난폭한 사람의 도이
다.81)

그렇다면 묵자가 '운명'론을 부정한 이유는 무엇인가? 그것은 먼저
이러한 '운명'론의 근원이 '폭군'과 '어리석은 사람'이기 때문이다.

운명론은 어디에서 나왔는가? 옛 삼대의 성왕이나 착한 사람의 입에서
나왔는가? 아니면 그때의 폭군이나 어리석은 사람의 입에서 나왔는가? 이것
은 분명 옛 삼대의 폭군 또는 어리석은 사람이 주장한 말임에 틀림이 없
다.82)

다음으로 '운명'이란 경험할 수 없는 것이기 때문이다.

---

80) 『墨子』「非命 上」: "執有命者, 以襍於民閒者衆. 執有命者之言曰: '命富則富,
命貧則貧, 命衆則衆, 命寡則寡, 明治則治, 命亂則亂, 命壽則壽, 命夭則夭.
……'"
81) 위와 같음: "强執此者, 此特凶言之所自生, 而暴人之道也."
82) 같은 책,「非命 下」: "然今夫有命者, 不識昔也三代之聖善人與? 意亡昔三代之
暴不肖人與? 以若說觀之, 則必非昔三代聖善人也, 必暴不肖人也."

옛날부터 현재에 이르기까지 백성이 생겨난 이래 운명이란 것을 보았거
나 운명의 소리를 들어본 자가 있었던가? 일찍이 그런 적이 없다.83)

그다음으로 '운명'론에는 매우 큰 해악이 있다.

지금 운명이 있다고 주장하는 사람의 말을 따른다면, 상부의 지도자들은
정사를 다스리지 않고 하부의 백성은 일에 종사하지 않게 될 것이다. 위에
서는 정사를 다스리지 않고, 아래로는 일에 종사하지 않으면 쓸 재물이 부
족하게 될 것이다.84)

이것은 매우 합리적인 사유이다.

이상의 형이상학적 관념을 바탕으로 묵자는 '현인 정치'를 추구하고
'겸애 사회'를 건립하였으며, '균등경제'를 발전시키려고 노력하였
다.85)

2. 정치사상

묵자는 하늘의 뜻을 따르는 정치를 주장하였다. 그것을 '의로운 정
치'라고 말하였다.

---

83) 같은 책, 「非命 中」: "自古以及今, 生民以來者, 亦嘗有見命之物, 聞命之聲者
乎? 則未嘗有也."
84) 같은 책, 「非命 上」: "今用執有命者之言, 則上不聽治, 下不從事. 上不聽治,
則刑政亂. 下不從事, 則財用不足."
85) 공병석, 「『禮記』와 『墨子』의 喪禮觀-天道觀을 중심으로-」, 84쪽.

하늘의 뜻을 따르는 것을 '의로운 정치'[義政]라고 한다.86)

이것은 정치 행위의 형이상학적 근거가 된다. 이것과 반대되는 것이 '힘으로 하는 정치'[力政]이다.

하늘의 뜻에 반하는 것을 '힘으로 하는 정치'[[力政]라고 한다.87)

이것은 '폭력정치'이다. 이것은 하늘의 뜻을 거스르는 정치이다.

그렇다면 '의로운 정치'란 무엇인가? 그리고 그 기준은 무엇인가? 각각의 단위에서 '침략'하지 않는 것이다.

큰 나라가 작은 나라를 공격하지 않고, 큰 집안이 작은 집안을 빼앗지 아니하며, 강한 자는 약한 자의 것을 강탈하지 아니하고, 귀한 자는 천한 자에게 오만하지 아니하며, 지략이 많은 자는 어리석은 자를 속이지 않는 것이다.88)

당연한 말이지만, 이 '의로운 정치'가 이루어지지 않으면 국가는 혼란에 빠지게 된다. 묵자는 '나라의 일곱 가지 환란'[國有七患]에 관해 다음과 같이 말하였다.

나라에는 '일곱 가지 환란'이 있다. '일곱 가지 환란'이란 무엇인가? 성곽이나 해자로 나라를 지키지도 못하면서 궁궐을 크게 세우는 것이 첫 번째

---

86) 『墨子』「天志 上」: "願天意者, 義政也."
87) 위와 같음: "反天意者, 力政也."
88) 위와 같음: "處大國不攻小國, 處大家不纂小家,, 强者不劫弱, 貴者不傲賤, 詐者不欺愚."

환난이다. 적국이 국경까지 공격해 왔는데도 사방 이웃 나라 가운데 아무도 구해주지 않는 것이 두 번째 환난이다. 백성의 힘을 쓸데없는 일에 다 써버리고 능력이 없는 사람에게 상을 주어 결국 백성의 힘을 쓸모없는 일에 다 써버리고 재물은 손님 대접에 다 써버리는 것이 세 번째 환난이다. 벼슬하는 자들은 봉록을 지키기만 하고, 유세하는 자들은 패거리를 만들기만 하며, 왕은 법을 고쳐 신하를 함부로 질책하고, 신하는 겁나서 감히 거스르지 못하는 것이 네 번째 환난이다. 왕이 스스로 신성하고 총명하다고 생각하여 정사에 관해 묻지 않고, 나라가 안전하며 강하다고 스스로 여기고 방비를 하지 않으며, 사방의 이웃 나라들이 침략할 계획을 세우고 있는데도 경계할 줄을 모르는 것이 다섯 번째 환난이다. 왕이 신임하는 자들은 충성스럽지 않고, 충성스런 사람은 왕이 신임하지 않는 것이 여섯 번째 환난이다. 저장된 식량은 백성을 먹이기에 부족하고, 대신들은 부리기에 부족한 자들이며, 상을 내려도 백성을 기쁘게 할 수 없고, 형벌을 가해도 위압할 수 없는 것이 일곱 번째 환난이다.[89)]

그 결과는 당연히 나라가 망하는 것이다.

나라에 이 '일곱 가지 환란'[七患]이 있다면 나라는 반드시 멸망할 것이다. ……이 '일곱 가지 환란'을 당하면 나라는 반드시 재앙을 당하게 될 것이다.[90)]

---

89) 같은 책, 「七患」: "國有七患, 七患者何? 城郭溝池不可守, 而治宮室, 一患也. 邊國至境, 四鄰莫救, 二患也. 先盡民力無用之功, 賞賜無能之人, 民力盡於無用, 財寶虛於待客, 三患也. 仕者持祿, 游者憂交, 君脩法討臣, 臣懾而不敢拂, 四患也. 君自以爲聖智, 而不問事, 自以爲安彊, 而無守備, 四鄰謀之不知戒, 五患也. 所言不忠, 所忠不信, 六患也. 畜種菽粟, 不足以食之, 大臣不足以事之, 賞賜不能喜, 誅罰不能威, 七患也."
90) 위와 같음: "以七患居國, 必無社稷. ……七患之所當, 國必有殃."

이러한 '나라의 환란'을 막기 위해서는 인재(도덕과 재능이 뛰어난 사람)를 임용해야 한다.

묵가 학파의 정치사상에는 '상현'과 '상동'이 있다. 이것과 함께 유능한 인재의 등용과 평가, 그리고 여론의 수렴 등과 같은 내용을 살펴보아야 한다.

(1) 상현

먼저 '상현'이다. 상현은 '현명한 사람'을 숭상한다는 것이다. 이것을 국정을 담당할 인재를 중시하는 것이다. 이 문제는 또 언로를 열어 두는 것과 관련이 있다.

1) 인재 등용

묵자는 통치자(왕과 대신)가 국가의 부유함, 백성이 많아짐, 법률과 행정이 잘 다스려지기를 바라지만 그렇게 되지 않는 원인에 대해 이렇게 말하였다.

　　그것은 국가의 정치를 맡은 왕공(王公)과 대인(大人)들이 현명한 사람들을 존중하고 능력이 있는 사람들을 임용하여 정치하도록 하지 못했기 때문이다.[91]

---

91) 같은 책, 「尙賢 上」: "是在王公大人爲政於國家者, 不能以尙賢事能爲政也."

묵자가 말하는 '현량지사'(賢良之士)는 도덕적 인격을 갖춘 인물, 재
능이 있는 인물이다. 즉 도덕과 능력을 모두 갖춘 인물이다. 이것은
단순히 '도덕'만 갖춘 인물이 아니라 거기에 '능력'도 갖춘 인물이어야
한다. 바꾸어 말해서, 묵자가 말하는 '현인'이란 단순히 유가에서 강조
하는 도덕적인 인간이 아니라 덕행·변론·학예 등에 능통한 사람이다.
그러므로 농부·장인(匠人)·상인 등 귀천에 상관없이 유능하다면 임용
하여 정치를 맡겨야 한다.92)

이런 사람들은 본래 나라의 보배이고, 사직(社稷)의 보필자이다. 이들을
부귀하게 해주고 공경하며 영예롭게 해주어야만 나라의 **훌륭한 선비가 많아**
질 수 있다.93)

이처럼 도덕과 능력/재능을 갖춘 인재는 국가의 통치에 없어서는
안 될 보배이다.

묵자는 먼저 「친사」(親士)편 첫머리에서 이렇게 단언하였다.

국정을 잡은 왕이 어진 선비들을 가까이하여 아껴주지 않는다면, 그 나라
는 곧 망할 것이다. 어진 이를 보고도 그런 사람을 기용해 쓰는 데 서두르
지 않는다면, 그들도 왕을 소홀히 할 것이다. 어진 이가 아니라면 쓰는 데
다급할 게 없고, 어진 선비가 아니라면 함께 나라를 걱정할 상대가 못된다.
어진 이를 소홀히 하고 또 선비들을 잊고도 자신의 나라를 보전할 수 있었

---

92) 朴文鉉, 「『太平經』과 墨子의 經世思想」, 18쪽.
93) 『墨子』「尙賢 上」: "此固國家之珍, 而社稷之佐也. 亦必且富之貴之, 敬之譽之.
然后國之賢良之士, 亦將可得而衆也."

던 왕은 일찍이 없었다.94)

그런 까닭에 인재의 중요성을 강조하였다.

그러므로 그 나라에 현명하고 훌륭한 선비들이 많으면 그 나라의 정치는 두터워지고, 현명하고 훌륭한 선비들이 적으면 그 나라의 정치는 쇠락해진다. 따라서 왕공과 대인이 힘쓸 일은 현명한 사람들을 많게 하는 일이다.95)

또 다음과 같이 말하였다.

그러므로 옛날에 성왕(聖王)이 정치를 할 때는 덕이 있는 자를 벼슬자리에 앉히고, 현명한 자를 존숭하였다. ……무릇 현명한 사람을 숭상하는 것이 정치의 근본이다.96)

묵자의 이러한 말은 매우 상식적이다. 그렇지만 그런 만큼 적실한 말이기도 하다. 인재 등용이 합리적이지 못하면 그 나라는 당연히 망국의 길을 가게 될 것이다.

그러므로 간사한 신하는 왕을 망치고, 아첨하는 신하는 윗사람을 상하게 한다.97)

---

94) 같은 책, 「親士」: "入國而不存其士, 則亡國矣. 見賢而不急, 則緩其君矣. 非賢無急, 非士無與慮國. 緩賢忘士, 而能以其國存者, 未曾有也."
95) 같은 책, 「尙賢 上」: "是故國有賢良之士衆, 則國家之治厚, 賢良之士寡, 則國家之治薄. 故王公大人之務, 將在於衆賢而已."
96) 위와 같음: "故古者聖王之爲政, 列德而尙賢. ……夫尙賢者, 政之本也."
97) 같은 책, 「親士」: "是故佞臣傷君, 諂下傷上."

　군주를 포함하여 국가 정치를 담당하는 사람은 '내부적 인격'(인품)
과 '외부적 기능'(재능)이 필요하다.

　　그것은 군주에게 관리를 채용할 때 친근함과 소원함에 따른 차별을 철폐
할 것을 주장하고, 특히 인습적으로 소외되어 왔던 토착 관리와 公族의 次
男 이하, 성읍 안팎의 서민과 노예 등 정치상의 약자들에게도 재능에 따라
관리 등용의 문호를 개방할 것을 요구하고 있다. 또 그 논리로써 옛 성왕은
농민, 工人 등의 신분에 구애됨이 없이 현자를 채용하였다고 주장하고 있
다.98)

　묵자의 상현 사상은 관료 임명에서 신분적 차별을 반대한 것이다.
현량지사를 선발하는 기준은 오직 '도덕'과 '재능' 두 가지일 뿐이다.

　　훌륭한 인재는 부리기 어렵지만, 왕을 도와 왕이 존경을 받는 왕이 되게
해줄 수 있다.99)

　또 인재를 등용할 때는 그 사람의 능력을 고려해야 한다.

　　천 명을 다스리지 못하는 사람이 만 명을 다스리는 벼슬자리에 앉게 되
면 이것은 그가 받은 벼슬이 그의 능력의 열 배가 되었음을 뜻한다. ……그
사람의 재능에 열 배나 되는 (감당하기 어려운) 관직을 맡긴다면 열 가지
일이 있을 때 그 가운데 한 가지만 처리할 수 있기 때문에 나머지 아홉 가

---

98) 張閨洙, 「《墨子哲學》 방법론 小考」, 97쪽.
99) 『墨子』「親士」: "良才難令, 然可以致君見尊."

지는 버리게 되는 것이다.100)

이것은 관료의 임명과 임명된 관료의 재능/능력이 일치하지 않는 상황이다. 이렇게 되면 그 관료는 당연히 그가 담당한 역할을 충분히 감당할 수 없게 된다. 이것은 잘못된 임용이다. 그러므로 군주는 관료를 임용할 때 그의 능력/재능에 맞게 적재적소에 기용해야 한다.

2) 인사 평가

군주는 도덕과 재능이 뛰어난 사람을 선발하여 관료로 임용할 때, 그리고 임용한 뒤에는 임용할/임용한 관료에 대해서는 합당한 인사제도에 따라 정당한 평가를 해야 한다.

그러므로 옛날의 성왕들은 현명한 사람들을 존중하고 유능한 사람들을 등용하였다. ……성인은 그런 후에야 그들이 하는 말을 듣고 실제 형적(形迹)에 따라 그들의 행동을 판단하며, 또한 그들의 능력을 살펴 신중하게 벼슬을 주었는데, 이것을 두고 바로 능력이 있는 사람들을 부리는 방법이라고 말하는 것이다. 그러므로 나라를 다스릴 수 있는 사람이 나라를 다스리게 할 수 있었다.101)

---

100) 같은 책, 「尙賢 中」: "不能治千人者, 使處乎萬人之官, 則此予官什倍也. ……而予官什倍, 則此治一而棄其九矣."
101) 같은 책, 「尙賢 中」: "故古者聖王甚尊尙賢而任使能. ……然後聖人聽其言, 迹其行, 察其所能而慎予官, 此謂事能, 故可使治國者使治國."

묵자는 이처럼 관료를 임용할 때 그리고 임용한 뒤에도 그들의 출신이 아닌 재능/능력에 따라 일을 맡기도록 하였다. 이것은 매우 합리적인 판단이다. 여기에서 중요한 것은 유학에서 강조하는 것처럼 '혈연'과 같은 '사적 관계'는 고려 대상이 아니라는 점이다.

'부형'(父兄)이라고 하여 감싸주지 않았고, '부귀'(富貴)한 사람들에게 치우치지도 않았으며, 아첨하는 낯빛을 띤 사람들을 총애하는 일도 없었다.102)

묵자는 군주가 관료를 임용할 때는 이처럼 '혈연'·'부귀'·'총애' 등과 같은 '사적 관계'는 제거해야 할 것으로 생각하였다. 이것은 철저하게 '능력주의'(도덕과 재능/능력)라고 말할 수 있다.

현명한 사람이라면 등용하여 높은 자리에 올려주고, 부유하고 귀하게 해주면서 관청의 우두머리로 삼았다. 못난 사람이라면 파면시켜 가난하고도 천하게 만들면서 노복(奴僕)으로 삼았다.103)

묵자는 '현인을 존숭한다'는 이론을 통해 현명한 사람을 뽑고, 그 능력에 따라 배치하며, 그 공적을 엄격하게 심사하여 진퇴임면(進退任免)을 결정해야 한다고 하였다.104) 이것은 "철저한 능력 위주의 관리선발과 엄격한 考課制를 통한 관리의 통제로, 이상적인 인사제도를 확립하고자 한다."105)

---

102) 위와 같음: "不黨父兄, 不偏富貴, 不嬖顔色."
103) 위와 같음: "賢者擧而上之, 富而貴之, 以爲官長. 不肖者抑而廢之, 貧而賤之, 以爲徒役."
104) 朴文鉉, 「『太平經』과 墨子의 經世思想」, 19쪽.
105) 같은 논문, 18쪽.

3) 언로의 자유

묵자는 바른 정치를 위해서는 언로를 열어두어야 한다고 말하였다.

　왕에게 반드시 간언하는 신하가 있고, 윗사람에게는 반드시 직언하는 아랫사람이 있어야 한다. 논쟁이 진지하게 벌어지고 서로 훈계하며 따져 논하게 된다면 그 왕은 오래도록 살면서 나라를 보전하게 될 것이다.106)

　정치에서 언로는 임용한 관료들의 뛰어난 능력을 마음껏 발휘하도록 하여 국가 발전을 도모하는 가장 기초가 되는 일이다. 그런데 고대 중국의 전통사회에서 이러한 문제를 해결할 수 있는 주체는 당연히 군주였다. 그러므로 군주가 언로를 열어두지 않으면, 즉 관료의 말을 듣지 않으면 나라가 위태롭게 되는 것은 상식에 속하는 문제이다. 사실 이것은 법과 같은 제도를 통해 확립해야 하는 문제였다. 그러나 고대 중국에서 이러한 제도는 마련되지 못하였고, 오직 군주 한 사람의 뜻에 따라 좌지우지되었다.

(2) 상동

---

106) 『墨子』 「親士」: "君必有弗弗之臣, 上必有諤諤之下. 分議者延延, 而支苟者諤諤, 焉可以長生保國."

다음은 '상동'이다. 이것은 군주를 핵심으로 한 통치집단의 견해에 동의해야 한다는 것이다.

「상동 하」(尙同 下)편의 내용이다.

천하가 잘 다스려지는 것은 무엇 때문인가? 오직 상동(尙同)이라는 이 한 가지의 도리로 정치를 했기 때문이다. ……성왕들은 모두 '상동'의 도리를 이용하여 정치를 했기 때문에 천하가 잘 다스려졌다. ……상동은 정치의 근본이며 다스림의 요체이다.107)

이것은 '여론의 통일'을 의미한다. 「상동 상」(尙同 上)편의 기록이다.

나라가 다스려지는 이유는 어디에 있는가? 군주[國君]가 나라 전체의 뜻을 통일할 수 있기 때문에 나라가 다스려지는 것이다.108)

여기에서 문제는 여론을 어떻게 통일시킬 것인가이다. 묵자는 이렇게 말하였다.

천자는 천하의 백성에게 정령을 널리 알려 다음과 같이 말한다. "좋은 말이든 나쁜 말이든 듣게 되면 모두 그것을 윗사람에게 고하라. ……'"109)

그런데 또 이렇게 말하였다.

---

107) 같은 책, 「尙同 下」: "然計若國之所以治者何也, 唯能以尙同一義爲政故也. ……聖王皆以尙同爲政, 故天下治. ……尙同爲政之本, 而治之要也."
108) 같은 책, 「尙同 上」: "察國之所以治者何也? 國君唯能壹同國之義, 是以國治也."
109) 위와 같음: "天子發政於天下之百姓, 言曰: '聞善而不善, 皆以告其上. ……'"

윗사람이 옳다고 여기는 것은 반드시 모두 그것을 옳다고 여기며, 그르다
고 여기는 것은 반드시 모두가 그르다고 여겨야 한다. ……110)

이것은 매우 위험한 요소를 담고 있다. 철저하게 개인의 의견은 무
시하고 통치집단의 견해에 절대복종해야 하기 때문이다. 여기에서 문
제는 통치집단(특히 군주)의 '옳음'[是]과 '그름'[非]이라는 견해의 정당
성이다. 다시 말해 통합된 견해의 정당성을 어떻게 확보할 것인가? 또
통합된 여론이면 무조건 옳은 것인가? 이 '상동'의 논리는 앞에서 말
한 언로의 자유와 모순되지 않는가? 그러므로 묵자의 '상동'의 논리에
는 고민할 점이 많이 있다.

3. 사회사상

묵가의 사회사상은 겸애설이 핵심이다. 이것은 '차별하지 않고 사랑
하는 것'이다. 묵가 학파가 겸애설을 주장한 것은 당시 주대 예악 문
화의 차별주의에 그 원인이 있다.

만약 모두가 자신의 부모만을 본받는다면 어떻게 될까? 천하에 부모 노
릇을 하는 사람은 많지만 어진 사람은 적다. 만약 저마다 자신의 부모를 본
받는다면 이것은 어질지 않음을 본받는 것이다. 어질지 않음을 본받는 것은
법도로 삼을 수 없다.111)

---

110) 위와 같음: "上之所是必皆是之, 所非必皆非之. ……"
111) 같은 책, 「法儀」: "當皆法其父母奚若? 天下之爲父母者衆, 而仁者寡. 若皆法

우리가 잘 알고 있는 것처럼, 유학은 '차별애'를 주장한다. 유가 철학에는 근본적으로 '가족이기주의'가 내재하였다. 묵가 학파는 이것을 '별애'(別愛)라고 지적하였다.

『논어』에는 '직궁'(直躬)의 이야기가 있다.

섭공(葉公)이 공자에게 말하였다. "우리 향당(鄕黨)에는 직궁(直躬)이라는 사람이 있는데 마음이 곧아 그 아버지가 양을 훔치자 아들로써 스스로 고발 하였습니다." 공자가 말하였다. "우리 향당에서 곧은 사람은 그와 같지 않습 니다. 아버지는 자식을 위하여 숨겨주고 자식은 아버지를 위하여 숨깁니다. 진실로 곧음이란 그 가운데 있습니다."112)

『여씨춘추』에는 묵자 학파의 지도자인 거자(鉅子) '복돈'(腹䵍)의 이 야기가 있다.

묵가의 문인 중에 거자(鉅子) 복돈(腹䵍)이라는 사람이 있었는데, 그가 진 (秦)나라에 살 때에 그의 아들이 사람을 죽였다. 진나라 혜왕(惠王)이 말하 였다. "선생의 연세가 연로하시고 다른 아들이 없으므로 과인은 이미 옥리 에게 처형하지 말라고 명하여 놓았습니다. 그러니 선생께서는 이 사건을 제 말대로 하시어 처리하도록 합시다." 그러자 복돈이 말하였다. "저희 묵가 문 인들은 법은 '사람을 죽인 자는 죽어야 하고, 사람을 다치게 한 자는 형벌 을 받아야 한다'고 규정하고 있습니다. 이것은 사람을 죽이거나 다치게 않 게 하기 위한 것입니다. 무릇 사람을 죽이거나 다치지 않게 금지하는 것은

其父母, 此法不仁也. 法不仁, 不可以爲法."
112) 『論語』「子路」: "葉公語孔子曰: '吾黨有直躬者, 其父攘羊, 而子證之.' 子曰: '吾黨之直者, 異於是, 父爲子隱, 子爲父隱, 直在其中矣."

천하가 다 함께 지켜야 하는 공법입니다. 임금께서 비록 제아들에게 은덕을 베푸시어 옥리로 하여금 그를 처형하지 않게 하신다고 하더라도 저는 묵가 문인들의 법을 시행하지 않을 수 없습니다." 복돈은 이처럼 혜왕의 제안을 받아들이지 않고 마침내 자신의 아들을 처형하였다.113)

이처럼 복돈이 아들을 죽인 사건에 대하여 『여씨춘추』는 이렇게 평가하였다.

아들이란 누구나가 아끼는 것이지만 이 아끼는 것을 죽임으로써 누구나 지켜야 하는 대의(大義)을 시행하였으니, 거자는 가히 공정하다[公]고 말할 수 있다.114)

이 글에 의하면 복돈은 아들을 죽임으로써 공법을 지킨 인물이다. 물론 우리가 직관적으로 이해할 때 복돈의 행위는 과격하였다고 볼 수 있다. 만약 유가적 관점에 의하면 이것은 '인'을 해치고 '의'를 지킨 것으로 정당화될 수 없는 일이다.115)

윤무학은 이 두 이야기에서 통해 "묵자의 겸애가 가족주의에 기반한 유가의 인애(仁愛) 관념과의 차이를 보여주는 대목"이라고 말하였다.116) 그런데 아마도 우리는 직관적으로 공자의 견해에 동조하기 쉽

---

113) 『呂氏春秋』 「十二紀」 「孟春紀」 「去私」: "墨者有鉅子腹䩈, 居秦, 其子殺人. 秦惠王曰: '先生之年長矣, 非有它子也, 寡人已令吏弗誅矣, 先生之以此聽寡人也.' 腹䩈對曰: '墨者之法曰; 殺人者死, 傷人者刑. 此所以禁殺傷人也. 夫禁殺傷人者, 天下之大義也. 王雖爲之赦, 而令吏弗誅, 腹䩈不可不行墨者之法.' 不許惠王, 而遂殺之."
114) 위와 같음: "子, 人之所私也, 忍所私以行大義, 鉅子可謂公矣."
115) 이경환, 『천하는 천하 사람의 것이다-『여씨춘추』 연구』, BOOKK, 2020, 421쪽.
116) 윤무학, 「묵가 겸애(兼愛)의 원리와 실천」, 230쪽.

다. 그리고 복돈의 처사는 인정이 없는 또는 인정에 맞지 않는 매우 비인간적이라고 생각할 것이다. 그렇지만 이것은 그렇게 간단한 문제 가 아니다. 이것은 '공사'(公私), '공적인 것'과 '사적인 것'이 충돌할 때 그 문제를 어떻게 처리할 것인가라는 문제이다. 그런데 여기에서 '사적인 것'이 '부모와 자식'의 관계, 즉 천륜의 문제가 아니라면 그 처리는 매우 쉽다. 유학적 관점에 의하면 이것은 가정윤리와 사회윤리 가 충돌한 것으로, 유학은 가정윤리를 사회윤리의 근본이라고 생각한 다. 그러므로 유가에 의하면 자식이 부모를 고발하는 것은 사회윤리로 가정윤리를 파괴하는 행위이다. 이것은 유학의 관점에서는 결코 받아 들일 수 없는 것이다. 공자를 대표로 한 유가의 "인애는 혈연 종법 관 계에 기초한 친소와 귀천이 전제된 것이기 때문이다."117) 그렇지만 묵 가에서 말하는 "겸애는 일종의 개인의 사랑을 초월하고 가족의 사람을 초월하며 심지어는 국가의 사랑을 초월한 무차별한 보편적 사랑이다. 따라서 사랑의 계급과 시공을 초월한다고 해도 무방하다."118)

「겸애 하」(兼愛 下)편의 기록이다.

  지금 내가 근본적인 것으로 든 '아우르는 것'[兼]이 낳는 것은 천하의 큰
  이익이 되는 것이다. 내가 근본적으로 든 '차별을 두는 것'[別]이 낳는 것은
  천하의 큰 해가 되는 것이다. 그러므로 묵자가 말하였다. "차별하는 것은
  그른 것이고, 아우르는 것은 옳은 것이다."119)

묵자가 말하는 겸애는 "자신을 포함한 모든 사람을 사랑하는 것"이

---

117) 같은 논문, 235쪽.
118) 위와 같음.
119) 『墨子』「兼愛 下」: "今吾本原兼之所生, 天下之大利者也. 吾本原別之所生, 天下之大害者也. 是故子墨子曰: '別非而兼是者, 出乎方也.'"

다.120) 그는 천하가 혼란하게 된 원인은 바로 사람들이 "서로 사랑하지 않기"(不相愛) 때문이라고 하여, 그것으로부터 세상 문제를 해결하려고 하였다.

먼저 사회 혼란의 원인을 알아야 한다고 지적하였다.

성인이 세상을 다스리는 일을 일로 삼을 사람인데 반드시 혼란(난리)이 일어나는 근원을 알아야 능히 다스릴 수 있다.121)

그리고 그 원인/근원을 이렇게 말하였다.

일찍이 천하의 혼란이 어디에서 일어나는지를 살펴보았는데, 서로 사랑하지 않는 것(不相愛)에서 생겨났다.122)

『묵자』「겸애 중」(兼愛 中)편의 기록이다.

이제 제후가 오직 자기 나라만 사랑하고 다른 나라를 사랑하지 않는다. 그래서 다른 나라를 공격함을 주저하지 않는다.123)

이대희는 겸애를 실현하는 방법으로 네 가지를 제시하였다.124) 첫

---

120) 윤무학,「묵가 겸애(兼愛)의 원리와 실천」, 230쪽.
121)『墨子』「兼愛 上」: "聖人以治天下爲事者也, 必知亂之所自起."
122) 위와 같음: "當察亂何自起, 起不相愛."
123) 같은 책,「兼愛 中」: "今諸侯獨知愛其國, 不愛人之國, 是以不憚擧其國以攻人之國."
124) 이대희,「『묵자(墨子)』의 겸애(兼愛), 비공(非攻), 절용(節用)에서 배우는 행정의 지혜」, 882-883쪽.

째, 진정한 인성의 본 모습, 인간이 추구하는 본질적 욕구가 무엇인지 정확히 알아야 한다. 둘째, 천지의 올바른 의를 잘 파악할 수 있는 지혜롭고 어진 성인(聖人)·군자(君子)·사(士)를 찾아 일을 맡겨야 한다. 셋째, 천지의 의로운 실천이 곧 정치이다. 넷째, 차별을 없애야 한다. 묵자는 이것을 실행하기 위해서 현명한 사람을 숭상해야 한다고 강조하였다.

묵자의 주장이 사람들에게 "공허한 이상주의"로 비쳤을 수도 있다.125) 그러므로 당시에 이미 여러 학자가 비판을 받았다.

> 겸애라고 하는 것은 어질고 의로운 것이기는 하지만, 과연 행할 수 있는 것입니까? 비유하여 말하자면, 이것은 마치 태산을 들고 장강이나 황하를 뛰어 건너는 것과 같다. 그러므로 다만 바라는 것이기는 할지언정 어찌 실행할 수 있겠는가?126)

그런 까닭에 "그러나 이러한 주장은 결코 당시 사회의 적극적인 공인을 받기 어려웠다. 오히려 겸애의 주장은 이론적으로 훌륭한 것이지만 실천하기는 매우 어려운 것이라는 비판을 받았다."127) 그렇지만 실천이 어렵다고 해서 '틀렸다'고 말할 수는 없다.

묵자 자신도 아래와 같이 말하였다.

> 실천할 수 없는 것이라면 나도 역시 그것을 비난할 것이다. 그러나 어찌

---

125) 염정삼 주해, 『묵경 1』, 8쪽.
126) 『墨子』「兼愛 下」: "兼即仁矣, 義矣. 雖然, 豈可爲哉? 吾譬兼之不可爲也, 猶挈泰山以超江河也. 故兼者直願之也, 夫豈可爲之物哉?"
127) 윤무학, 「묵가 겸애(兼愛)의 원리와 실천」, 227쪽.

좋은 것이면서도 실천할 수 없는 것이 있겠는가?128)

만약 어떤 사람이 인간이 본래부터 '실천할 수 없는 것'을 주장한다면, 그것은 당연히 불가능한 일이기에 그런 주장은 '틀렸다'고 말할 수 있다. 그렇지만 묵자가 말하는 '겸애'는 그런 것이 아니다. 이것은 맹자식으로 말하자면 '할 수 없는 것'이 아니라 '안 하는 것'이다.

태산을 옆구리에 끼고서 북해를 뛰어넘는 것에 대해 남에게 '나는 수 없다'고 말하는 경우, 그것은 참으로 할 수 없는 것입니다. 그러나 어른을 위해 안마를 해드리는 것에 대해 '나는 할 수 없다'고 말하는 경우, 그것은 하지 않는 것이지 못하는 것이 아닙니다. 그러므로 군주께서 왕도정치를 실행하지 않는 것은 어른을 위해 안마를 해주는 것과 같은 경우에 해당합니다.129)

만약 묵자의 이론이 현실성이 없는 공허한 것, 불가능한 것이라고 한다면, 그렇다면 "안되는 줄 알면서도 한다"(不可而爲)고 말했던 공자는 또 어떻게 평가할 것인가?130) 그런데 황준연은 심지어 묵자의 "겸애설은 현실을 모르는 몽상 또는 허황된 공상(空想)과 같은 것"이라고 평가하였다.131) 그는 '친친인민'(親親仁民, 먼저 친척을 사랑하고 백성을 어질게 대한다는 뜻: 『맹자』「진심 상」)과 '추기급불'(推己及物, 자

---

128) 『墨子』「兼愛 下」: "用而不可, 雖我亦將非之. 且焉有善而不可用者?"
129) 『孟子』「梁惠王 上」: "挾大山, 以超北海, 語人曰, '我不能', 是誠不能也. 爲長者折枝, 語人曰, '我不能', 是不爲也, 非不能也. 故王之不王, 非挾大山以超北海之類也. 王之不王, 是折枝之類也."
130) 『論語』「憲問」: "子路宿於石門. 晨門曰: '奚自?' 子路曰: '自孔氏.' 曰: '是知其不可而爲者與!'"
131) 황준연, 『신편 중국철학사』, 심산, 2009, 136쪽.

기 마음을 미루어 남에게 미친다는 뜻: 『논어』「위령공」주자의 주)의 유가적 방법이 타당하다고 말하였다.132) 과연 그럴까? 지난 2천여 년 동안의 중국 역사에서 이 유가적 방법은 실패하지 않았는가? 전적으로 동의하지는 않지만, 서양의 헤겔, 마르크스와 같은 학자들이 비판하는 것처럼 결국 황제라는 1인 독재의 국가밖에 되지 않았는가? 유학이 통치이념이었던 지난 2천 년 동안 중국 역사에서 이른바 '민주'와 '과학'은 어떻게 된 것인가?

묵자의 겸애 사상은 당시 가장제 사회에 대한 비판이기도 하였다.

그러나 당시의 윤리가 貴賤·尊卑를 엄격히 구분학 장자의 측에 서서 약자에게 힘겨운 책무를 강요하였던 사실에 주의한다면 父子·兄弟·君臣 쌍방에게 相愛를 권하였다는 점이 이미 독자적인 의의를 갖는 것이다.133)

이것은 "겸애의 구호와 약자 지지의 정신에서 출발하여 인륜의 雙務性을 주장"한 것인데, "자연히 약육강식을 부정하는 것"이다.134)

맹자를 대표로 한 유가의 관점에 의하면 "묵자의 겸애는 가족의 붕괴를 가져왔고, 인간을 금수의 나락에 빠지게 하여 사회의 혼란을 야기했다는 것이다."135) 글허지만 "맹자의 묵자 비판은 묵자의 겸애를 제대로 이해하고 전개한 것으로 볼 수 없다."136) 왜냐하면 "묵자의 '겸애'는 '개인이나 국가를 막론하고, 내가 먼저 나와 남의 구별 없이

---

132) 같은 책, 137쪽.
133) 張閨洙, 「《墨子哲學》 방법론 小考」, 95쪽.
134) 위와 같음.
135) 민홍석, 「孟子의 墨家 비판」, 105쪽.
136) 위와 같음.

사랑하면 서로가 이롭게 될 수 있다'는 것"으로, "『묵자』 어디에서도 군주나 부모를 무시하는 말을 찾아 볼 수 없"기 때문이다.137)

묵자는 겸애 사상을 통해 서로 돕는[互助] 것이 가능하다고 생각하였다.

> 힘이 있는 사람은 힘써 남을 돕고, 재물이 있는 사람은 부지런히 남에게 나누어 주며, 도를 터득한 사람은 열심히 남을 가르쳐야 한다.138)

이러한 관점이 확대되면 사회적 약자에 대한 복지 역시 가능하다.

> 이와 같이 하면 굶주리는 사람은 먹을 것을 얻게 되고, 헐벗은 사람은 옷을 얻게 되며, 분란을 일으키는 사람은 다스려지게 된다. 굶주리는 사람은 먹을 것을 얻게 되고, 헐벗은 사람은 옷을 얻게 되며, 분란을 일으키는 사람은 평정되는 것이 바로 삶을 살리는[生生] 것이다.139)

윤무학은 묵자의 겸애 사상에 대해 다음과 같이 평가하였다.

> 묵자의 겸애론에서 더욱 심각한 함의는 생명 본질을 함유한 천하의 모든 사물을 사랑하는 것이다. 겸에는 개인의 의지가 결정하기 보다는 "하늘의 뜻"에 근원하기 때문이다. 지상의 모든 사물이 하늘에서 비롯된 이상 천하 만물은 모두 평등하다. 말하자면 천하의 모든 사물은 그 존재의 합리성을 갖고 있으며, 어떠한 사람이나 혹은 사물이든지 다른 것의 존재 가치를 박탈할 수 없다. 따라서 자연계의 사람을 포함한 모든 사물은 하늘이 내린 것

---

137) 같은 논문, 106쪽.
138) 『墨子』 「尙賢 下」: "有力者疾以助人, 有財者勉以分人, 有道自勸以教人."
139) 위와 같음: "若此, 則飢者得食, 寒者得衣, 亂者得治. 此安生生."

이므로 존중해야 한다.140)

묵자의 이러한 사상은 도가철학과 매우 친화적이다.

묵자 철학에서 '서로 사랑하고 이익을 함께 한다'(兼相愛, 交相利)는 정신은 "공리주의적 경향의 사회이론"이다.141) 그리고 "이러한 공리주의적 경향은 利人, 利天下를 특징으로 하"는데, "개인의 익도 배제하지 않고 그의 平等互助의 원칙에 의하여 兼相愛 교상리를 보장하는 것이다."142) 이것을 단지 '망상', '공상'이라고 비판할 수는 없다.

물론 묵자의 겸애 사상에는 충분히 비판을 받을 수 있는 문제가 있다. 첫째, 현실에서 일반적으로 인간은 왜 '겸애'를 실천하지 않고 '별애'를 하는가? 둘째, '겸애'를 실천할 구체적인 방법은 무엇인가? 사실 묵자 철학에는 이 두 가지 의문에 대한 설명/해답이 없다. 단순히 세상 사람들이 '겸애'를 실천하지 않고 '별애'만 한다고 말한다. 그렇지만 이런 방식으로는 문제에 대한 설명/해답이 되지 않는다.

4. 경제사상

인간의 삶에서 기초가 되는 가장 중요한 것은 '먹는 것'[五穀]이다. 이것은 군주뿐만 아니라 백성의 생존이 걸린 중대한 문제이다.

무릇 '다섯 가지 곡식'[五穀]이란 백성이 생존이 달린 토대이다. 이것을

---

140) 윤무학, 「묵가 겸애(兼愛)의 원리와 실천」, 237쪽.
141) 朴文鉉, 「『太平經』과 墨子의 經世思想」, 25쪽.
142) 위와 같음.

가지고 왕은 백성을 먹여 기른다. 그러므로 백성이 생존의 토대를 잃게 되면 왕은 길러 줄 것이 없게 되고, 백성이 먹을 것이 없다면 그들을 부릴 수가 없게 된다. 그러므로 먹을 것에 대해 힘쓰지 않을 수 없고, 땅에 대해 힘들여 경작하지 않을 수가 없으며, 쓰는 물건을 절약하지 않을 수 없다.143)

묵자는 이 '오곡'의 생산이 '흉년'이었을 때의 결과에 대해 이렇게 설명하였다.

'다섯 가지 곡식' 가운데 한 가지 곡식이 걷히지 않는 것을 '흉년'이라는 뜻의 '근'(饉)이다. 두 가지 곡식이 걷히지 않는 것을 '가뭄'이라는 뜻의 '한'(旱)이라 한다. 세 가지 곡식이 걷히지 않는 것을 '재난'이라는 뜻의 '흉'(凶)이라 한다. 네 가지 곡식이 걷히지 않는 것을 '굶주림'이라는 뜻의 '궤'(餽)라 한다. 다섯 가지 곡식이 걷히지 않는 것을 '굶어 죽음'이라는 뜻의 '기'(饑)라고 말한다.144)

묵가 학파의 경제사상에 해당하는 것은 '절용'과 '절장'이다. 또 노동을 중시하는 사상과 노동의 분업 생산에 관한 것 등이 있다.

(1) 절용

---

143) 『墨子』「七患」: "凡五穀者, 民之所仰也, 君之所以爲養也. 故民無仰則君無養, 民無食則不可事. 故食不可不務也, 地不可不力也, 用不可不節也."
144) 위와 같음: "一穀不收謂之饉, 二穀不收謂之旱, 三穀不收謂之凶, 四穀不收謂之餽, 五穀不收謂之饑."

묵자는 「절용 상」(節用 上)편에서 당시 통치집단을 다음과 같이 비판하였다.

지금 천하의 위정자들은 인구를 줄이는 길을 따르고 있는 경우가 많다. 그들은 백성을 지나치게 부리고, 세금을 많이 거두기에 백성은 재물이 부족하여 얼어 죽거나 굶어 죽는 사람이 이루 다 헤아릴 수 없이 많다.145)

그러므로 군주가 나를 다스림에 '절용'은 매우 중요하다.

성인이 한 나라의 정치를 하면, 그 나라의 이익을 배로 늘릴 수 있다. 그것을 천하로 넓혀서 정치를 하면 천하의 부를 배로 늘릴 수 있다. ……그것은 국가의 사정에 따라 쓸데없는 비용을 없애 두 배로 늘리는 것이다. 성왕이 정치를 하면 명령을 발하고 사업을 일으키며 백성을 부리고 재물을 사용함에 반드시 실용성과 유익성을 고려한다. 그러므로 재물의 사용에 낭비가 없고, 백성의 생활에는 수고로움이 없었으니 백성에게 돌아오는 이익이 많았다. ……무릇 물건을 만듦에 반드시 실용성과 유익성을 고려하였다. 그러므로 재물의 사용에 낭비가 없고, 백성의 생활은 수고롭지 않았으니 늘어나는 이익은 매우 컸다.146)

묵자는 옛날 성왕 때의 모습을 다음과 같이 그렸다.

---

145) 같은 책, 「節用 上」: "今天下爲政者, 其所以寡人之道多. 其使民勞, 其籍斂厚, 民財不足, 凍餓死者, 不可勝數也."
146) 위와 같음: "聖人爲政一國, 一國可倍也. 大之爲政天下, 天下可倍也. ……因其國家, 去其無用之費, 足以倍之. 聖王爲政, 其發令興事, 便民用財也, 無不加用而爲者. 是故用財不費, 民德不勞, 其興利多矣. ……凡其爲此物也, 無不可用而爲者. 是故用財不費, 民德不勞, 其興利多矣."

옛날 성왕은 먹고 마시는 법칙을 제정하여 말하기를 '배고픔을 채우고, 기운을 돋구며, 팔다리를 강하게 하고, 귀와 눈을 밝게 하는 정도에서 그친다. 다섯 가지 맛과 향기의 조화를 다하지 않고, 먼 나라의 진귀하고 특이한 물건을 쓰지 않는다'라고 하였다.147)

이것은 물론 이상화한 모습이다. 아무튼, 그런데 묵자가 살았던 당시의 통치집단은 그렇지 않았다. 그들은 '사치함'에는 한도가 없었다. 그런 까닭에 묵자는 이렇게 직접적으로 말하였다.

성왕은 비용만 많이 들고, 백성의 이익에 도움이 되지 않는 짓은 하지 않았다.148)

묵자는 또 당시 귀족들이 구슬·옥·새·짐승·개·말과 같은 것을 모으고 기르는 것을 좋아한다고 비판하였다.149) 사실 이것들은 오늘날 우리가 말하는 '사치품'에 해당한다.

장윤수는 묵가 학파의 초기 사상, 즉 묵자의 사상은 '이익'[利]을 부정하였고, 묵가 학파는 중기 이후에 '서로 이익을 함께 할 것'[交利]을 주장한다고 말한다.150) 그의 관점은 그의 『묵자』 문헌 분류 방법에 따른 관점이다. 그런 까닭에 그는 「절용」, 「절장」, 「비악」 등은 중·후기의 주제라고 생각하였다.151) 하나의 참고 자료가 될 것이다.

---

147) 「節用 中」: "古者聖王制爲飮食之法, 曰: '足以充虛繼氣, 强股肱, 使耳目聰明則止. 不極五味之調, 芬香之和, 不致遠國珍怪異物.'"
148) 위와 같음: "諸加費不加于民利者, 聖王弗爲."
149) 「節用 上」.
150) 張閏洙, 「《墨子哲學》 방법론 小考」, 94쪽.
151) 위와 같음.

(2) 절장

고대 중국에서 상례(喪禮)는 가장 중요한 것이었다. 그런 까닭에 그 절차 역시 매우 복잡하였다. 그런데 묵자는 사람이 죽었을 때 장례를 간소하게 할 것을 주장하였다.

묵자는 먼저 유학에서 강조하는 '성대한 장례'와 '삼년상'을 비판하였다.

그래서 묵자가 말하였다. "그러면 오늘날 성대한 장례와 삼년상을 주장하는 사람들의 말을 따라 국정을 이끌고 간다고 생각해 보자. 이러한 상황에서 왕이나 대신들 가운데 상을 당한 사람이 생긴다면 그는 관목을 반드시 여러 겹으로 하고, 매장할 때는 반드시 깊고 크게 파며, 죽은 이에게 입히는 옷과 이불도 반드시 많아야 하고, 그것에 새기는 무늬와 수도 반드시 화려해야 하며, 봉분도 반드시 커야 한다고 주장할 것이다. (그렇게 해야 한다면) 보통 사람이나 천한 사람이 상을 당하면 집안의 재물을 거의 다 써야 할 것이다. ……"152)

그 폐단은 다음과 같다.

성대한 장례에 대해 자세히 계산해 보면, 모은 재물을 많이 묻어 버리게

---

152) 『墨子』「節葬 下」: "故子墨子言曰: '然則姑嘗稽之今雖毋法執厚葬久喪者言, 以爲事乎國家. 此存乎王公大人有喪者, 曰, 棺槨必重, 葬埋必厚, 衣衾必多, 文繡必繁, 丘隴必巨. 存乎必夫賤人死者, 殆竭羅室. ……'"

된다. 삼년상을 치르는 결과를 계산해 보면, 오랫동안 일하는 것을 금지하는 것이 된다. 이미 고생하여 이룩해 놓은 재물을 한꺼번에 땅에 묻어 버리고, 뒤에 살아남은 사람들은 오랫동안 하던 일을 금지당하는 것이다.153)

묵자는 자신이 절장을 강조한 근거로 옛 성왕의 시대를 말하였다.

그러므로 옛날의 성왕들은 장사의 원칙을 정하여 말하였다. "관의 두께는 세 치로 하여 시신을 충분히 덮을 수 있게 하고, 옷은 세 벌로 하여 흉한 것을 충분히 덮을 수 있으면 되며, 시신을 매장할 때는 땅 아래로 지하수에 닿지 않도록 하고, 위로는 냄새가 새어 나오지 않을 정도로 흙을 덮으며, 봉분의 넓이는 약 세 척 정도로 만들면 된다. 장사를 치른 뒤에 유족들은 반드시 오랫동안 곡을 하지 말고, 속히 하던 일에 종사하며, 사람마다 자신의 능력을 발휘하여 서로 이롭게 하여야 한다." 이것이 바로 성왕의 법도이다.154)

묵가는 유가의 '후장구상'(厚葬久喪)을 반대하였다. 그런데 그 이유로 '삼리'(三利)를 말하였다. 이 '삼리'는 '부민'(富民), '중과'(衆寡), '치란'(治亂)이다. ①'후장구상'은 부장품을 많이 사용하는데, '부민'에 이롭지 못하다. ②'후장구상'은 사람의 건강을 해치고, 남녀교제를 막기에 백성이 늘어나지 않는다. ③'후장구상'은 위정자가 정사(政事)를 살피지 못하게 하고, 형정(刑政)이 어지럽게 되어 '치란'에 해롭다.155)

---

153) 위와 같음: "計厚葬, 爲多埋賦財者也. 計久喪, 爲久禁從事者也. 財以成者, 挾而埋之, 後得生者, 而久禁之."

154) 위와 같음: "故古者聖人制爲葬埋之法, 曰: '桐棺三寸, 足以朽體, 衣衾三領, 足以覆惡. 以及其葬也, 下毋及泉, 上毋通臭, 壟若參耕之畝, 則止矣. 死者旣以葬矣, 生者必無久喪, 而疾從事, 人爲其所能, 以交相利也.' 此聖王之法也."

155) 공병석, 「『禮記』와 『墨子』의 喪禮觀-天道觀을 중심으로-」, 101-102쪽.

(3) 노동관

묵자는 백성의 '세 가지 고통'[三患]을 말하였다.

　백성에게 '세 가지 고통'[三患]이 있다. 굶주리는 사람이 먹을 것을 얻지
못하고, 헐벗은 사람이 옷을 얻지 못하며, 수고하는 사람이 쉬지 못하는 것,
이 세 가지가 백성의 큰 고통이다.156)

　그런 까닭에 묵자는 노동을 통한 생산활동을 중시한 것이다. 「비악
상」(非樂 上)편의 기록이다.

　'노동'[力]에 힘쓰는 사람은 살 수 있고, '노동'에 힘쓰지 않는 사람은 살
수 없다.157)

　이것이 묵자의 노동원칙이다.158) 고대 중국의 경제 활동이란 기본
적으로 농업 중심 사회였다. 그러므로 당연히 농업의 생산활동이 가장
중요한 물질적 부의 원천이었다. 따라서 백성의 노동 활동을 보장하는
것이 가장 중요한 일이었다.
　맹자 역시 백성에게 '항산'(恒産)이 중요하다는 점을 강조하였다.

---

156)『墨子』「非樂 上」: "民有三患. 飢者不得食, 寒者不得衣, 勞者不得息. 三者,
　　民之巨患也."
157) 위와 같음: "賴其力者生, 不賴其力者不生."
158) 朴文鉉, 「『太平經』과 墨子의 經世思想」, 22쪽.

백성이란 '안정적인 생업'[恒産]이 있으면 '안정된 마음'[恒心]을 가지게
된다. '안정적인 생업'이 없으면 '안정된 마음'이 없게 된다. 만약 ('안정적
인 생업'이 없어서) '안정된 마음'이 없게 되면 방탕하고 편벽되며, 사특하
고 사치한 행동을 하지 않음이 없게 될 것이다. 그들을 죄에 빠지기를 기다
린 뒤에 쫓아가서 처벌한다면, 그것은 백성 그물질하여 잡는 것과 같다.159)

맹자의 이 말은 인간의 심리를 적확하게 파악한 것이다.

묵자와 맹자의 관점에 의하면 백성이 범죄에 빠지지 않게 하려면
무엇보다도 의식주 문제를 해결해 주어야 한다는 것이다. 그것은 백성
의 생산활동을 보장해주는 것에서 가능하다.

(짐승은) 입고 먹을 재물이 본래부터 이미 갖추어져 있다. 그러나 지금
사람은 이와 다르다. 자신의 힘으로 먹고살아야지, 그렇지 못하면 살아갈
수 없게 된다.160)

이것을 '민시'(民時)라고 한다. 통치자는 백성이 농사를 짓는 때, 노
동력을 충분히 발휘할 기회를 버려서는 안 된다.

(4) 분업 생산

---

159)『孟子』「滕文公 上」: "民之爲道也, 有恒産者有恒心, 無恒産者無恒心. 苟無
恒心, 放辟邪侈, 無不爲已. 及陷乎罪, 然後從而刑之, 是罔民也"
160)『墨子』「非樂 上」: "衣食之財固已具矣. 今人與此異者也. 賴其力者生, 不賴
其力者不生."

묵자는 육체노동과 정신노동을 모두 인정하였다.

위정자가 정사를 처리하고 다스리는 데 힘을 쓰지 않으면 형법과 행정이 어지러워지고, 아래의 백성이 생업에 종사하지 않으면 쓸 재물이 부족하게 된다.161)

다시 말해, 그가 말하는 "노동은 농사를 짓는 일이나 베를 짜는 일과 같은 육체노동뿐만 아니라 국가 기구를 관리하는 일과 같은 정신노동까지도 포함한다."162) 이것은 맹자의 육체노동을 하는 백성을 '힘을 쓰는 자'[勞力者]라 하고 정신노동을 하는, 즉 나라를 다스리는 사람을 '마음을 쓰는 자'[勞心者]로 구분한 견해와도 비슷하다.163) 이것은 "분업으로 생산의 확대와 능률의 증진"을 강조한 것이다.164)

(5) 부의 분배

묵자의 '겸상애, 겸상리'의 이론은 경제적으로는 사회적 경제 분배의 원리이기도 하다.

사람을 겸애하는 것은 결코 자신을 밖으로 배제하는 것이 아니라 자신도 사랑을 받는 것이다. 자신이 사랑을 받으면 사랑 또한 자신에게 보태진다.

---

161) 위와 같음: "君子不强聽治, 卽刑政亂. 賤人不强從事, 卽財用不足."
162) 朴文鉉, 「『太平經』과 墨子의 經世思想」, 22쪽.
163) 『孟子』「滕文公 上」.
164) 朴文鉉, 「『太平經』과 墨子의 經世思想」, 22쪽.

차별이 없이 자신을 사랑하는 것이 바로 사람을 사랑하는 것이다. 성인은
……사람들이 이익을 얻기 바라며, 다른 사람이 위난으로부터 자신을 해치
는 것을 두려워하지 않는다. ……성인은 천하에 이익을 주는 것을 마음에
둘 뿐, 자식들을 위한 사적 이익을 위해 힘쓰지 않는다.165)

성인이 이렇게 하는 것은 천하의 이익이 바로 자신의 이익이기 때
문이다.

5. 예술사상

예술은 인간의 삶을 풍요롭게 해준다. 그러므로 우리는 삶에서 예술
이 없는 인생이란 생각할 수 없다. 그런데 묵가 학파는 음악을 비판하
였다. 그 이유를 「비악 상」(非樂 上)편에서 이렇게 말하였다.

'음악'[樂]을 즐기는 것은 잘못이다. ……(음악을 즐기기 위해서는) 반드시
많은 세금을 만백성에게 거둬 큰 종, 북이나 금과 슬, 우와 생과 같은 악기
를 만드는 것이다. ……악기도 오히려 백성의 이익에 부합하는 것이 이와
같다면, 나는 감히 비난하지 않을 것이다.166)

여기에서 알 수 있는 것처럼, 묵자가 '음악'에 반대한 것은, 음악을

---

165) 『墨子』「大取」: "愛人不外己. 己在所愛之中, 己在所愛, 愛加於己, 倫列之愛
   己, 愛人也. 聖人……欲人之利也, 非惡人之害之. 聖人……在於臧. 聖人不得爲
   子之事."
166) 같은 책, 「非樂 上」: "爲樂非也. ……將必厚措斂乎萬民, 以爲大鍾鳴鼓琴瑟
   竽笙之聲. ……然則樂器反中民之利亦若此, 即我弗敢非也."

즐기는 과정에서 막대한 재물을 낭비해야 하기 때문이다. 그러므로 우리는 묵자가 음악이라는 예술 자체를 비판하고 반대한 것이 아니라는 것을 알 수 있다.

또 악기를 연주하려면 힘이 센 젊은 사람이 필요하다.

장정들에게 (악기를 연주하는) 이런 일을 시키는 것은 마땅히 그들이 해야 할 일인 밭을 갈고 나무를 심으며, 채소를 가꾸는 시간을 낭비하는 것이다. 여자들에게 이런 일을 시키는 것은 여자들이 해야 할 일인 실을 뽑고 베를 짜며, 길쌈하는 일을 하지 못하도록 하는 것이 된다.167)

이것 역시 노동력을 낭비하는 것이다. 그러면서도 군주는 그 한 사람의 즐거움을 위해 곡을 연주하게 한다. 묵자에 의하면 '음악'은 군주 한 사람의 즐거움을 위해 백성의 노동력을 낭비하는 행위일 뿐이다. 그러므로 묵자의 '음악'에 대한 비판 역시 그 타당성이 있다.

맹자도 이와 비슷한 말을 하였다.

만약 임금께서 여기에서 음악을 연주하는 데 백성들이 왕의 종과 북이 울리는 소리와 생황과 피리 소리를 듣고는 모두 머리를 아파하고 이마를 찡그리며 서로 말하기를 "우리 임금은 음악을 연주하기를 좋아하는구나. 그런데 어찌해서 우리를 이토록 고통스럽게 만드는 것인가! 부자는 서로 만나지 못하고, 형제와 처자는 흩어졌구나."라 하고……168)

---

167) 위와 같음: "使丈夫爲之, 廢丈夫耕稼樹藝之時, 使婦人爲之, 廢婦人紡績織紝 之事."
168) 『孟子』「梁惠王 下」: "今王鼓樂於此, 百姓聞王鐘鼓之聲, 管籥之音, 擧疾首 蹙頞而相告曰, '吾王之好鼓樂, 夫何使我至於此極也?' 父子不相見, 兄弟妻子離 散.'……"

맹자는 그 이유를 "임금이 백성과 즐거움을 함께하지 않기 때문"(不
與民同樂也)이라고 말하였다.

물론 묵자는 재물을 낭비하고, 백성의 노동력을 허비한다는 경제적
측면을 강조하여 말하였다. 그러나 그 기본 취지는 같다.

6. 전쟁관

묵가 학파는 이론이 아닌 실천적 노력을 했던 학파로 유명하다. 묵
자는 자신이 직접 현실 속에서 전쟁을 막기 위하여 동분서주하였다.
그는 "천하의 큰 해로움"(天下之大害)이 무엇인가 질문한다.

> 지금 시대에 천하의 해로움으로 무엇이 가장 큰가? 큰 나라[大國]가 작은
> 나라[小國]를 침략하는 것이고, 큰 집안[大家]이 작은 집안[小家]을 어지럽히
> 는 것이고, 강한 자[强]가 약한 자[弱]를 위협하는 것이고, 다수[衆]가 소수
> [寡]를 포악하게 대하는 것이고, 어리석은 자[愚]를 속이는 것이고, 귀한 자
> [貴]가 천한 자[賤]에게 오만방자하게 구는 것으로, 이것이 천하의 큰 해로
> 움[天下之大害]이다.169)

묵가 학파는 침략 전쟁을 부정하였다. 그 근거는 당연히 '하늘의
뜻'[天志]에 있다.

---

169) 『墨子』「兼愛 下」: "然當今之時, 天下之害孰大? 曰若大國之攻小國也, 大家
   之亂小家也, 强之劫弱, 衆之暴寡, 詐之謀愚, 貴之敖賤, 此天下之大害也."

　큰 나라가 작은 나라를 침략하거나, 큰 집안이 작은 집안을 빼앗거나, 강
자가 약자를 괴롭히거나, 수가 많은 편이 적은 편에게 난폭한 짓을 하거나,
또 교활한 사람이 어리석은 사람을 속이거나 하는 일은 바로 하늘이 싫어하
는 일이다.170)

　그렇지만 현실은 언제나 이와는 반대이다. 또 이렇게 말하였다. 「비
공 상」(非攻 上)편의 기록이다.

　한 사람을 주이면 그것을 불의(不義)라고 하는데, 이렇게 되면 한 번 죽
을죄가 있는 것이다. ……그러나 지금 어떤 사람이 남의 나라를 대규모로
공격하고 불의를 저지르는데 이에 대해서는 잘못된 것인 줄 모르고, 그를
좇아 칭송하면서 의로움이라 말한다.171)

　그런데 세상에서는 왜 전쟁광신자를 칭송하는가? 이것은 묵자의 인
류 사회의 현실에 대한 매우 예리한 비판이다. 묵가 학파에 의하면 전
쟁에 반대하는 것은 '도덕적' 측면과 '경제적' 측면이 있다.
　「비공 중」(非攻 中)편의 기록이다.

　지금 군사를 일으키려 하는데 겨울에 하면 추위가 두렵고, 여름에 하면
무더위가 두렵다. 그렇기 때문에 겨울이나 여름에는 군사를 일으킬 수 없
다. 봄에 일으키면 백성들이 밭을 갈고 씨를 뿌리는 농사일을 망치게 되고,
가을에 일으키면 백성들의 추수를 망치게 된다. 지금 한 계절을 망치기라도

---

170) 같은 책, 「天志 中」: "天之意不欲, 大國之攻小國也, 大家之亂小家也, 强之
　　暴寡, 詐之謀愚, 貴之傲賤. 此天之所不欲也."
171) 같은 책, 「非攻 上」: "殺一人謂之不義, 必有一死罪矣. ……今之大爲不義攻
　　國, 則弗知罪, 從而譽之, 謂之義."

하면 백성들이 굶주리고 헐벗게 되어 동사하고 아사하는 자가 얼마나 많을
지 이루 다 헤아릴 수 없다.172)

전쟁은 많은 백성이 죽게 되고, 또 농사를 망치게 된다.

그렇지만 전쟁이 발생했을 때 방어 전쟁은 긍정하였다. 그와 관련한
내용이 「공수」(公輸)편에 보인다.

공수반(公輸盤)이 초나라를 위하여 (공격 무기) 구름사다리[雲梯]를 만들어
송나라를 공격하려고 하였다. 묵자는 그 말을 듣고 제나라를 떠나 열흘 낮
과 밤을 달려 초나라의 도읍 영(郢)에 이르러 공수반을 만났다. ……묵자는
허리띠를 끌러 성의 모양을 만들고, 나무 조각으로 성을 방어하는 장치를
만들었다. 공수반이 여러 차례 성을 공격하는 기계를 변화시켜 공격하였으
나 묵자는 그때마다 이를 막아냈다. 공수반이 성을 공격하는 기계를 다 썼
지만, 묵자의 수비에는 여유가 있었다. 공수반이 굴복한 것이다.173)

묵자는 전쟁이 도덕적으로 옳지 않고, 경제적으로 이익이 되지 않는
다고 하였다. 그렇지만 그는 말로만 훈계한 것이 아니라 실제로 전쟁
을 방어할 수 기술 역시 갖고 있었다.

또 침략 전쟁을 부정했지만, 불의에 대한 주벌(誅伐)은 겸애에 해당
하는 것으로 정당화하였다.

---

172) 같은 책, 「非攻 中」: "今師徒唯毋興起, 冬行恐寒, 夏行恐暑. 此不可以冬夏
爲者也. 春則廢民耕稼樹藝, 秋則廢民穫斂. 此不可以春秋爲者也."
173) 같은 책, 「公輸」: "公輸盤爲楚造雲梯之械成, 將以攻宋. 子墨子聞之, 自魯
往, 裂裳裹足, 日夜不休, 行十日十夜而至於郢. 見公輸盤. ……子墨子解帶爲城,
以牒爲械. 公輸盤九設攻城之機變, 子墨子九距之. 公輸盤之攻械盡, 子墨子之守
圉有餘. 公輸盤詘."

또한 『태서』(泰誓) 뿐만 아니라 『서경』(書經) 우서(禹誓)에도 이와 같이 말
하고 있다. "여러 민중이여, 모두 나의 말을 들으라! 나같이 작은 사람이 감
히 난을 일으키려는 것은 아니다. 불손한 묘족의 왕에게 하늘의 벌을 내리
려는 것이다. 이에 나는 그대들 여러 나라의 제후들을 이끌고서 묘나라를
정벌하는 것이다." 우가 묘족의 왕을 정벌한 것은 많은 부귀를 얻기 위해서
나 복록(福祿)을 구하기 위해서나 귀와 눈을 즐겁게 하기 위해서가 아니라,
천하의 이익을 일으키고 천하의 해를 제거하기 위함이었다. 이것이 바로 우
임금의 겸애이다. 묵자의 이른바 겸애라는 것도 바로 우임금에게서 법도를
얻은 것이다.174)

묵자는 옛날의 네 성인, 즉 우왕·탕왕·문왕·무왕은 모두 이러한 겸애
를 실천했다고 생각하였다.175) 그러므로 묵자에 의하면 "침략이 불의
이고 남에게 해를 입히는 데 반해 주벌은 천하의 이로움을 일으키는
것으로 겸애에 해당한다."176) 따라서 주벌은 그 정당성을 잃지 않는
다. 이것은 장자의 관점과도 일치한다.

그러므로 성인이 전쟁[聖人之用兵]을 함에는 그 나라를 멸하여도 그 나라
백성들의 마음을 잃지 않는다. 왜냐하면 그 이로운 은택이 만세에까지 미치
도록 하지만 백성들을 사랑하여서 그러한 것이라고 여기지 않기 때문이
다.177)

---

174) 같은 책, 「兼愛 下」: "且不唯『泰誓』爲然, 雖『禹誓』卽然猶是也. 禹曰: '濟濟
有衆, 咸聽朕言. 非惟小子敢行稱亂. 蠢玆有苗, 用天之罰. 若予旣率爾羣封諸君
以征有苗. 禹之征有苗也, 非以求重富貴, 干福祿, 樂耳目也, 以求與天下之利,
除天下之害, 卽此禹兼也. 雖子墨子之所謂兼者, 於禹取法焉."
175) 위와 같음.
176) 윤무학, 「묵가 겸애(兼愛)의 원리와 실천」, 239쪽.

장자는 이처럼 '정당한 전쟁'을 '성인의 전쟁'[聖人之用兵]이라고 하였다. 만약 부득이하게 전쟁을 발동할 경우(상대방 국가의 군주가 백성에게 포악하거나 침략을 했을 경우 등) 그 결과 적국을 멸망시키는 것은 당연하다. 그럴 경우 당연히 그 멸망한 나라의 "백성들의 마음을 잃지 않을"(不失人心) 것이다. 전쟁의 결과는 "그 나라 백성들에게 이로운 은택이 만세에까지 미치기"(利澤施乎萬世) 때문이다.178)

풍우란(馮友蘭)은 묵자의 겸애 사상에 관해 이렇게 말하였다.

묵적(墨翟)은 겸병전쟁(兼幷戰爭)을 반대하였지만, 그러나 단순히 평화주의자[和平主義者]는 아니다. 그는 단지 비공(非攻)을 주장하였지, 비전(非戰)을 주장하지 않았다. 그는 침략[攻]을 반대하였지만, 오히려 방어[守]를 강조하였다. 그는 '거병'(去兵, 군대를 없애는 것)을 주장하지 않았고 비병(備兵)을 주장하고 비병자수(備兵自守)를 주장하였다. ……묵적은 일반적으로 진공(進攻)을 반대했지만, 자위(自衛)를 주장하였다. 그러나 '공격과 방어'[攻守]를 표준으로 하면 여전히 전쟁의 정의성(正義性)과 비정의성(非正義性)을 구분할 수 없다.179)

풍우란의 평가는 타당하다.

서희연은 그 기분을 '정의'[義]와 '불의'(不義)라고 하면서 이렇게 말

---

177) 『莊子』 「大宗師」: "故聖人之用兵也, 亡國而不失人心; 利澤施乎万世, 不爲愛人."
178) 이경환, 『장자의 인간 자유에 관한 탐구-『장자』철학연구』, BOOKK, 2018, 82쪽.
179) 馮友蘭, 『中國哲學史新編』, 人民出版社, 1995, 219쪽. (徐希燕, 『墨學研究』, 231-232쪽. 재인용.)

하였다.

'정의'[義]와 '불의'(不義)의 표준에 구분이 있게 되면 또 '정의로운 전쟁'
[正義戰爭]과 '정의롭지 못한 전쟁'[非正義戰爭]을 구분할 수 있는 표준이 있
게 된다. 만약 대국(大國)이 소국(小國)을 진공하고, 강국(强國)이 약소국[弱
國]을 침략하거나 "죄가 없는 나라"[無罪之國]를 무고하게 공벌(攻伐) 하는
것 등, 이러한 것들은 모두 '정의롭지 못한 전쟁'이다. 만약 약소국이 강국
의 진공을 당하여 자위전쟁(自衛戰爭)을 하거나 어떤 나라의 폭군이 백성에
게 잔혹하게 해악을 끼치기 때문에 "토벌"[誅] 하는 전쟁 혹은 소국이 침략
을 당하여 부약억강(扶弱抑强)의 전쟁을 진행하는 것 등, 이러한 것은 모두
'정의로운 전쟁'이다. 묵자는 결코 전쟁에 반대한 것이 아니라 공벌 전쟁,
침략 전쟁을 반대한 것으로, 묵자는 정의로운 전쟁과 자위하는 전쟁을 제창
하였다.180)

이것이 가장 기초가 되는 기준이다.

제5절 후기 묵가

공자가 죽은 뒤에 유가는 8개 지파로 분화하였다. 이와 마찬가지로
묵가 학파 역시 몇 개의 지파로 분화하였다. 어떤 학파의 창시자가 죽
고 난 뒤에 그 학파가 몇 개의 지파로 분화하는 것은 너무도 자연스
러운 과정이다.

묵자 철학에는 논리학과 과학사상이 풍부하다. 그것은 묵자 자신을

---

180) 徐希燕, 『墨學研究』, 233쪽.

포함한 이 학파에 속하는 인물들의 출신과 밀접한 관계가 있다.

묵가 학파의 논리학, 과학 사상은 후기 묵가 학파의 이론이다.181) 이오 관련된 편으로는 「경 상·하」, 「경설 상·하」 4편이 핵심이다. 이 4편에서는 논리, 과학과 관련한 문제를 짧은 문장으로 설명하였다. 묵가 학파의 논리학을 '명학'(名學) 또는 '변학'(辯學)이라고 한다. 더 넓게는 「대취」(大取)와 「소취」(小取) 2편도 포함할 수 있다. 후기 묵가 학파의 논리학에서 핵심 개념은 '유'(類)이다. 이 "類개념이 墨子의 名辯과 墨家 논리학의 주요한 토대를 이루고 있다"고 할 수 있다.182) 여기에서 "墨子가 말하는 '類'는 어떤 '무리'를 하나의 '모임' 즉 하나의 '부류'나 '종류' 등의 '집합(set)'으로 지칭하는 개념이다."183)

또 묵자의 과학 사상은 매우 풍부하다. 그 안에는 역학(力學, 靜力學, 彈性力學), 운동학, 보존법칙[守恒定律], 광학(光學), 수학(數學) 등 여러 측면의 내용이 있다.184)

1. 분화

묵자 학파는 묵자가 죽고 난 뒤에 세 지파로 분열하였다. 묵자 학

---

181) 이경무, 「類 개념에 대한 後期 墨家의 인식화 활용」, 한국동서철학회, 『동서철학연구』 제100호, 2021, 70쪽. "후기 묵가는 흔히 『墨辯』 또는 『墨經』으로 알려진 「經 上」, 「經 下」, 「經說 上」, 「經說 下」, 「大取」, 「小取」의 내용을 쓰거나 기록한 사람이다."
182) 이경무, 「類개념에 大韓묵자의 인식화 활용」, 한국공자학회, 『공자학』 제38호, 2019, 184쪽.
183) 같은 논문, 185쪽.
184) 徐希燕, 『墨學研究』, 151쪽.

파의 주요 구성원은 노동자, 농민, 수공업자 등이다.185) "묵자는 본래
숙달된 목공이었으며, 묵가의 구성원 가운데에는 생활필수품과 군사용
무기를 만드는 전문가들이 많았다. 따라서 그들의 기술과 경험은항상
백가쟁명의 과정에서 변설의 근거가 되었다."186)

『한비자』「현학」(顯學)편에서 묵자 후학들의 분화에 대하여 설명하
고 있다.

　　묵자가 죽은 뒤 상리씨(相里氏)의 묵가 학파가 있고, 상부씨(相夫氏)의 묵
　가 학파가 있고, 등릉씨(鄧陵氏)의 묵가 학파가 있게 되었다.187)

『장자』「천하」(天下)편에서 묵자 후학들의 상황에 대하여 다음과 같
이 전한다.

　　상리근(相里勤)의 제자, 오후(五侯)의 무리, 남방의 묵자인 고획(苦獲), 기
　치(己齒), 등릉자(鄧陵子)의 무리는 모두 묵경(墨經)을 읽지만 서로 등진 채
　로 그 주장이 같지 않다. 서로 상대방을 묵자의 별파(別派)라 부른다.188)

이런 이유로 묵가 학파 내에서도 서로 별묵(別墨)이라고 비판하였다.
위의 기록에서 묵자 이후 중요한 인물로는 고획, 기치, 등릉자 등이
있다. 이들은 모두 남방의 묵자 계열이다. 또 묵자의 제자로는 『여씨

---

185) 윤무학, 「묵가 겸애(兼愛)의 원리와 실천」, 223쪽.
186) 같은 논문, 227쪽.
187) 『韓非子』「顯學」: "自墨子之死也, 有相里氏之墨, 有相夫氏之墨, 有鄧陵氏之
　　　墨."
188) 『莊子』「天下」: "相里勤之弟子, 五侯之徒, 南方之墨者若獲, 已齒, 鄧陵子之
　　　屬, 俱誦墨經, 而倍譎不同, 相謂別墨."

춘추』「존사」(尊師)편 보이는 고하(高何), 현자석(縣子石), 색로삼(索盧參), 금골려(禽滑黎)와 「상덕」(上德)편에 보이는 맹승(孟勝), 서약(徐弱), 전양자(田襄子) 등이 있다.189) 『맹자』「등문공 상」에는 묵가의 인물 이지(夷之)가 등장한다.190)

2. 몰락

『여씨춘추』(呂氏春秋) 「상덕」(上德)편에는 맹승과 서약의 죽음에 관한 기록이 있다.

묵가 집단의 거자(鉅子) 맹승은 초나라 양성군(陽城君)과 사이가 좋았다. 양성군이 (맹승을) 자기 나라에 와서 땅을 지켜주는 방위 책임자로 임명하고, 패옥을 갈라서 계약의 부절로 삼았는데, 그 계약의 내용은 "부절이 서로 맞으면 명령을 듣고 따른다"는 것이었다. 그때 초나라 임금이 죽자 여러 신하들이 몰려들어 오기(吳起)를 공격하여 임금의 빈소에서 죽인 사건이 일어났는데, 양성군도 이에 가담하였으므로 초나라에서는 그의 죄를 다스리고자 하였다. 양성군이 달아나버리니, 초나라는 그의 나라를 거두어들였다. 그러자 맹승이 "나는 남의 나라를 떠맡았고, 그와 더불어 계약의 부절도 나누어 가졌다. 이제 부절이 보이지는 않지만 힘으로써는 이를 막을 수가 없으니 죽지 못한다는 것은 불가능하다"고 말하였다. 이때 그의 제자인 서약(徐弱)이 맹승에게 "죽어서 양성군에게 유익하다면 죽는 것이 옳을 것입니다.

---

189) 『呂氏春秋』「尊師」, "高何·縣子石, 齊國之暴者也, 指於鄕曲, 學於子墨子. 索盧參, 東方之鉅狡也, 學於禽滑黎." 「上德」, "墨者鉅子孟勝, ……其弟子徐弱諫孟勝曰: '……我將屬鉅子於宋之田襄子.'"
190) 『孟子』「滕文公 上」: "墨者夷之, ……"

그러나 무익하다면 오히려 묵가의 지도자를 세상에서 끊어지게 하는 것이 되니, 이는 옳지 않습니다"라고 간하여 말하였다. 맹승이 "그렇지 않다. 내가 양성군과 갖는 관계는 스승이 아니면 벗이고, 벗이 아니면 신하이다. 죽지 않는다면 지금 이후로부터는 엄한 스승을 구할 때에는 결코 묵가의 문인에게서 구하지 않을 것이고, 현명한 벗을 구할 때에는 결코 묵가의 문인에게서 구하지 않을 것이며, 훌륭한 신하를 구할 때에는 결코 묵가의 문인에게서 구하지 않을 것이다. 그를 위하여 죽는 것은 묵가의 가법을 실천하고 그 과업을 이어나가는 방도가 되는 것이다. 나는 장차 거자의 직책을 송나라 전양자(田襄子)에게 맡길 것이다. 전양자는 현자이니 어찌 묵가의 지도자가 세상에서 끊어질 것을 걱정하겠는가?라고 말하였다." 그러자 서약이 "선생님의 말씀이 이러하시다면 제가 먼저 죽음으로써 길을 열어놓겠습니다"라고 말하고 돌아서서 맹승 앞에서 목을 베었다. 이윽고 맹승이 두 사람을 시켜 거자의 직책을 전양자에게 전달하게 하였다. 맹승이 죽자 제자들 중에 그를 따라서 죽은 자가 백팔십 명이나 되었다. 두 사람이 명령을 전양자에게 전달하고는 돌아가 초나라에서 맹승을 따라 죽고자 하니 전양자가 그들을 말리며 "맹승은 이미 거자의 직책을 나에게 전달하였으니 마땅히 듣고 따르라"고 말하였지만 듣지 않고 끝내 돌아가 그를 따라 죽고 말았다.191)

이 두 사람이 맹승을 따라서 죽은 것은, 묵자(墨者)의 신분으로 양

---

191) 같은 책, 「上德」: "墨者鉅子孟勝, 善荊之陽城君. 陽城君令守於國, 毁璜以爲符, 約曰: '符合聽之.' 荊王薨, 郡臣攻吳起, 兵於喪所, 陽城君與焉, 荊罪之. 陽城君走, 荊收其國. 孟勝曰: '受人之國, 與之有符. 今不見符, 而力不能禁, 不能死, 不可.' 其弟子徐弱諫孟勝曰: '死而有益陽城君, 死之可矣. 無益也, 而絶墨者於世, 不可.' 孟勝曰: '不然. 吾於陽城君也, 非師則友也, 非友則臣也. 不死, 自今以來, 求嚴師必不於墨者矣, 求賢友必不於墨者矣, 求良臣必不於墨者矣. 死之所以行墨者之義而繼其業者也. 我將屬鉅子於宋之田襄子. 田襄子賢也, 何患墨者之絶世也?' 徐弱曰: '若夫子之言, 弱請先死以除路.' 還沒頭前於. 孟勝因使二人傳鉅子於田襄子. 孟勝死, 弟子死之者百八十. 三人以致令於田襄子, 欲反死孟勝於荊, 田襄子止之曰: '孟子已傳鉅子於我矣, 當聽.' 遂反死之."

성군과의 약속을 지키기 위하여 죽은 것을 의미하였다. 그렇지만 이것은 당시 거자의 명령을 절대적으로 삼았던 묵자 집단에서 묵자의 사후 묵자 후학 집단에서 모종의 변화가 발생하였음을 알려주는 것이다.

묵가 학파는 대략 한대 이후 역사의 무대에서 사라졌다. 그러나 묵가 학파의 문헌은 도교의 『도장』(道藏)에 수록되어 전해졌다.

『묵자』 문헌에 관한 연구에는 필원(畢沅, 1730-1797), 왕중(汪中, 1744-1794), 왕념손(王念孫, 1744-1832), 장혜언(張惠言, 1761-1802), 진례(陳澧, 1810-1882), 유월(兪鉞, 1821-1907) 등과 같은 학자들이 있다. 묵가 학파의 철학사상은 왕부지(王夫之, 1619-1692), 황종희(黃宗羲, 1610-1695)에게 영향을 주었고, 청대 말기 계몽사상가 담사동(譚嗣同, 1866-1898), 양계초(梁啓超, 1873-1929) 및 호적(胡適, 1891-1962) 등과 같은 인물들에게도 영향을 주었다.[192]

---

192) 張閏洙, 「《墨子哲學》 방법론 小考」, 98쪽.

동양철학 이야기-전통사상과 근대(제1권)

발 행 | 2023년 2월 13일
저 자 | 이경환
펴낸이 | 한건희
펴낸곳 | 주식회사 부크크
출판사등록 | 2014.07.15.(제2014-16호)
주 소 | 서울특별시 금천구 가산디지털1로 119 SK트윈타워 A동 305호
전 화 | 1670-8316
이메일 | info@bookk.co.kr

ISBN | 979-11-410-1570-1

www.bookk.co.kr